语言与国家

赵世举 主编

商务印书馆
创于1897 The Commercial Press
党建读物出版社

＊本书的撰写得到了国家语言文字工作委员会的指导和支持

＊教育部哲学社会科学研究重大课题攻关项目“新形势下国家语言文字发展战略研究”(10JZD0043)的成果之一

编审委员会

主　　任： 李宇明

副 主 任： 周洪波

委　　员：（按姓氏音序排列）

曹志耘　冯学锋　郭　熙　贺宏志　贺　阳
屈哨兵　苏金智　苏新春　孙茂松　汪国胜
王建勤　赵蓉晖　赵世举　周庆生

审　　订： 陈章太　陆俭明

主　　编： 赵世举

栏目主持人：（按姓氏音序排列）

郭　熙　屈哨兵　苏金智　孙茂松　王建勤
赵蓉晖　周庆生

其他作者：（按姓氏音序排列）

崔晓飞　冯学锋　高陆洋　何群雄　赫　琳
靳光瑾　雷红波　李昊平　李　佳　李　阳
刘知远　朴美玉　王　锋　王世凯　王宇波
王　正　张春泉　张　军　张卫国　张　萱
张延成　赵　璞　郑梦娟　祝晓宏

目 录

导　言

"语言与国家"，这是一个既古老又新鲜的重要话题。

说其古老，是因为语言与国家本来就有不解之缘。特别是在民族国家兴起中，语言扮演了十分重要的角色，是立国的核心要素，是政治斗争的重要工具和旗号；建国之后，执政者一般都力推语言统一，培植国家语言，彰显语言的国家标记功能，借以强化国家认同，塑造国家形象，实施国家治理，有的甚至还用以对外征服。

说其新鲜，是因为今天语言与国家的关系已经发生了前所未有的深刻变化，语言不再是过去的简单概念，其内涵不断丰富，功能不断拓展，价值不断提升，对于国家治理、发展和安全的重要作用远非过去所能相比，也超乎一般想象。目前世界各国都面临着许多新的而且十分重要的语言问题、机遇与挑战，都亟待准确研判和有效应对。这已是事关国家战略大局和发展全局的重大课题。

以下事实足以令人对语言刮目相看。

语言技术又一次改变了人类社会。语言与计算机和网络的结合，开辟了人类第二家园，改变了人类的生存方式、生活方式和社会发展方式，也使语言的功能从人际交流延伸至人机交流，甚至机机交流。当今，以语言信息处理为核心的语言技术，已经深入到人类生活的方方面面，从计算机到网络，从人工智能到手机短信、微信等等，我们无所不在地享受着语言技术成果带来的福祉。语言科技已是当代科技创新的前沿领域和重要基础，成为一个国家科技实力和发展水平的重要标志之一。然而，我国的现实很尴尬，国人所使用的电脑操作系统等重要软件、网络关键技术，就连手机汉字输入技术，都大多为外国所主宰。这就犹如我们的心脏和大脑被别人所掌控，不仅制约了我国相关领域的发展，丧失了巨大的经济利益，而且潜存着很大的安全隐患。要改变这种局面，就需要语言研究的深化和语言技术的创新。尤其是云计算、大数据、物联网的发展，使得这一需求变得更为迫切。

语言红利强烈地刺激着人们的神经。语言是资源并且是综合性战略资源，渐成国际共识。语言产业、语言职业方兴未艾，语言经济已是当代经济增速最快的生长点，并且日渐成为一大新兴经济支柱。在瑞士，语言对国民经济的贡献度达10%。欧盟语言产业营业额年增长率超过10%。英国与语言相关的收益超过了石油和船运收益。我国仅中国翻译协会统计的语言服务业年产值2011年即达1576亿元，较上年增长26%。有人预测，未来5年，仅中文语音技术的市场规模就将达到1300亿元。此外，由于具有智力含量高、产出附加值高、能耗少、污染小、应用广等特征，语言资源的开发利用还蕴藏着丰厚的政治、文化、科技、生态等红利。因此，如何抓住这种新的发展机遇，提高语言资源开发利用能力和水平，大力发展语言经济，是世界各国面临的崭新课题。

语言矛盾频频搅动着当今世界。由于各种复杂因素的交织，世界各国语言矛盾日趋增多，有的甚至出现“蝴蝶效应”，酿成了很大的社会冲突。有学者称当前“进入了语言矛盾高发期”。眼下的乌克兰局势就令人警醒：尽管其危机有着复杂的原因，但俄语和乌克兰语的关系问题一直是个热点和焦点，贯穿动荡的始终，全国上下（包括几任总统和议长）几乎都参与了激烈的语言之争，持续多年为语言问题相互诋毁、上书请愿、游行示威甚至在议会群体斗殴，酿成了严重的族群对立。不容置疑，语言问题起到了导火索和催化剂的作用，不断加剧危机。从原苏联独立出来的多个国家都出现了类似的情况。其他地区也不平静。2009 年 6 月斯洛伐克通过了《国家语言法修正案》，不仅引起了本国匈牙利族人的强烈不满，而且造成了与匈牙利之间的严重外交冲突，招致多国匈牙利人团体的指责和欧盟有关方面的批评。在非洲，阿尔及利亚的卡比尔人从最初的语言文化权利诉求，逐渐演化为谋求自治、独立，甚至于 2010 年在法国成立了卡比利亚临时政府。就连苏联解体的前夜，一些加盟共和国也是以“语言改革”投石问路。从 1989 年到苏联解体短短三年时间，就有 12 个加盟共和国大张旗鼓地开展语言改革，但没有引起苏共中央的重视。后来的事实表明，这些大胆的语言改革，实际上是各加盟共和国为脱离联盟发出的信号，也是苏联解体的前兆。在法国，面对英语的冲击，从政府到民间展开了全方位的“法语保卫战”。我国也未能例外，语言问题也变得敏感。例如，2010 年 7 月广州市几位政协委员联名提交了一份提案，其中包含建议在亚运会期间广州电视台综合频道应增加普通话节目播出时间以方便来宾收看的内容。不料，该建议被一些人解读为政府要“推普废粤”，引起了较大争议。有人不时在网络上使用“撑粤语”“保卫粤语”“粤语沦陷”等过激言辞，进而演化为群体事件，海外也有人遥相呼应。2012 年底香港某大学举办“中文节”活动，由于需要而使用了一些简体字，结果招致一些人利用网络等公开指责和炒作，并被指“诬蔑传统，辱港媚陆”。个别地区也有因双语教学问题引起争议的情况。国内外的事例表明，国家通用语言与民族语、与方言，母语与外语等语言矛盾日渐突出，已是世界各国面临的共同难题。如何正确处理语言关系，化解语言矛盾，尤其是防止语言政治化和被别有用心的人所利用，已是不可回避的重大安全课题。

语言服务成为社会广泛需求。但普遍供给不足。例如，我们在亚丁湾护航中遭遇语言困境，在维和中因语言问题吃亏，在 2010 年青海玉树地震救援中应急语言服务掣肘，这都反映出我国语言保障体系薄弱。语言人才也供给不足，《解放日报》2012 年 8 月 6 日的报道《我国言语矫治人才缺口 14.2 万》，《青岛日报》2013 年 1 月 21 日的报道《不缺活，缺速录师——青岛速录行业现状调查》，均传达了社会的呼唤。发达国家也不例外。就连一贯以保守著称的英国秘密保安局和秘密情报局，自

2006年以来也不得不连年大做广告，公开以很多优厚条件招募语言人才。2011年美国国会与外语工作相关职位的补充率只有74%，安全部门更是遭遇外语人才招募难题。为此，2012年5月21日美国国会专门召开了名为“国家安全危机：联邦政府外语能力”的听证会，把语言人才短缺问题上升到了国家安全危机的高度。

语言竞备已在全球热火朝天。新世纪以来，世界各国纷纷以新的眼光审视语言，以新的高度规划语言，竞相推出国家语言战略和重大举措，着力壮大国家语言实力。其中有个明显的变化是，很多国家的语言战略已不是单纯的军事意图和传统的安全视域，而是涵盖国家各个核心领域的面向全球的全方位战略。例如美国推出《国家安全语言计划》《国防部语言技能、区域知识和文化能力的战略规划》等，公开宣称：“我们的构想是，通过外语能力和对世界文化的了解，使美国成为更强大的全球领导者。”其中包括谋求全球经济利益和意识形态战略。英国一改过去只重语言输出的做法，也推出了新的国家语言战略，提出了“全民学外语，终身学外语”的口号。澳大利亚实施了“学校语言计划”。日本颁布了“培养能使用英语的日本人”的行动计划，2013年决定将小学英语开课时间由5年级提前至3年级。菲律宾政府自2009年开始推行“以母语为基础的多语教育”政策。马来西亚致力于每个儿童都能熟练掌握马来语和英语。不难看出，各国都在争先恐后地进行语言能力建设。

这就是当今世界的语言形势。

历史与现实充分表明，语言是双刃剑。如果利用好，它就是正能量，可以对内凝人心，对外聚人气，并能斩获政治、经济、文化、科技红利，促进国家发展；如果忽视它，就会变成负能量，不仅会坐失良机，损失利益，影响发展，而且容易被人利用，构成隐患，危及安全。当今社会，语言问题已被推至社会的风口浪尖、科技的核心领域和经济的热点地带，无论是从积极的方面还是消极的方面看，语言对于国家更具非同寻常的意义。这对任何国家而言都是新的考验，应该引起有关方面的密切关注。2014 年 6 月由中国政府与联合国教科文组织共同举办的世界语言大会，以语言能力与人类文明和社会进步为主题，并达成了《苏州共识》，这是世界对新形势的一种积极回应，令人兴奋。当务之急是，国家和社会都应更多地关注语言问题，根据新的形势进行全面谋划和积极应对，大力加强国家语言能力建设，科学保护和充分利用语言资源，着力满足日益旺盛的语言需求，及时化解日益突出的语言矛盾，智慧应对日益严峻的语言挑战，以确保国家安全、发展和繁荣，促进人类不断进步。

图一　2008 年“国际语言年”主题口号

第一章　语言与国家地位

［阅读提示］语言与国家有着不解之缘。民族国家的诞生，更加密切了语言和国家的关系，国家的主体语言成为国家的象征，随国家的兴衰而浮沉。历史表明：强国造就强语，强语促进国强。

信息化、全球化时代，语言的工具作用更加强化，其资源价值和其他功能也日益凸显，已经成为社会治理的利器、经济发展的资源、科技创新的新宠、国际博弈的工具、安全保障的要素，因而国家语言能力，直接影响其综合国力、国际竞争力和国家地位，并已成为国力的重要组成部分。

中国经济的发展，激发了世界学习汉语的热情。汉语国际传播，既是世界需求，也是中国义务。既可为世界经济文化发展做贡献，也可促进世界了解中国，提高中国的国际影响力和竞争力。因此，积极探索多样化的传播模式，加快发展步伐，提高传播水平，更好地服务世界，是我国应该担当的光荣使命和国际责任。

第一节 语言强弱系国运
——强国的语言与语言强国

一、强国的语言

语言是工具，也是文化；是民族的象征，也是国家软实力的体现。历史告诉我们：语言的兴衰与国力的强弱紧密相连。古罗马帝国的强盛，造就了拉丁语在古代欧洲“超级语言”的地位。法兰西的崛起，使法语在17世纪成为欧洲“外交用语”。当今独领风骚的英语，17世纪初还只是一个不起眼的小语种，是老牌的大英帝国和新兴的美利坚合众国，给了英语在第一次世界大战结束时同法语一决雌雄的资格，时至今日，几乎成了“世界通语”。回眸东西方历史，国强语兴之道，概莫能外。

1. 从半岛方言到古代欧洲通用语

古代罗马人使用的拉丁语原本是意大利半岛上的部落方言，但随着罗马帝国的逐步强大及其版图的不断扩大，拉丁语不仅在意大利半岛取得统治地位，压倒了其他亲属语言，而且作为官方语言传播到西地中海的岛屿、伊比利亚半岛和高卢（今法国），直至多瑙河流域的达齐亚（今罗马尼亚），逐步成为当时罗马帝国核心地区乃至整个欧洲的通用语言，为罗马帝国的扩展和统治发挥了很大作用。随着罗马帝国的衰落，拉丁语也日渐衰落了。但中世纪时通俗拉丁语的地域变体（方言）则在此后数百年中逐渐分化，衍生出了罗马尼亚语、意大利语、法语、西班牙语、葡萄牙语等。16世纪后西班牙与葡萄牙扩张到中美洲和南美洲，因此中美洲、南美洲又称“拉丁美洲”。后来，虽然古典拉丁语作为口语消亡了，但它作为欧洲社会的书面共同语则继续使用了1000年左右。基督教在欧洲兴起后，拉丁语的影响力进一步加深。从中世纪至20世纪初叶，拉丁语不仅是天主教的礼仪语言和公用语，而且是学术论著乃至文学作品的写作语言，许多世界著名学者都曾用拉丁语著述，如：法国的笛卡尔、英国的培根和牛顿、荷兰的斯宾诺莎等。现在仍有一些基督教神职人员及学者可以流利使用拉丁语。罗马天主教传统上用拉丁语作为正式语言和礼拜仪式用的语言。此外，许多西方国家的大学仍然开设有关拉丁语的课程。可见，国之强，语言强，其“强”可达到“死而不朽”，令人叹为观止。

与此相关，还有一个非常有趣的现象值得提及：古希腊作为西方历史文化的源头，至少持续发展了600多年。古希腊的强盛，也成就了希腊语的广泛传播，并且传播范围超出了欧洲，比如，已远达印度。直到现在，东正教讲经所用仍是以古希腊语写成的《新约圣经》。公元前2世纪，罗马用武力征服了希腊，然而，希腊文化却俘虏了罗马人，并且在罗马帝国以及罗马共和国晚期都一直存在着希腊语和拉丁语比肩而立的“双语现象”。这一现象说明一个更深刻的道理：国家的硬实力，带来语言的影响力；而具有国家软实力价值、富含人类文化意义的语言，其影响力则更为深远。

2. 从"书同文"到汉字文化圈

古代中国创造了高度发达的农业文明,包括语言文字在内的文化得以昌盛。秦始皇推行的"书同文"政策,促进了汉语汉字的统一和发展。而汉语尤其是汉字的统一,数千年来也为疆域广阔的中华民族的文化凝聚和政治统一做出了不可磨灭的贡献。至迟从秦汉帝国时期开始,在强盛的国力影响下,中华文化远播海外,汉语汉字也漂洋过海,尤其对周边地区产生了巨大影响,形成了影响至今犹在的"汉字文化圈"。

大约公元1世纪前后,汉语汉字传到了朝鲜半岛,4—5世纪时汉字成为朝鲜的书面文字,书面表达也使用文言文,其重要历史典籍都是用汉字书写的,一直到19世纪末。大约也在公元1世纪前后,汉语汉字开始传入越南,从朝廷到民间逐步得到广泛应用,12世纪汉字成为越南国家的正式文字,直到19世纪。公元3—4世纪汉字传到日本,成为日本的唯一书面文字。日本最早的正史《日本书纪》就是使用汉语汉字,按中国正史体裁撰写的,后来的日语假名也是仿照汉字部件创制的,至今在日文里还有1945个常用汉字,对于日本人来说,掌握常用汉字,是其语言能力的必要要求。

伴随着汉语汉字传播到邻邦的是中国文化。3—4世纪,朝鲜半岛的高丽已经建立了儒学的最高学府——太学;到7世纪,新罗国也开设了国学,学习儒学;8世纪,全面输入唐朝文化,后来甚至模仿中国以儒家经典取士的科举制度;12世纪,高丽王朝又仿中国设立了经筵制度,讲授儒学;到李氏朝鲜,专门成立了一个机构——成均馆，讲授儒学。公元4世纪儒学也随汉字传入日本，继体天皇七年(513年)，建立五经(《易》《诗》《书》《礼》《春秋》)博士交待制度，后来的一些律令规定，在大学或国学必须选修《礼记》《春秋左氏传》《毛诗》《周礼》等儒家经典；到了17世纪，日本的江户时代，中国儒家的朱子学，即朱熹理学，成为日本官学。中国文化深刻影响了朝鲜半岛和日本的政治、经济、文化、社会、宗教以及伦理道德、价值观念、行为准则等各个层面。这清楚地表明：强大的中华封建帝国，成就了汉语汉字的广泛传播和在东亚、东南亚地区的强势地位，并使得儒家文化成为“汉字文化圈”的重要元素。

二、语言强国

“语言强弱不仅是国家强弱盛衰的象征，而且语言也会促进国家的发展强大。”[①]将语言纳入战略视野，从政治和国家博弈的视角看待语言问题是世界强国在崛起过程中总结的重要经验。早在15世纪，欧洲人发现新大陆进而称雄世界之时，“语言作为立国的工具”的重要性就得到了重视，无论是在国家建构还是国家发展中，语言都发挥了重要作用。伴随着殖民扩张，西方列强的语言在不同地区都得到了推广甚至普及，而这又在一定程度上促进了列强的进一步强大。

在当今全球多极化、经济一体化的浪潮下，文化软实力建设已经成为全球竞争的新的制高点。许多国家都将语言问题纳入

① 李宇明：《强国的语言与语言强国》，《光明日报》2004年7月28日。

国家战略，着力增强语言实力。发达国家为保持战略优势，实施更大力度的语言战略计划；发展中国家也将语言纳入国家发展规划，不断加强语言教育及语言资源建设，谋求强国之路。

1. 英美强国造就了英语帝国，英语帝国强化了英美强国

得力于英国、美国的殖民扩张、强力推动及其影响力，英语成了当今世界上最强势的语言。本世纪初有人研究，全世界以英语为母语的人近4亿，以英语为第二语言的约2.5亿，学英语的在10亿以上，预计到2050年，世界一半人口会说英语。毫不夸张地说，今天，在世界的每一个角落都有人在学习和使用英语。英语在全世界所取得的惊人发展是语言史上无与伦比的。而英语的这种巨大影响又反过来对英美等国的发展和强国地位给予了强有力的支持。

其实，在900多年前，说英语的人口仅有150万左右，17世纪初也还是一个小语种。随着英国在17世纪到19世纪中叶的殖民扩张过程中，不断倾销英语，在领地竭力推行语言同化政策，英语的使用面不断拓展。第二次世界大战以后，虽然旧的殖民体系被打破，但英国继而改以“文化交流”“援助”等更为温和、间接和隐蔽的方式来推广英语。历届政府一直将英语的推广和普及看作除政治、军事和经济以外的第四个层面的重要外交手段。1934年成立了由政府支持的语言推广机构“英国文化协会”。20世纪50年代中期，英国政府明确把“支援本国的外交政策、维护并加强英联邦和英帝国、促进本国贸易并保护英国在海外的投资”作为推广英语的目标，为实施有关计划提供了大量资金，同时还促成了一批相关学术团体和官方机构的诞生。到 20 世纪末，英国文化协会已在全球设有 230 家分支机构和 138 家教学中心，其推广英语的成就有目共睹，其中“雅思”国际标准化考试已成为最热门的英语水平考试之一。据最新统计，每年约有 56 万名外国人在英国的语言学校学习，仅语言教学和语言服务所创造的年收入即达 130 亿欧元。

18 世纪起，美国等新英语国家的诞生及崛起又给英语的全球传播注入了新动力。20 世纪至今，英语全球化进程的加快，主要归功于以美国为首的英语国家在军事和经济等方面的实力，而其表现在科技、文化等方面的强势无疑也是英语在全球语言中独领风骚并持久不衰的重要原因。

时至今日，英语的强势地位愈加明显。在传媒界，75%的电视节目用英语播出，英语媒体主宰着全球新闻界，英美“舆论导向”成了世界新闻风向标。可以想象，当为美国 1320 家报社和 3400 家广播电台以及 1000 家私人用户服务的美联社，为美国本土之外的 1079 家报纸和 2246 家其他客户以及 36 家国家新闻机构提供资讯的合众国际社，为世界上 147 个国家 6500 家报纸服务的路透社在任何问题上口径一致的时候，这对世界将是什么影响？

英美的学术也主导着天下流行什么理论。根据科学引文索引(SCI)的创办者加菲尔德统计，全世界主要刊物中 95%的论文是用英语撰写的。不仅如此，英语还决定着国与国之间的人口流动，特别是人才的流动方向，致使很多国家高层次人才外流。有学者认为,“托福”“雅思”等考试,现在已经成为英美等国家收割中国人才的“收割机”。

有学者研究,自20世纪90年代以来,发达国家中,美国、英国、加拿大和澳大利亚等主要英语国家,无论从经济增长速度、人均GDP增长,还是就业率或者劳动生产率来看,增速普遍快于日本、德国、法国和意大利等主要非英语国家。其中原因之一,就是因为“经济全球化与英语语言优势的交织。在世界政治力量对比总体稳定的背景下,经济全球化趋势深入发展,生产要素流动和产业转移加快,各国经济的相互联系和影响日益加深。随着信息技术、计算机技术以及网络技术的发展和应用,信息技术革命与信息化建设加快了世界经济结构的调整与重组,网络经济对于英语国家的企业而言是个巨大的发展机遇。英语作为网络经济的交流工具,起着不可低估的作用……由于英语语言的全球化,英语国家与外部联系加深,极大地促进了英语国家经济的发展”①。

由此便不难想象,英语对英美国家在全球谋求各种利益发挥了多大的作用;由此也就不难理解,为什么美英等国近些年来以空前的力度实施全方位的国家语言战略。

2. 借语言建立组织,借组织谋求发展

在国际竞争日趋激烈的形势下,借语言之力建立超国家组织,以壮大力量,提高竞争力,成为一些国家新的谋求发展之

① 宾建成、徐清军:《主要英语国家经济与非英语国家经济的比较分析》,《当代财经》2007第7期。

道。比如“法语国家组织”(56 国)、“西班牙语国家高峰会议”(20 国)、“荷语会谈”(9 国)、“突厥语国家高峰会议”(6 国)、“葡语联盟”(7 国)等。

以法国为例。从 17 世纪末开始,法语就取代拉丁语成为国际上的第一外交语言。1789 年的资产阶级大革命之后,法国梦想法语扩张为全球性语言。二战过后,英语旋风愈演愈烈,法语日渐式微。为了维护法语的国际地位和相关利益,20 世纪 60 年代,时任法国总统戴高乐提出了建立“法语共同体”的设想。1970 年,21 个法语国家在尼日尔签署了成立文化技术合作局宪章。1986 年,法国总统密特朗倡议召开了第一届法语国家首脑会议,后来大体上每两年召开一次。至今该组织已经扩充至 56 个正式成员国和 19 个观察员国。法国通过“法语区”概念和合作机制,巧妙地将语言与外交相结合,推动法语国家间在政治、经济、科教、文化、学术等各领域的广泛合作,以谋求更大发展,并维护法语在世界上的地位,增强法国的国际影响力,取得了明显的成功。

法国从立国以来就十分重视语言的统一和管理,利用严格的法律等手段维护法语的国家语言地位及其规范,并先后成立了由总统等国家领导人挂帅的法语最高委员会以及法语咨询委员会、法兰西学院等极富权威的语言管理机构和组织。这种严格的语言管理,其实质就是以此来强化文化、政治的统一和国家认同,这对法国的崛起发挥了重要作用。对外,法国政府历来高度重视推广法语,政府在经费上也有很大的投入,以

2009年为例，法国外交部预算为46亿欧元，对外文化传播机构预算达5.068亿欧元。其重要的法语推广组织“法语联盟”，目前在全世界建有1075家分支机构，另有145家法国学院或者文化中心。法国总统亲自任法语联盟的名誉校长，法国各驻外大使任所在国分支机构的名誉校长，各分支机构与使馆文化处协调，共同开展法语文化推广活动。现在法语是除英语外唯一在五大洲都有国家和地区使用的语言，也是很多国际组织的工作语言之一，是全世界公认的一门重要的“文化语言”。

3. 借硬实力推广语言，借语言增强软实力

发达国家大都借助自己的硬实力推广自己的语言，以进一步发展软实力，巩固大国地位和国际影响力。除了以上提及的国家之外，日本、德国、西班牙、意大利、俄罗斯、韩国等也采取了很多举措。这里以日本为例。

日本推广日语起步很早。二战及以前，日本把日语作为侵略及殖民统治的工具，甚至把日语定位为大东亚通用语言，强迫所侵之地（包括我国台湾和东北）的人民学习和使用日语。二战后，日本政府投入大量人财物，向全世界推广日语，并形成了较为完整的推广体系。其中，20世纪70年代由日本政府出资设立的国际交流基金会，其重要任务就是在海外推广日语，其旗下的“日语国际中心”遍布全世界。20世纪80年代，日本经济持续增长，便确立了从经济大国向政治大国和文化大国发展的战略目标，制定了文化立国的方针，极力营造日本文化在亚太地区乃至世界的主导地位。由于日本政府长期不懈的努力，在欧美国家，日语一直是学习人数最多的亚洲语言，并在世界语言体系中发挥着越来越重要的作用，这对日本国际影响力的形成发挥了很大的作用。值得注意的是，日语推广是在日本外务省主导之下，而非文部省这样主管教育的机构来负责。显然，日本的语言推广具有很明显的政治和外交色彩。据日本媒体披露，2006 年日本外务省曾召开探讨推广日语的审议会，强调只有加强推广日语，才可培养“亲日派”。近年来，日本的语言传播战略又出现新动向，并进一步加大了力度，日本《东京新闻》称：主要是对抗中国的孔子学院，不愿日语落后于汉语。这一做法也被认为是用来对抗影响力不断扩大的中国，担心在软实力的争夺中输给中国。据悉，联合国首届“中文日”庆祝活动于 2010 年 11 月 12 日在联合国总部举行，就引起了日本网民的热议和嫉妒，认为日语也应该成为联合国官方语言，并希望日本能顺利“入常”。

三、历史如是说

历史表明，语言的兴衰与国家的强弱息息相关。强国的语言，才可能成为强势语言，但也应该看到，强势的语言又可反过来壮大国家。有事实证明，一种语言与文化一旦借助硬实力形成影响，便在相当程度上延长着硬实力的影响周期，甚至可以在军事与经济的强势发生转移之后，反过来成为国家实力的主导性因素。例如，英语、法语、西班牙语之所以成为具有国际影响的跨国通用语言，都是其国家硬实力提升的结果。换个角度看，一种占据强势的语言又恰恰是国家硬实力最为长久的标记，甚至也是国家本身的根本标记。现代西方民族国家的演化和兴衰，便是典型的例子。欧洲强势族群与强势语言的共生互动，为中世纪以后的殖民扩张提供了基本的“原型”和理念。其硬实力所到之处，总是伴随着“语言地图”的扩张。时至今日，如何提高文化影响力甚至征服力，也仍然是西方国家语言推广的主要“问题意识”和考量指标。[①]

在中国历史上，也曾有过“强国的语言”的辉煌。但今天，中国远不是语言强国。建设语言强国，借语言助力国家富强，是当代中国人的伟大使命，也是实现中国梦的一个重要方面。

第二节 是软实力也是硬实力

——国家语言能力与国力

什么是国家语言能力？有学者认为，指的是国家处理海内外各种事务所需要的语言能力。[②] 也可以说是指一个国家掌握利用语言资源、提供语言服务、处理语言问题等方面的能力的总和。

把语言能力与国家实力相联系，过去看来或许比较牵强，但时至今日则不然，国家语言能力对于提升综合国力的重要作用日益增强，已经成为国家实力的重要组成部分。毫不夸张地

---

① 中国人民大学汉语国际推广研究所：《汉语国际推广战略研究报告》，http://www.hantui.org。

② 李宇明：《国家的语言能力问题》，《中国科学报》2013年2月25日。

说，国家语言能力不仅是软实力，而且也成为硬实力。以下几点可以充分证明这一判断。

一、语言能力与国家治理能力

在国家发展过程中，语言既是国家治理的重要工具，同时也是国家治理的重要内容之一。通过语言管理，建立有利于国家意志的语言秩序，是国家建设和发展的必要条件。因此，作为国家语言能力要素的语言管理能力自然是国家治理能力的一种体现。

在国家治理的各核心层面都会涉及语言问题。(1)在行政管理层面，语言政策的制定，尤其是国语、官方语言或通用语言的确定，教育语言的选择，各种语言关系的协调，语言规范及标准的制订等；国民语言教育和国家语言能力建设；日常社会语言生活管理；社会语言服务等。(2)在法制维护层面，立法语言的选择与使用，司法语言的选择与服务，语言法制建设，刑侦语言技术服务等。(3)在文化凝聚层面，语言文化认同与国家认同，语言意识形态的引导，语言的文化功能的利用，等等。这些都是国家治理中必须面对和可资利用的语言因素，怎样正确处理好这些语言问题，直接关涉国家治理水平。

语言是双刃剑。它既可以是黏合剂，也可能产生离心力，还可能成为各种诉求的借口。因此，语言管理能力与管理成效如何，直接关系到社会稳定、国家发展和国家安全。积极有效的语言管理，有利于社会安定和国家发展。例如法国，自大革命以来，国家一直高度重视语言管理，大力推行单语政策，尽管有其不合理的方面，但不可否认的是，对于法兰西民族的统一和国家实力的提升，都发挥了重要作用。我国秦代实施的"书同文"政策，也同样通过语言文字统一，强化了国家统一，这无疑也对后世中华民族长期保持统一发挥了积极作用。与此相反，不当的语言管理，往往会影响社会安定和发展，甚至产生不堪设想的后果。例如，巴基斯坦在独立之初，因国语选择问题而引发流血冲突和国家分裂；苏联，从不稳定的到模糊的语言政策埋下隐患，致使 1989 年就有 10 个加盟共和国先后开展语言改革运动，并立法将各自的主体语言国语化，后来的事实表明，这些做法实际上是他们为脱离联盟投石问路，助推了苏联解体；摩尔多瓦在 20 世纪末，因语言冲突等原因，也导致了武装冲突和国家分裂。

事实表明，语言管理直接关系国家安危，是国家治理的重要方面，不可掉以轻心。

二、语言能力与经济发展力

语言不仅是经济活动不可或缺的工具，也是经济资源。尤其是随着社会的发展，语言的经济价值日益彰显。"语言是资源"，"语言能力也是生产力，是人力资本"，这些观念日渐成为人们的共识。国家语言能力的强弱，直接影响经济的发展。

一些学者对语言与经济发展的相关性做过多角度的深入研究。美国学者乔纳森·普尔分析了 133 个国家的数据，得出结论："语言的统一性是经济发展必要的但不是充分的条件，而经济发展是语言统一性的充分的但不是必要的条件。"国家的人均 GDP 与语言的统一性成正比。[①] 这表明，语言缺乏一定的统一性的国家，国民所掌握的语言主要是通行面狭小的区域语言，语言能力相对弱，这便成为制约国家发展的一个因素。又据瑞士日内瓦大学经济学教授弗朗索瓦·格林研究："国民的多语能力有助于瑞士创造更多经济价值。"瑞士的语言对经济的贡献度为 10%，每年为国家创造 500 亿瑞郎（约合人民币 3040 亿元）的 GDP。[②] 可见，提高国家语言能力至关重要。

国家语言能力对于经济的促进作用表现在很多方面：

1. 公民语言能力是保障经济持续发展的要件

要确保国家经济发展，就必须构建经济持续发展的长效机制。经济发展的永恒核心驱动力是人力资源。只有人力资源强大，才能保证经济发展永远立于不败之地。由于语言是人类最重要的思维认知工具和交际工具，语言能力是人的素质构成和心智发展的最基础、最关键要素之一，所以公民个人语言能力的强弱直接影响民族素质和国家人力资源质量与水平，进而影响一个国家的经济创造力和发展力。尤其是经济的全球化发展，经济活动的国际化程度越来越高，更需要国民提高多语能力。据报道，我国约有 5 万家旅游企业，只有 15 家走出国门，原因就是缺乏懂外语的高级管理人才，[③]全国兼通外语和法律，能熟练地直接与外国客户洽谈业务、签订合同的人才只有

① 周庆生主编：《国外语言政策与语言规划进程》，语文出版社 2001 年，第 7 页。
② 瑞士资讯（http://www.swissinfo.ch.htm）。
③ 《人才缺乏制约中国旅游企业"走出去"》，中国新闻网 2010 年 5 月 27 日。

2000 名左右，即使在上海，5000 多名律师中大约只有 50 名具备这样的能力。[①] 可见，我国外语能力的薄弱，已经制约经济等事业的发展。

2. 语言资源蕴藏着巨大的经济能量

从一定意义上说，语言系统本身是一种无成本经济资源，谁使用谁拥有，而且绿色环保，可反复利用，附加值高。在越来越广泛的语言需求驱动下，语言资源的开发前景广阔，国家语言开发能力其实也是经济创造力。例如语文工具书、语言教材和教辅资料，以及各种新型语言学习资源的开发等，市场需求旺盛。《新华字典》已累计发行 5 亿册，《现代汉语词典》累计发行 5 千万册，面向海外的《长城汉语》仅 2002－2006 年间就发行 40 多万套。又据中国行业研究网发布的《2009－2012 年中国电子词典行业发展前景预测及投资风险研究报告》称："2008 年，中国便携式电子学习产品市场销量为 622.8 万台，销售额为 44 亿元。"目前开始显山露水的电子书包等各种数字化学习资源及工具已经展现出巨大的经济利益前景。这都需要我们大力提升语言资源开发能力。

3. 语言经济日渐成为经济新兴支柱

随着语言价值的凸显，语言经济正成为当代经济最具活力的增长点之一。不仅传统的语言教育业、翻译业发展迅猛，而且以语言信息处理为核心的语言技术类产业、语言康复业、语言创意业、语文能力测评业、语言会展业、语言出版业，以及各

---

① 《人才短板阻碍中国企业走出去》，《中国青年报》2010 年 7 月 8 日。

种语言服务业等也势头强劲，经济效益显著。据报道，英国英语产业每年获得100亿欧元的净利。与西班牙语学习相关联的产业每年产值达1500亿欧元。欧盟语言产业营业额每年至少增长10%。2005年我国外语培训市场规模约150亿，2007年长至约200亿，2010年则升至约300亿元。《中国语言服务业发展报告2012》(主要是翻译业)称:2010年我国语言服务业年产值1250亿元，2011年为1576亿元，年增长26%。据中国互联网络中心预测，未来5年，仅中文语音科技市场规模将达到1300亿元。新兴的字库业也收益丰赡，有资料显示，韩国年收入3000万美元，日本森泽公司字库年收入超过1亿人民币，美国字库企业蒙纳公司年收入超1亿美元并成功上市。[①] 遗憾的是我国的字库业却在为生存挣扎，这也表明该领域我们还有很大的发展空间。

三、语言能力与科技创新力

国家语言能力尤其是语言科技开发能力对于当代科技发展具有重要影响，这在信息科技领域表现更为突出。以语言文字信息处理为核心的语言科技是当代科技的重要基础和前沿领域，也是国家科技实力的重要组成部分。语言文字信息处理与开发包括对各种语言信息的输入、存储、加工、传输、识别、转换、检索、抽取、关联、分析、理解和生成等诸方面，它是信息科技的最重要基础，也是国家信息科技和信息化水平的标志。中

① 李文川:《国内规模字库企业剩5家 盗版是发展最大的绊脚石》，新华网2012年10月23日。

文信息处理技术发展迅速，国际竞争激烈，虽然我国在相关领域也成就斐然，但在核心技术和应用创新方面还相对落后。这其中有一些教训。例如微软的 WORD 排挤了国产的 WPS，Windows 中文版压倒了国产中文之星，重要的中文软件和尖端搜索引擎几乎都被国外所垄断。再举一个似小却大的例子：20 世纪 90 年代，我国汉字输入技术虽然“万码奔腾”，但主要集中于电脑输入技术上，没有开发出与数字键盘相关的嵌入式汉字输入方案，结果加拿大和美国两家公司捷足先登，一举占领了我国手机汉字输入技术市场，垄断至今。这不仅导致我国每年为此要向外国支付数以亿计的专利使用费，而且“在一定程度上阻碍着国内手机产业核心技术竞争力的提高。特别是国外公司的汉字输入技术在某些方面扭曲了汉字的内在规律，影响着汉字同信息技术发展的良好结合”[①]。这表明，我国语言科技创新能力亟待提高，语言理论和语言应用研究亟待加强。

四、语言能力与国际竞争力

全球化时代，国际竞争更加激烈，国家发展更需要强大的语言能力支撑。一个国家的语言能力，与其获取信息的能力、信息资源的储备和利用能力、国际空间的开拓能力成正相关。且不说语言资源的开发利用，即使在工具层面，任何国际交往和国际利益的争取与维护，都需要相应的语言支持。否则就会吃亏。据欧洲委员会 2007 年 2 月公布的一项调查显示，有 11％的中小

① 王孝军：《手机产业中的语言应用》，《中国语言资源动态》2009 年第 4 期。

型企业因缺乏语言的多样性和国际交流能力而损失经济利益，平均每家损失约为32.5万欧元，其中还不包括隐性损失。

我国是一个本土语言资源较丰富的国家，但又是一个外语资源贫乏的国家。目前世界仍在使用的语言约有6000多种，而我国有所了解的顶多100种，能够较好使用的有20种左右，能够开设的外语课程不到50种。[①] 这显然对于我国参与各种国际竞争、维护海外利益、履行国际义务、国际劳务派遣等极为不利。既影响国家国际化发展，也危及国家安全。

国家主体语言的国际影响力也同样影响一个国家的国际竞争力。语言是一个民族和国家的象征，它不仅仅具有象征意义，而且与一些重要利益相联系。一种语言的国际影响力，伴随着的是其文化的吸引力和感召力、经济的竞争力和发展力、政治的操控力、科技的主导力和国际话语权等等。因而，一种语言触角的全球延伸和影响力的广泛辐射，其实既是国家实力的外现，也是国家利益的国际拓展。古代希腊语、拉丁语的先后兴盛，近代法语的风行，当今英语的霸权，都充分证明了这一点。以经济竞争为例，据徐清军研究，1991—2004年间，英语国家经济增长快于非英语国家；[②]有人延伸研究至2007年，结果亦同。这说明，英语的强势为英语国家带来了好的经济效益。

正是由于语言对于国际竞争的重要意义，因此，具有国际利

① 李宇明：《国家的语言能力问题》，《中国科学报》2013年2月25日。

② 徐清军：《英语也是生产力 英语国家在经济全球化中显优势》，《国际先驱导报》2006年2月21日。

益诉求的国家,都千方百计地提升本国主要语言的国际影响,为自己谋求政治、经济、文化等利益服务。其中重要举措之一,就是成立语言推广机构,系统化大规模多方式地广泛传播本国语言文化。例如法国的法语联盟、意大利的但丁学院、英国的文化协会、德国的歌德学院、日本的国际交流基金会、西班牙的塞万提斯学院等。这些机构大都形成了自己的全球网络,在各自国家语言文化传播和国际影响力的提升方面都发挥了重要作用。下图是对主要语言传播机构的世界分布所做的最新统计:①

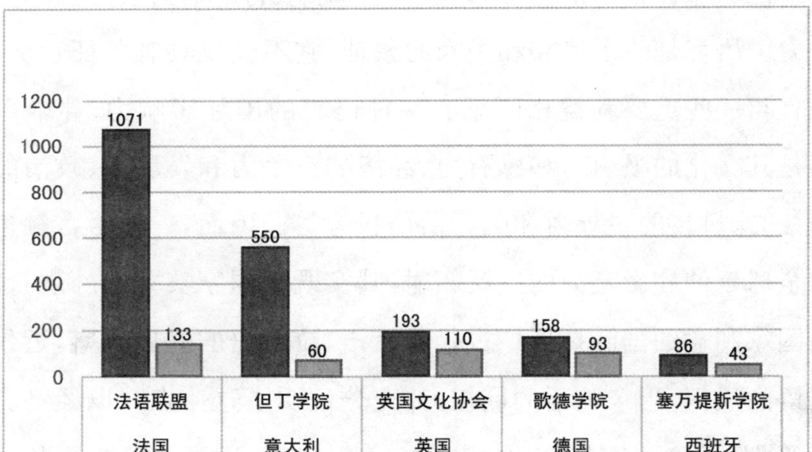

图二 机构分布情况

可以推知,这些最具影响力的语言推广机构,强化了这些语言的国际影响力,从而也增强了这些国家的国际竞争力。

---

① 帅颖、沈壮海:《西方国家主要对外文化机构的比较与启示》,《江汉论坛》2014 年第 4 期(见图二)。

第三节 世界需求与中国义务

——汉语国际传播的使命

语言的传播需要一种机遇，而这种机遇与国家的兴衰强弱息息相关。我国经济实力的提升，带来了世界对汉语的需求，这为汉语的国际传播迎来了新的机遇。作为一个新兴国家，如何抓住机遇，满足世界需求，尽好中国义务，积极做好汉语国际传播工作，提高汉语的国际影响力，这是摆在我们面前的新使命。

一、难得的历史机遇

汉语国际传播在历史上曾有过令国人自豪的辉煌。大约公元1世纪前后，汉语汉字先后传入一衣带水的邻邦——朝鲜、日本等，对周边不少国家产生过广泛而深刻的影响。到了19世纪，由于中国封建帝制的没落，加上西方现代文明的冲击，汉语汉字的影响随之衰落。

进入21世纪，中国的国际地位和影响力的大幅提升，为汉语国际传播带来了新的机遇。

1. 中国经济的发展为汉语国际传播创造了条件

中国经济的发展，增强了国力，也促使汉语的经济价值不断提升。据国外学者研究，1975年至2002年，全世界说英语的人口所创造的GDP占世界GDP的29.3％，而说汉语的人口所创造的GDP仅占世界GDP的12.5％；2003年至2010年则不同,据估测,全世界说英语的人口创造的GDP占世界GDP的比例下降为28.2%,而说汉语的人口创造的GDP占世界GDP的比例增加到22.8%,增加了10.3%。[1] 汉语经济价值的增长,国力的增强,无疑为汉语国际传播创造了良好的条件,带来了广阔的前景。

2. 经济全球化为汉语国际传播带来了巨大的驱动力

在全球化背景下,中国与世界的贸易急剧增加。据投行高盛统计,过去10年,我国对世界经济增长的贡献率高达22%,居世界第一。中国在世界贸易中的排名从原来的第六位跃居世界第二大贸易国。2009年、2010年中国对全球经济增长的拉动作用都超过了50%。[2] 中国经济和贸易对世界的贡献极大地激发了世界各国对汉语学习的热情和迫切需求。

3. 世界对语言文化生态多样性的重视为汉语国际传播提供了契机

人类的发展,离不开生物的多样性和语言文化的多样性。世界不可能只有一种语言。因此,面对全球化发展,世界各国为了抵制英语霸权,维护语言、文化生态平衡,正在进行不懈的努力。联合国教科文组织发布了《世界文化多样性宣言》等重要文件,大力推动"保护人类的语言遗产,鼓励用尽可能多的语

---

① Mark Davis, 2003 *GDP by Language*. http://www.unicode.org/notes/tn13。

② 杨凤鸣:《全球贸易治理中的中国角色》,《瞭望》2011年 第38期。

言来表达思想、进行创作和传播。”[①]在这种形势下，积极开展汉语国际传播，为汉语在未来世界新的“语言秩序”中争取应有的地位，也是对维护世界语言文化生态多样性的贡献。

在新的形势下，抓住汉语国际传播难得的机遇，让汉语成为沟通世界，促进交流，传播中华文化，营造良好国际环境的重要桥梁，这是一个负责任的大国义不容辞的历史担当。

二、旺盛的世界需求

1. 世界希望了解中国激发了汉语学习需求

改革开放使中国与世界的接触和交流日益频繁，中国的经济发展也令世界刮目相看，世界各国都十分希望了解中国。然而，中国变化之大与西方对中国了解之少形成了强烈的反差。2006 年，美国国家地理学会委托调查公司对 510 名 18 岁至 24 岁的美国人了解中国的情况进行调查，结果发现，有 69％的人知道中国在地图上的位置，而令人惊讶的是，有近 75％的人以为中国的母语是英语。因此，美国一位大学校长十分尖锐地指出，美国由于外语能力的落后，对世界其他国家的文化缺乏起码的了解，以致造成这么多对世界一无所知的公民。呼吁加强外语教育。[②] 近些年来，美英等世界大国出于各种战略考虑，先后出台了国家语言战略，斥巨资鼓励公民学外语，有些国家还

---

① 联合国教科文组织：《实施〈教科文组织世界文化多样性宣言〉的行动计划要点》，《联合国教科文组织关于保护语言与文化多样性文件汇编》，范俊军编译，民族出版社 2006 年第 103 页。

② Robert, A. Scotty, 2005, *The white paper of National Language Conference*, released in Feburary, 2005.

把汉语列为"关键语言",因而促使全球汉语学习者与日俱增,数以千万计。在这种背景下,积极推进汉语国际传播,正是适应了世界各国学习汉语、了解中国的需求。

2. 中国巨大的市场机遇刺激了汉语学习需求

中国经济的快速发展给世界带来了巨大的市场机遇。早在2005年,美国一项促进美中文化交流的法案指出:"有400多个世界500强企业在中国投资。中国很快就会成为世界最大的消费市场。"因此主张加强美中文化交流。今天,中国已经成为世界上最大的消费市场。要想争取中国市场,就需要熟悉中国语言和文化的人才。有研究表明,在中国排名前十位的贸易伙伴中,有七个对中国的贸易是顺差。这七个国家中有五个都拥有大量熟悉中国语言和文化、精通中国事务的人才。显然,熟悉中国语言文化是获得中国市场的重要条件之一。因此大大刺激了汉语需求。

3. 一些国家的战略意图扩大了汉语学习需求

全球化的推进,使得国家博弈越来越激烈,因此很多国家为了提高本国在经济、政治、科技、文化、军事等领域的竞争力和其他战略需求,大力推动外语学习,这也为汉语带来了学习需求。例如美国推出的《国家安全语言计划》,把汉语列为"关键语言",并相应推出一系列学习汉语的支持计划,制造了很大的汉语需求。他们为此投入了大量资金,专门用于培养汉语和中国文化兼通的专业人才,并希望通过这项对未来的投资,将来收获各种巨量效益和回报。

4.“世界公民”意识的强化增添了汉语学习需求

全球化使世界人口流动日益频繁。从未来全球人力资源竞争的角度看，外语能力是劳动力素质不可或缺的一个要素，缺乏外语交际技能，难以参与各种国际竞争。为此，很多国家对本国公民的外语能力进行了深刻的反省，并采取措施进行国际化培养。例如，英国政府提出了“为了下一代”的语言战略，把良好的外语能力和文化包容性作为培养未来合格的“世界公民”的基本要求。其目标是，在世界任何一个角落有一个职位，其下一代就有资格、有能力去竞争。在这种背景下，英国政府认为汉语将是具有广泛影响力和重要价值的语言，因此建议各级学校增加汉语课程的数量，并从2014年开始将汉语列为小学生的必修课之一。美国则在其“关键语言”战略中提出了“K—12”计划，即外语教育从幼儿抓起，其中也包括汉语，以确保其公民在未来竞争中立于不败之地。这也推动了汉语学习。

三、应尽的国际义务

中国作为一个发展中的大国，面对世界的需求，有责任、有义务承担起汉语国际传播的伟大使命，服务世界需求，为人类发展做贡献。

1. 传播汉语促进世界了解中国

有学者认为，在西方与中国之间存在着一道巨大的“认知鸿沟”，就像一堵“看不见的墙”，致使西方常常误读中国。因此，通过汉语国际传播架设连接中国与世界的桥梁，让世界了解中国，让中国走向世界，以促进不同民族之间的相互理解、和睦相处，就显得十分重要。这也是汉语国际传播的一大使命。诚如有识之士所说，汉语国际传播“有助于加深外部世界对国家的了解，是扩大一国影响力的最有效途径；战舰能让别国人民暂时臣服，而让他们理解你的语言却能使大家成为朋友。”[①]

2. 传播汉语为有关国家的经济活动服务

中国经济的发展，带来了世界经济活动中旺盛的汉语需求，积极为这些需求提供汉语服务，也是我国的国际义务。这有利于推动有需求的国家与中国的经济交流与合作，促进有关国家的经济发展，为世界经济发展做贡献。

3. 传播汉语为维护世界语言与文化生态的多样性做贡献

汉语及其所承载的文化是世界文化的重要组成部分，汉语国际传播有利于促进中华文化与其他民族文化的交流、互补和融合，进一步丰富和发展世界文化，使世界文化更加绚丽多彩。这也是作为一个新兴大国的中国应尽的国际责任和义务。

4. 传播汉语满足海外华侨、华人的母语学习需求

有资料显示，目前华侨、华人遍布世界170多个国家和地区，人数达6000多万，这也是不容忽视的一个群体。中华民族素有重视母语教育的传统，当今华侨、华人对母语教育更加重视，海外汉语学习者中，华侨、华人子女占有不小的比例。华侨是中国公民，面临的困难是无法享受系统的母语教育，作为祖国，有责任关心海外国民的母语教育；华人是外国公民，他们热爱汉语，渴望学习汉语，但往往缺乏学习条件，作为祖籍国，也

① 胡沛：《汉语推广热全球》，《华尔街日报》2006年9月1日。

有义务为他们提供民族语言文化教育服务。从另一方面说，通过对华侨成功的国民语言教育，可以增强向心力，并可培养一批精通所在国语言文化和中国语言文化的双语人才，这对于国家未来发展必将起到重要作用；为海外华人提供良好的母语教育，有利于他们传承中华文化，增强民族认同，这也是祖籍国的历史责任。

21世纪以来，为了适应世界对汉语的需求，我国汉语国际推广事业有了很大发展。比如孔子学院的建设，据2013年第八届孔子学院大会披露，目前，已在五大洲的120个国家和地区建立了440所孔子学院和646个孔子课堂，注册学员85万人。这对于服务世界需求，扩大汉语和中国文化的影响，增进世界对中国的了解，无疑都发挥了巨大的作用。但从总体上看，离世界的实际需求还有相当大的距离，传播面、深入度、认同感也很有限。因此，积极探索多样化的汉语国际传播模式，加快发展步伐，提高传播水平，增强传播效果，更好地满足世界需求，仍是我国面临的艰巨任务和光荣使命。

第二章　语言与国家安全

［阅读提示］信息化和全球化把语言和语言学推到了社会的风口浪尖、科技的前沿领域和经济的热点地带，使之在国家诸多核心领域发挥着日益重要的作用，其战略意义和安全价值不断提升，已经成为国家安全领域不可忽视的多功能要素。

信息化的最重要基础是语言文字的信息化。信息化时代，国家之间在语言文字信息化方面的差距，实质上体现为创造财富能力的差距和国家安全指数的高低。我国还相对落后。要保障国家持续发展和长治久安，必须加快语言文字信息化建设。

近些年来世界各国几乎都出现了语言矛盾增多的迹象，有的酿成了很大的社会动荡。一些国家利用语言进行政治、文化渗透愈演愈烈，也构成了极大的安全威胁。正确处理各种语言关系，化解语言矛盾，维护语言和谐，强化“多元一体”的国家语言文化认同，防止语言自由主义和文化分裂主义，防范语言渗透，是我国安全领域面临的重要现实任务。

当今，各国纷纷提升国家语言战略，以增强国家语言实力，提高国际竞争力，形势逼人。美国的全方位语言战略令人警醒，也有很多启示。

面对新的形势，我国亟待构筑国家安全的语言保障体系。

第一节　是屏障也是利器

——当代安全领域的语言角色

《圣经》里说，最初天下的人都说一样的语言，他们迁徙到巴比伦平原定居，大家一起商量说："来吧，我们来建造一座城，城里要有一座塔，高耸入云，好来显扬我们自己的名，免得我们被分散到世界各地。"于是他们热火朝天地干了起来。不意，此举惊动了上帝。上帝想：他们是同一个民族，讲同一种语言，干起事来无所不能，长此以往，可不就为所欲为了？所以决定阻止他们。用什么办法阻止呢？上帝说："来吧！我们下去搅乱他们的语言，使他们无法沟通。"于是上帝变乱了人类的语言，让他们说不同的话，并把他们分散到世界各地，从此肢解了人类。这个神话不仅表明了语言的神力，而且客观上也揭示了语言的"矛与盾"的功能：语言既具有凝聚力、建构力，能把个体的人整合为紧密的群体、形成巨大的合力及屏障；语言又具有阻隔力、离析力，能把人分割为不同的群体，消解合力，制造隔阂。可知，语言与安全的联系是与生俱来的，而且是一把双刃剑。

在当代社会，由于安全威胁的复杂化，安全手段的多样化，因而诚如习近平总书记所说："国家安全内涵和外延比历史上任何时候都要丰富，时空领域比历史上任何时候都要宽广，内外因素比历史上任何时候都要复杂。"[①]在这种形势下，由于语

① 习近平总书记2014年4月15日在中央国家安全委员会第一次会议上的讲话。

言的功能已经深入到国家的政治、经济、文化、科技、军事等核心领域，因而成为安全领域不容忽视的重要角色，对国家安全有着比过去更为重要的影响。它既可能是维护安全的有效工具，也可能是危害安全的不利因素。

一、社会新发展助推语言“安全化”

可以毫不夸张地说，人类社会新一轮的革命性的发展，与语言有着深刻的不解之缘。或许可以这么说：“语言和计算机的联姻改变了世界，改变着的世界又不断改变着语言。”因为，语言与计算机及网络的结合，为人类开辟了第二家园，改变了人类的生活方式和生存方式，拉近了人际距离，也使世界变得越来越小，正是这种变化，催生了信息化和全球化；与此同时，改变着的世界又不断改变着语言：一是信息化拓展了语言功能，提升了语言价值，带热了语言需求，丰富了语言生活，也带来了一些新的语言问题，二是全球化使语言接触更多，语言需求更旺，语言矛盾更复杂，还带来了激烈的国际竞争所伴随的与语言密切相关的政治、经济、文化、科技、军事等方面的利益冲突。因此，当今社会各种因素的交织，使得语言与国家发展全局和战略大局关系更为密切，自然也就与国家安全息息相关，具有浓郁的安全色彩。

1. 语言矛盾的复杂化加大了安全风险

由于语言与各种利益的联系越来越紧密，加上语言自身各种关系的复杂纠葛，以及全球化带来的世界语言分布的巨大变化，致使各种语言矛盾更加复杂和尖锐。近些年来，世界各国几乎都出现了语言矛盾日益增多的迹象，由此引发的不满、争论、诉讼、示威、政治对立等此起彼伏。有的甚至出现“蝴蝶效应”，酿成很大的社会动荡。近年来最典型案例莫过于乌克兰。尽管乌克兰目前的严重局势有着深刻而复杂的原因，但不可否认，语言问题也是其中的一个重要诱因，并贯穿动乱过程。观察以下事实就可以清楚地看到这一点：乌克兰 1991 年独立后，进行了语言政策调整，由此引起了俄罗斯族群的不满，各种纷争乃至抗议示威连年不断，有些地方政府立法修正中央政策或请愿抵制，外交部也公开批评现行语言政策；同时，一些乌克兰族人（包括名人）又火上浇油，公开贬斥俄语，形成了严重的族群对立。在国际上，遭到了俄罗斯批评，欧安会也出面干预，问题日益复杂化，矛盾不断加剧。与此同时，几任总统在竞选期间都打语言牌，客观上也添了乱。为了缓解不休的冲突，2012 年乌克兰议会通过法案，赋予俄语等少数族裔语言以“地区官方语言”地位，不意，又遭到了另一些人士的反对和示威抗议，就连国会议长也在法案通过的当日提出辞职，以示反对，冲突愈演愈烈。由此不难看出，语言问题对乌克兰社会动荡和国家分裂，无疑起到了导火、催化、加剧的作用。牛津大学一位学者对 2013 年 11 月乌克兰爆发的亲欧盟示威所做的现场调查也表明：“绝大多数抗议者是出于母语的原因支持乌克兰，所占比例为 82.8％。”[①]苏联解体后独立的不少国家都出现了与乌克兰类似的情况，只不过程度不同而已。此外，还有很多国家因为

① 环球网 2014 年 3 月 27 日。

公民资格或职业语言要求、教学语言或外语问题、执法及警务等公共服务中的语言问题、外来人口语言问题，甚至路标招牌的语言问题等引发的矛盾冲突，也常见于媒体。我国也有类似情况，如所谓“撑粤语”事件、“粤语保卫战”、青海双语事件、香港某些人常拿简化字和普通话说事、境外势力常利用少数民族语言做文章等。这些都是不容忽视的安全隐患，若处置不当，就会酿成大事件。

2. 语言功能的大拓展带来了安全新课题

语言与机器的结合，促使语言科技飞速发展，使得语言的功能由人际交流延伸至人机交流和机机交流，形成了人类生活的第二空间，从而也带来了很多安全新课题。其一，如何发展语言科技，掌握信息技术和虚拟世界的自主权、制控权？这是当代安全的核心保障之一。一方面，语言科技的发展，有利于不断改善信息搜集、加工、处理、存贮、传递和安全防范的手段及条件，为信息安全和利用提供更好的保障；另一方面，发达的语言科技，也为挖掘乃至窃取他人信息提供了更大的便利，这又给安全带来了更多的难题和隐患，尤其是信息战的兴起，更加剧了信息争夺和信息安全风险。不言而喻，信息化时代，谁的语言科技发达，谁就能掌握信息的自主权乃至制控权，就可保障自身的信息安全；否则，信息安全难保。而我国的现状是，由于语言技术相对落后，国人所使用的电脑操作系统等重要软件、网络关键技术、尖端搜索引擎、数字键盘汉字输入技术等，大多为外国所主控，就连国家的一些重要部门和行业的网络系统也是外国公司所建，这就犹如我们的心脏和大脑被别人所掌控，因而埋下了重大安全隐患，抗风险能力极其脆弱。其二，如何防止重要语言信息外溢？这是信息时代的一大难题。由于人们信息安全意识还普遍淡薄，往往缺乏对公开的海量语言文字信息的安全考量，重要隐性信息外溢问题较突出，成为他人的免费情报源，这是被忽视的较为普遍的安全隐患。尤其是云计算、大数据、开源情报技术的迅猛发展，更使公开语言文字信息的安全风险与日倍增。这也是亟待应对的安全新课题。

3. 语言价值的大提升增添了安全的新任务

随着语言科技和语言产业的不断发展，语言的资源价值空前提升，语言经济正成为当代经济最具活力的增长点之一，并逐渐成为经济发展的新兴支柱。开发利用好语言资源，是推动当代经济发展和维护经济安全的重要方面。同时，语言的政治价值、文化价值、科技价值、军事价值在当代也不断得以彰显，语言已经成为国家十分重要的基础资源和战略资源。因此，维护语言资源安全（包括保障语言的拥有、使用、传承、健康等），已是国家安全的重要方面。此外，人类信息的80%以上都是借助语言文字呈现于世的，在信息化时代，把好信息门户，维护海量语言文字信息资源的安全，保证其不流失或受侵害，这也是一大艰巨任务。

4. 语言人才的短缺潜存着安全隐患

由于社会对专门语言人才的需求空前旺盛，语言人才短缺已是世界性问题，特别是除了为数不多的几个大语种之外的语言人才尤为难觅。连美国也是如此，据美国司法部透露，近些年来美国联邦调查局搜集的与反恐相关的各类情报激增，但由于译员不足，有1/3的外语情报未能得到及时处理，大大影响了反恐预警能力。尤其沉痛的教训是，在"9·11事件"中，本来美国情报部门已经截获了有关恐怖袭击的信息，但由于翻译滞后而错失了防患未然的机会。这都暴露出语言人才不足的严重问题。有关资料显示，2009年美国国会部门与外语工作相关的职位的填补率只有61%，2011年虽提高到74%，但仍有1/4的缺口。美国国土安全及政府事务委员会主席丹尼尔·阿卡卡2012年5月21日在"国家安全危机:联邦政府外语能力"听证会上指出，由于外语人才储备不足，国家安全部门面临外语人才招募难题。美国尚且如此，其他国家包括我国，更是可想而知了。

我国语言人才不仅在总量上不足，而且还存在着严重的结构缺陷。除了人们谈论较多的语种结构失调之外，还存在着研究和教学人才多，应用型人才少；从事理论研究的多，应用研究的少；从事古代汉语研究的多，现代汉语研究的少；单科人才多，跨学科交叉型人才少等问题。至于一些新兴语言职业人才更是缺乏，例如自然语言处理工程师、语言信息分析师、语言治疗师、速录师、字体字库设计师等，非常紧缺。2013年1月21日《青岛日报》刊发的一个行业调查报告的标题——"不缺活，缺速录师"——反映了很多需求单位的无奈和呼唤。专门语言人才的缺乏，对于日常工作、科技创新、经济发展等都会产生一定的影响，潜存着不同方面的安全隐患。

二、语言大博弈陷入“安全困境”

由于人们对语言重要性的认识不断提高，21世纪以来，一些国家纷纷从国家战略高度制定全面的语言战略，大力发展语言教育，提升国民语言能力，培养和招揽专门语言人才，强化语言国际推广，以增强国家语言能力，保障国家发展和安全。而这些做法就使得另一些国家深感压力乃至威胁，从而产生不安全感，也不得不采取相应的对策。其结果便是引发战略意图明显的国际语言大博弈，这在客观上又反过来加剧了各国的不安全感，于是使世界陷入了“安全困境”[①]，犹如冷战时期的军备竞赛。这种迹象日渐明显。

1. 语言战略深谋远虑

一些发达国家的战略意图非常明显，所制定的国家语言战略宏阔而旨远，把全球范围的现实利益和长远诉求都纳入战略视野，体现了全面的语言战略观。以美国为例，21世纪以来先后高调出台了《国家外语能力行动倡议》、《国家安全语言计划》等一系列重大语言政策和举措，直言不讳地说：“我们的构想是，通过外语能力和对世界文化的了解，使美国成为更强大的全球领导者。”[②]其中也包括谋求全球经济利益。美国前议员里奇·拉齐尔曾说：“美国要想获得经济的持续发展，必须具备强

① 门洪华：《“安全困境”与国家安全观念的创新》，《河南科技大学学报》（社会科学版）2006年第3期。

② 王建勤：《美国关键语言战略与我国语言文化安全》，《国际汉语教学动态研究》2007年第2辑。

有力的外语能力和理解他国文化的能力。"美国经济发展委员会曾发布题为《面向全球领导力的教育:国际问题研究与外国语教育对美国经济与国家安全的重要性》的报告,呼吁加强学生的外国语言文化教育。[1] 再就是为了保障美国在全球实施军事、情报、外交、政治等任何行动的外语支持。前总统小布什曾说得很明白:"我们需要会说外语的士兵和当地居民交流,我们需要情报人员了解对方在说什么,我们需要外交人员说服对方政府与我们联合起来对付恐怖分子。我们的短期目标是自卫,长期目标是传播自由,这是一场理念之战。"[2]美国语言战略重点也十分明确,只要看看其确定的"关键语言"——阿拉伯语、汉语、俄语、印地语和波斯语等,就一目了然了。美国媒体毫不遮掩地把其语言战略与50多年前美苏对抗时实施的"空间战略"相提并论。

2. 语言竞备热火朝天

近些年来,很多国家尤其是发达国家几乎全国动员,大力开展语言资源建设和储备。从母语教育到外语教育,从国民语言教育到语言国际推广,从普通教育到继续教育,全方位地加大了语言教育力度。例如美国,不仅有宏阔的语言战略,而且常常总统亲自挂帅,国务院、教育部、国防部、国家情报主任办公室等各有关部门纷纷推出令人应接不暇的具体措施,对国民

① 王淳:《安全诉求与认同危机:论美国国家语言战略的重塑》,《国外理论动态》2010年第9期。

② 明迪等:《美国外语荒影响安全 将阿语汉语列为关键语言》,《环球时报》2006年1月10日。

尤其是军人进行语言武装。例如“K-12”和“K-16”关键语言计划,就是针对从幼儿园到大学的外语教育。在军队,2005 年推出了《国防部语言转型路线图》,随后各军兵种又根据自身特点与需求相继颁布了各自的语言计划。时任国防部长拉姆斯菲尔德说:“我们要适应本世纪的需求,发展语言能力。没有任何技术能提供这种能力,这是我们的战士必须拥有的技能。”并把语言能力纳入作战计划,力图通过军队的语言文化软实力的提升来增强战斗力。为了落到实处,还采取了很多具体措施,例如把外语水平作为职务晋升的条件;专门设立语言补贴和奖励,对于掌握了规定的外语并通过水平测试的人员每月可加薪最高达 1000 美元;美国国防语言学院外语中心构建了数以万计的语言学家网络,直接或通过互联网参与军方语言培训,其“全球语言在线支撑系统”可以提供多达 38 种语言的 6000 多课时的课程;国防部建设了民间语言专家储备团,随时为国家提供语言服务。英国也一改只重语言输出的做法,推出了新的“国家语言战略”,提出了“全民学外语,终身学外语”的口号,要求每个中小学生必须学习一门外语,以培养英国全体公民在全球化经济体系中的终身工作能力和竞争能力。英国外事服务语言中心开展 84 种语言培训,伦敦大学亚非学院语言中心每学期面向 1200 名学员讲授 52 种语言。[①] 欧盟 2003 年发布了《语言学习和语言多样性行动计划》,大力推动多语言学习,目标之一就是促使欧盟国家民众能够熟练使用两种外语。

---

① 戴曼纯:《国家语言能力、语言规划与国家安全》,《语言文字应用》2011 年第 4 期。

在语言服务系统建设上，各国也不遗余力。2009 年美国政府拨款 10 亿美元，专门用于机器翻译的研发，旨在"实现高度准确的全球关键语种实时翻译，大力降低全国贸易合作的语言障碍"。美国国防部开发了一个跨军种的语言备战指数系统，这是一个接近实时、基于网络的战略工具，可以对外语能力进行供需分析，供领导层进行风险评估、考查降低风险的措施，做出相应决策。同时它也是一个搜索工具，能够快捷地寻找到所需的语言人才。例如 2010 年海地、智利、土耳其发生地震，此系统就提供了会说震区语言的人员名单、语言水平及所在单位。

不难看出，世界各国的语言竞备愈演愈烈，几乎不亚于客观存在的军备竞赛。

3. 语言渗透花样翻新

利用语言进行文化、政治渗透，以实现人心征服是自古的手段，而今天也不例外，甚至有过之。一位美国学者曾把美国的"新帝国"理想概括为"新罗马"+"新耶路撒冷"。很明显，除了"新罗马"的军事力量，更为重要的就是"新耶路撒冷"的文化实力，也就是要将美国的意识形态贯彻到全世界，以征得全球对美国文化政治的认同。这个比喻很贴切。《新约·使徒行传》里说，当耶稣的门徒齐聚耶路撒冷之时，圣灵如火舌一般降临他们身上，于是他们就讲起了"别国的话"，这时从天下各方来的犹太人都惊讶：这些人何以能用我们的乡音来说上帝的大能作为呢?[①] 可以看出,美国当今的语言战略与此异曲同工,其意图之一就要用“别国的话”,传播美国的意志,以求他人认同。

西方利用语言进行渗透不断花样翻新。例如美国1961年成立的“和平部队”,至今已拥有21万人,分布在139个国家,包括我国。其主要任务就是一方面帮助当地人(包括儿童)学习英语,另一方面要求志愿者学习当地的语言和熟悉当地的生活。其战略意图不言自明。当今,利用新的技术手段、互联网等新媒体和语言优势进行渗透更是西方的拿手好戏。美国前国务卿希拉里2010年1月21日,在关于“互联网自由”的讲话中公开说:“我们还开发新工具,使公民能够避开政治审查而行使其自由表达的权利。我们正在为世界各地的团体和组织提供资金,确保这些新工具以当地语言版本提供给需要的人,并为他们提供安全上网所需的培训。”英国广播公司世界服务基金会2009年面向孟加拉国推出了手机英语课程,当年已达30多万个用户订购了这项服务。美国迪士尼制片公司采用受众国的语言拍摄电影,向其他国家推广。2009年伊朗大选之际,谷歌、BBC、Facebook等西方媒体马上推出了波斯语翻译服务,宣称其目的是为了帮助伊朗人与世界“直接交流”。BBC还增加了波斯语频道服务的卫星数量,以躲避伊朗的信号干扰。设立项目是另一策略。欧美国家每年都有政府出资设立的令人眼花缭乱的各种项目,或把外国人请进来学习或研究本

① 刘晗:《布什力推“新帝国”理想下的语言战略》,《21世纪经济报道》2006年1月11日。

国的语言，或把本国人送出去学习研究别国的语言。在美国，仅与《国家安全语言计划》相关的项目就不计其数。以“关键语言奖学金”中文项目为例，仅2012年暑期，美国国务院就选派了90名大学生来我国三所大学学习汉语，并要求这些学生入住中国家庭，体验中国人的生活，每天下午和周末，还参加形式多样的参访和实践等活动。

被有人所称的“英语帝国主义”对世界的深刻影响更是自不待言了，包括对我国语言、文化、政治、经济、科技、国防等安全产生的影响也是不容低估的。对此，台湾学者余光中曾大声疾呼：“对于强势外语不良影响的入侵，这该是另一种国防。”

4. 语言挑唆暗流涌动

利用语言凝聚一个族群，或肢解一个族群，或离间族群关系是由来已久的政治手段。德国学者费希特面对近代四分五裂的德意志曾说：“普鲁士人与其他德国人的分裂完全是人为的……德国人与欧洲其他民族的分裂是基于自然。通过一种共同的语言，通过一种联系德国人的共同的民族性，他们可以脱离其他民族。”显然是希望借助一致的语言来建立统一的德意志民族国家。德国民族主义者曾宣称，荷兰语是德语的一个分支，因而荷兰应是德意志民族的一部分。后来纳粹也以德语为依据，来辨识散居在中东欧各国的雅利安人，并以此作为吞并奥地利、捷克苏台德地区以及波兰日耳曼人居住区的理由。(何俊芳 2010)巴尔干地区的分分合合(包括南联盟的瓦解)，也同样夹杂着语言研究的因素，正如有学者所指出的：巴尔干主要民族的民族意识的发展也毫不例外地经历了三个阶段："在第一阶段，一群知识分子开始研究被征服的人民的语言、文化和历史；第二阶段相当于民族复苏的全盛时期，一群爱国者传播学者的思想，成为了民族意识形态的代表者，他们开始将民族思想传播到广泛的社会阶层；最后一个阶段，民族运动达到其高峰。"[①]值得注意的是，在当代，有些国家也如法炮制，鼓励和资助一些学者有目的地去其他国家就民族问题进行"学术考察"，蓄意挖掘甚至夸大其语言、生活习俗等方面与其现有国家共同体相排斥的元素，并由此推论这些民族与目前的国家"不兼容"，接着就是政客们对这些差异进行炒作，打着保护少数民族人权、语言权等旗号，挑拨族群关系，破坏有关国家的安定和团结，以达到自己的政治目的。据说也有个别西方学者抱着特定目的，到我国边疆地区进行"学术考察"，进行"语言学"或"民族学"研究。[②] 这些也是需要我们高度警惕的。

5. 语言情报奇招迭出

现代情报技术的发展，几乎到了没有秘密的时代，这对国家安全无疑是前所未有的严峻挑战。尤其是开源情报大行其道，更增加了维护语言文字信息安全的艰难性和紧迫性。所谓开源情报，是指利用各种公开信息（主要是语言文字信息，如报刊书籍、广播电视、网络等）进行有特殊价值的信息挖掘、分析和整理，及时提供给有关用户。这已经成为"9·11事件"之后

① 孔田平：《对东南欧"巴尔干化"的历史解读》，《欧洲研究》2006 年第 4 期。

② 张文木：《在推进国家语言战略中塑造战略语言》，《马克思主义研究》2011 年第 3 期。

西方很多国家最重要的情报手段之一。美国成立了专门的开源情报机构,实施了常态化的开源情报事业计划,英国仅切尔腾纳姆市的政府信息中心就雇用了300多名语言分析师监控全球电子交流信息。有资料显示,近些年来,欧美获取的情报中有80%以上来自开源信息,这就使得任何公开的语言文字信息都有了潜在的安全价值。

情报领域对现代语言技术用到了极致。有人利用网络搜索引擎留下的搜索文字记录或社交媒体记录(如微博、微信、短信)等,来分析某个人或某单位甚至某国家的方方面面的动态。有人还专门进行国家领导人、核心领域人员的用语分析,以考察其思想动态和行为动向。美国2003年成立国家虚拟翻译中心,通过语言专家网和机器翻译来处理外语情报;2005年,启动"全球自动语言采集项目",利用机器自动翻译处理海量的多语言口语及书面文本,以解决人工语言分析缓慢的问题;美国情报高级研究局又在研发规模巨大的"语言隐喻库",力图利用各种公开语言信息来洞察不同文化背景的人的思维模式、心理特征和现实行为,借以获取语言背后隐藏的秘密。

面对林林总总的情报手段,怎样维护语言信息安全已是国家必须应对的新课题。

三、安全新需求凸显语言张力

由上述可以看出,语言的触角已经延伸至国家安全的诸多核心领域,是影响国家安全的重要因素,因此,国家安全的语言需求空前增长。

1. 军事领域:语言是"没有硝烟的武器"

在军事行动中,无论是敌情侦察、情报搜集与分析、攻心宣传、行动协调、军事谈判,还是对行动地区地理、文化的必要了解和与当地民众的沟通等,都需要相应的语言支持,因而语言也就成为克敌制胜的保障之一。这是已被反复证明的事实。

时至今日,语言对于军事的重要作用未减反增。美国实施全方位语言战略,将"语言技能"纳入"作战能力",并列入作战计划,就是为了打造"语言武器",在提高军事征服力的同时,提高语言"攻心"能力和传播意识形态能力。

新形势下,我国军事安全面临着许多新的挑战、威胁及任务,也对语言提出了新的需求:(1)一些国家将汉语列为"关键语言",不排除把我国作为主要军事目标和倾销"民主"对象的可能,这在客观上把我国推入了不安全境地,亟须应对。(2)美国重返亚太,周边某些国家不时滋事,国内敌对势力也蠢蠢欲动,我国边疆隐患陡增,因此周边语言在戍边睦邻中更为重要。(3)我国跨国行动和国际义务的日益增加,对军队提出了更多更高的语言要求。(4)未来战争——信息战的考验。作为信息最重要载体的语言,具有无可替代的作用。(5)军事科技的发展等,都需要多语能力的支撑。可见,维护国家军事安全,需要强大的语言能力保障。

2. 政治领域:语言是双刃剑

语言历来都是政治工具,也是政治安全的要素。智慧的政治家都把语言当作统一的力量,既以共同的语言为政治号召,也以某种语言为纽带实施国家治理。“在现代政治中，语言的象征力量凸显了出来，具有超乎一切的凝聚力。”（艾布拉姆·德·斯旺语）各种语言冲突此起彼伏，其实质，大多是政治诉求。若处理不当，就会酿成社会矛盾和民族冲突，危及国家安定和统一。

我国是一个多语多方言的国家，语言问题也一直与政治安定紧密关联。当今需要高度关注的是：(1)各种语言关系日趋复杂，一些语言事件时常演变为社会热点甚至矛盾冲突，直接危及社会安定和民族团结。(2)港澳台语言协调问题事关国家统一大局。但有些政治人物时常拿语言问题说事，蓄意制造矛盾，鼓动分裂，需要警惕。(3)境外势力打着各种旗号利用周边语言从事政治活动，对边疆稳定构成了威胁。(4)常住外籍人士日益增多，而我国没有相应的语言要求和语言服务，也存在安全风险。(5)国际政治风云变幻，我国面临不少不利因素，亟待加大力度利用各种语言与世界进行有效沟通，以营造良好的国际环境。

3. 文化领域：语言是征心剂

文化是一个国家的命脉和灵魂，也是国家生存和发展的软实力。一个国家文化的瓦解，就意味着该国家事实死亡。而语言既是文化的产物，也是文化的最重要组成部分，还是文化的最重要载体和最集中体现，因而要维护国家文化安全，就必须把守好语言这道屏障，同时也要利用好语言这个工具。

纵观历史可以看到，西方列强的文化征服都以语言为武器和摧毁对象。希特勒说得很赤裸:要消灭一个民族,首先瓦解它的文化;要瓦解它的文化,首先消灭承载它的语言。近代列强正是这样做的。他们在大肆扩张过程中,几乎无例外地在刀枪征伐的同时,采取各种手段强力推广本族语言,挤压、改造,甚至禁用异族语言,借以进行精神瓦解和文化征服,最终实现了欧洲诸语言在世界各地的广泛分布和文化植入。

强势文化的扩张往往采取各种语言手段:(1)利用本国语言的传播输出本族文化,以侵蚀、同化乃至瓦解异族语言文化。(2)借助他国语言传播本国文化,进行文化渗透。(3)借助语言产品搭载本国文化,"随风潜入夜"。例如某些国家广泛捐建的图书馆,大量输出的报纸杂志、语言教学资源、网络产品、影视大片、游戏动漫等。人们使用这些语言产品,很自然地接受着其文化熏陶。

以上所述安全风险日趋严峻。要保障国家文化安全,不仅需要防范侵害,而且需要加强建设,力促发展,不断增强文化活力、竞争力和抵抗力;不仅要关注外来影响,也要关注国内因素。当今,很多语言问题事关国家文化安全,不容忽视。例如:(1)母语教育问题。良好的母语教育是民族文化传承与安全的基本保障。母语教育的弱化,不仅会导致国民母语能力下降,影响个人发展和民族素质,而且会导致疏离母语文化,淡化民族感情,弱化民族精神,危及文化认同。(2)网络空间语言竞争问题。网络和移动通讯的发展,使得文化传播突破了国界,以更便捷的方式大行其道,文化间的碰撞无时不有,无所不在,网络成为各种文化博弈的重要阵地。但中文网络资源较为贫乏，竞争力弱，中国文化遭受挤压、侵蚀的风险与日俱增。因而加快中文数字化资源建设，也是保障我国文化安全的紧迫任务。(3)维护语言健康问题。大量的外来词、字母词和网络语言的使用，该如何对待？这也是语言自身安全和文化安全不可回避的问题。(4)汉语国际传播问题。通过汉语国际传播，增进世界对中华文化的深入了解，有利于提高中华语言文化的国际影响力和竞争力，这是中华文化安全的国际保障。

至于语言在经济、科技、信息等领域的重要作用及其安全价值在其他部分已有涉及，恕不赘言。面对日益凸显的外压内需，我们应该警醒并积极应对，尽快构筑国家安全的语言保障，以确保国家的长治久安。

第二节　没有硝烟的新战场
——语言文字信息化与国家安全

一、新时代的新问题

人类已迈进信息时代。信息化改变着世界，改变着人类的生存方式和生活方式，也给国家安全带来了新问题。

1. 信息疆域安全成为国家安全的当务之急

如果你在某天清晨发现电脑里的数据已被删得支离破碎，打开手机信号却总是无法接通，ATM 机上显示你储蓄卡中的存款已被清零……这意味着什么？这便是信息疆域遭受侵犯的结果。

在当今信息时代，国家安全的领域也发生了很大的变化，信息系统及其资源的保护成为极其重要的安全课题。信息技术打破了时空与传统疆域的限制，以前靠战争才能实现的战略目的，现在可以通过摧毁关键信息基础设施来达到，“信息战”日渐成为重要的国际竞争形态；同时，信息化已深入到国家政治、经济、文化、科技、军事等核心领域，信息疆域安全也成为这些核心领域安全的重要保障。可见，信息安全已是当代国家安全的核心要素。2010 年，美国成立网络司令部，随后英、俄、印、日、韩等国也有了相应行动。2011 年，美国发布“网络空间国际战略”，将网络战略提升到国家战略的高度，可见维护信息疆域安全之重要。

2. 病毒黑客威胁无时不在，信息泄漏隐患无穷

从个人电脑到网络各种信息系统已经深深地融入人们的日常工作和生活，须臾不可离开。然而，病毒危害和黑客攻击时刻都会危及信息系统的安全，相关事件几乎无时不有。例如，红色代码病毒曾肆虐我国某市政府内部网络，几千台机器中毒，导致网络瘫痪近一周。2010 年 1 月 12 日，因百度的域名解析被黑客篡改，导致全球用户不能正常访问。CNNIC（中国互联网络信息中心）调查显示，2011 年上半年，我国遭遇病毒攻击的网民达2.17亿，比例为 44.7％。

各种信息泄露也是当今的一大安全隐患。据中央电视台“东方时空”节目的一份调查显示，74％的人有过信息被泄露的

遭遇。至于企业、政府部门乃至国家重要信息被泄密的情况也屡见不鲜。据统计,《财富》杂志排名前1000家企业中,每次因电子文档泄露所造成的平均损失高达50万美元。

3. 语言文字信息化落后深藏安全隐患

语言文字信息化包括语言文字信息处理技术的创新与应用、语言文字信息资源的建设与利用、语言文字信息服务平台的搭建和运行等,这是国家信息化的重要基础。由于我国拥有自主知识产权的语言文字信息处理技术尤其关键技术不多,国人所使用的电脑操作系统、重要软件和网络核心技术等目前基本上掌控在外国公司手中,这就犹如人的整个神经系统为人所掌控一样,埋下了很大的安全隐患。最近微软停止了Windows XP 的服务,迫使人们使用 Windows 7 或 Windows 8,但有关专家指出,Windows 8 系统存在很大安全隐患,这颇令人无奈。发展迅猛的中国网络,安全保障极其脆弱,要维护国家信息安全,必须大力发展我国语言文字信息处理技术。

二、新领域的新挑战

语言文字信息化是当代科技发展的前沿领域,也是核心领域,面临着诸多严峻挑战,直接关涉国家安全。

1. 谁制定标准谁做主

在中文信息化建设领域,一些重要标准没有掌握在中国人手中,这不仅使我国遭受了巨大的经济损失,而且也对国家安全构成了潜在威胁。如何扭转这一被动局面,是我们面临的一大挑战和艰巨任务。

《信息交换用汉字编码字符集—基本集》(GB2312-1980)为我国汉字信息处理奠定了基础,但是远远不够。中文软件的标准化是最为薄弱的环节。现在汉字键盘输入方法越来越依靠高质量的软件,制定软件的技术标准和规范,提高软件的质量和可维修性,逐步与国际标准接轨,已是相当急迫的问题。一个深刻的教训是,由于历史原因,手机汉字输入法核心模块的控制权和修改权绝大部分被国外企业掌控,至今也难扭局面。其实,现在发明一种手机汉字输入法已不太难,但面临的问题是,即使研制成功,技术先进,手机厂商也未必愿意选用。因为一般厂商都不太愿意改换已有的技术标准和原来的输入习惯,占全球手机市场主要份额的各大品牌更不会放弃自己拥有的汉字输入法技术。这就是先入为主,很难撼动。

2. 谁掌握核心技术谁做主

随着语言信息处理技术飞速发展,中文信息处理正由语言处理向以语言为载体的信息处理和知识处理发展,应用范围越来越广:从个人桌面到企业内部网络,到互联网,到移动设备,到无线网;从新闻、图书、情报领域到电子商务、远程教育、电子政务等,中文信息处理无处不在。但我们拥有自主知识产权的核心技术很少,具有竞争力的品牌也不多。在基础研究中,对词法、句法、语义、语用等单项技术的研究较多,对各个层面之间交互作用的研究较少;跨语言、跨学科的研究更不够,因而在相关的竞争中总是处于被动地位。例如,1994 年微软开始进入中文软件市场,其 word 很快把国产 WPS 挤出了市场,继而

Windows 中文版又把国产"中文之星"挤垮，中文版的Windows、Office 等占据了大部分的中文软件市场。微软的强势挤压，使得国产的中文信息处理软件举步维艰。这些劣势不仅导致我们信息科技落后、经济受损，而且还潜伏着很大的信息安全隐患。例如，现在国人都在使用的某搜索引擎，谁也难以想象它每天的搜索记录会给他人派上什么用场。

大数据、云时代、物联网、智慧地球正向我们走来，将会对信息技术及产业产生革命性的影响，并对国家安全带来新的挑战。要保障信息化时代的国家安全，就必须在核心语言技术研发领域勇攀高峰。

3. 谁拥有语言资源谁做主

信息技术革命促使语言文字承载的知识或信息成为十分重要的资源，而且是一种战略资源，也是一种生产力。当今，以语言资源为核心的信息资源的建设和开发利用已成为一个国家信息化进程中最为核心的方面。语言信息资源的拥有量、开发利用水平已经成为衡量一个国家综合实力的重要标志之一。信息科技的竞争不仅是技术的竞争，还是语言资源的竞争。

互联网发展迅猛，但在虚拟世界中文信息资源相对贫乏，尤其与英语资源相差悬殊，发达国家拥有对互联网及其信息资源的绝对控制权，尤其美国一直处于信息霸主地位，这对国家各方面的安全无疑又构成了威胁。

三、新形势下的新任务

语言文字信息化，是国家信息化发展的重要基础，也是维护国家安全的重要保障。新的形势，对语言文字信息化提出了更高的要求，也赋予了更为艰巨的任务。为了应对新的问题与挑战，必须加快语言文字信息化建设步伐。

1. 加强语言文字信息处理核心技术研究

我国中文信息处理能力与国际先进水平差距还很大。例如，目前我国基本上还是沿用西方的句法和语义分析体系，而国际上的前沿研究已经进入到逻辑语义推理阶段，致力于更多地挖掘语言深层蕴涵与预设的信息，信息处理智能化的关键技术研究发展很快，这都需要我国相关领域加快赶超。只有我们在语言文字信息处理核心技术及相关重要技术上有了更多的自主权乃至控制权，在信息化社会我们的国家安全才会有根本的保障。

2. 加快语言文字信息资源建设

语言文字信息资源建设是国家信息化建设的最重要基础，也是科学研究、经济开发、产业发展、文化教育的基本条件，工程浩大，需要大量的人力、物力支持。但目前我国在这方面的投入严重不足，建设滞后，在虚拟世界与西方有着巨大的数字鸿沟。据中文语言资源联盟的数据显示，外企在该领域的投入远远超过国内的企业，这无论对于国家的经济利益而言，还是对于国家政治、文化、科技、军事等方面的安全而言，都是极其危险的。我们应该加大力度加快步伐建设自主语言文字信息资源。

3. 加大语言文字信息服务体系建设力度

语言文字信息服务体系建设既是信息化的基础建设，也是推进信息化应用的重要条件。应加大语言文字信息服务体系建设力度，不断提高服务水平，充分发挥语言文字信息化成果在人民生活、国家治理、文化教育、新闻媒体、科技创新、经济发展、国际交流与合作等方面的作用，以促进国家的持续发展和长治久安。

4. **重视语言文字信息化建设人才培养**

信息化发展的根本在人才。我国从高中就开始的文理分科的教育体制、应试教育带来的人才的创新能力不足等问题，造成了文理兼通的信息科技人才的严重短缺。因此，努力培养兼通语言文字学、计算机技术、网络技术的复合型高层次人才任务艰巨，迫在眉睫。

5. **构建国家安全监测和预警机制**

语言文字是信息的主要载体，语言文字信息往往能够最为迅疾地反映社会动态。利用语言科技手段即时监测、分析与国家安全相关的信息，构建常态化的安全监测和预警机制，防患于未然，也是保障国家安全的重要手段。

第三节　蚁穴溃堤　蝶翅生风

——语言冲突与政治危机

语言与民族、国家和政治的联系密切。一些政治家、社会活动家及民族主义者都爱拿语言说事，不少民族冲突、政治危机，乃至国家分裂往往都可在不同程度上找到一些语言上的原因。当今，语言扮演的政治角色更加活跃，尤其在国际舞台上花样翻新，各国纷纷实施语言战略，尤其是一些国家“关键语言”计划的出台，更加强化了语言的战略意义、政治功能和安全价值。有些人甚至某些国家利用不同的方式，有意夸大渲染某些语言的内部差异和族群之间的语言问题，蛊惑人心，制造隔阂，借以挑起族群矛盾……稍不留心，看起来小的语言问题，就会酿成大的事件。无论是历史教训，还是现实动态，都是值得我们重视的。这里可以看看几个典型案例。

一、语言冲突冲垮了国家

巴基斯坦是一个多语言国家，至少有 24 种语言。其独立之初就面临着官方语言的选择问题。当时孟加拉语是该国的最大语言，使用人口达 56%，因此该语言的主要使用者东巴人提出，要把孟加拉语定为国语。但政策的制定者认为，孟加拉语主要分布于一个省，没有广泛的代表性，主张以分布广泛并且用于伊斯兰教的乌尔都语作为国语。于是争议纷起。

随着巴基斯坦中央政府宣布乌尔都语为国语，东巴地区掀起了强烈的抗议运动，并由口诛笔伐演变成了大型集会、示威游行，对此政府则采取了镇压手段。到了 1952 年，冲突进一步加剧，2 月 21 日警察向由学生和同情者组成的纠察队开枪，造成多人受伤，5 人死亡，死者被国际人士称为“人类有史以来第一次为语言牺牲的语言烈士”（联合国教科文组织于 1999 年 11 月宣布将每年的 2 月 21 日定为“国际母语日”），由此引发了更大规模的抗议。后来随着各种矛盾的不断加剧，东西巴关系不断恶化。1971 年爆发了东西巴之战，东巴获胜，于当年 3 月宣布独立，并制定了新宪法，确定孟加拉语为国语。一个国家就这样因语言冲突而分裂了。

原超级大国苏联的解体，也与语言矛盾不无关系。作为拥有 130 多种语言的苏联，表面上看实行的基本上是“民族语－俄语”模式，即各民族在使用本族语的同时，兼用俄语。但事实上，各种语言矛盾一直存在，并时有激化，主要表现为各加盟共和国主体民族语言与俄语的矛盾、各加盟共和国内部主体民族语言与其他民族语言之间的矛盾。这些交织的语言矛盾，不仅关涉语言权利，而且伴随着政治、经济、文化等切身利益诉求，所以自然就成为最易被唤起和激发的因素。因此，随着一些加盟共和国民族主义情绪的高涨，一些政治家便拿语言问题投石问路。最先是亚美尼亚、格鲁吉亚和阿塞拜疆于 1978 年宣布各自的主体民族语言为国语，尤其是 1989 年爱沙尼亚、立陶宛和拉脱维亚联合行动，先后颁布了语言法确认各自主体民族语言为国语，由此引发了各加盟共和国大张旗鼓地开展语言改革，仅当年就有 9 个加盟共和国立法宣布自己的主体民族语言为国语，随后包括俄罗斯等也如法炮制。但这些“语言问题”并没有引起苏共中央足够的重视。实际上这已经不是一般的语言改革，而是以语言为政治工具，寻求民族独立。各加盟共和国主体民族语言的国语化，大大强化了民族主义意识，削弱了苏联民众的国家认同，涣散了人心，助推了苏联的解体。后来的事实表明，这些大胆的语言改革，实际上是各加盟共和国为脱离联盟发出的信号弹，也是苏联崩溃的开始。可见，语言问题在苏联解体的过程中起到了导火索和助推器的作用。

二、语言纷争争瘫了政府

在比利时王国，可以说语言之争渗透于社会的方方面面，并且根深蒂固，难以调和。政区以语言划界，政党按语言分派，身份据语言识别。语言问题常常成为政治冲突、政府危机的导火索，直接影响政局。有人说它是“世界唯一双语之争、语言民族权力之争的角斗场”。

比利时的语言纷争由来已久，从语言地位到具体的涉语政策时有冲突。该国南部与法国接壤，主要是瓦隆人，讲法语，信天主教，深受法国拉丁文化影响；其北部与荷兰毗邻，主要是佛拉芒人，讲荷兰语，信新教，深受日耳曼文化影响。南北族群在语言、文化、宗教等方面的差异明显。很有意思的是，比利时的行政区也按语言划分，这在世界上也是少有的做法。该国分为北部的荷语区（佛拉芒语区）、南部的法语区（瓦隆语区）和位于南北语言分界线北侧的首都布鲁塞尔特区（法语－荷兰语双语区）。另有东部很小的德语社区。不仅如此，该国三大政党也按语言各自分立为两个派别，如基督教社会党分立为荷语基督教社会党和法语基督教社会党，足见语言在比利时政治生活中的重要性。与此相关，日常对国民身份的关注点也与其他国家不同，既不是“公民”身份，也不是“民族”身份，而是“语言”身份，往往以人的语言作为重要区别标志。比如，导游在介绍博物馆的设计师时，会自觉不自觉地强调他是说荷语的还是说法语的。

由于历史原因,荷语区和法语区的人之间似乎总是存在互不信任的心理,两个语言区的政党更是矛盾重重,常常相互攻击。在政治选举时,语言区别尤其明显,讲荷兰语的人投荷语政党的票,讲法语的人投法语政党的票。该国选举法甚至规定,联邦议会选举中,荷语区选民只能投荷语政党的票,法语区选民只能在法语政党中做选择,于是,双语选区就成为两个不同语言政党争夺的票仓,斗争非常激烈。

可见,比利时的语言问题与政治、文化、社会、宗教等问题高度关联,因而也就成为引发族群冲突、政治对立、政府危机的常见因素,常与其他因素杂糅在一起影响政局。有资料显示,二战后的30余年间,比利时政府内阁频繁更替,达30届。更令人吃惊的是,2010年竟陷入了随后500多天无政府的窘境。其导火索是荷兰语党派/族群与法语党派/族群在首都布鲁塞尔选区划分问题上的针锋相对。从地理位置上看,首都布鲁塞尔特区的南端与比利时南北方分界线相重合,南面是法语区,其他几面由荷兰语区环抱,处于荷兰语区地盘之中,所以,荷兰语族群将其视为自己的"故都",念念不忘扩大自己对该地盘的掌控权。但从人口数量上看,布鲁塞尔特区中的法语居民占90%,荷兰语居民占少数,这里实际是法语的天下。在当次的纷争中,荷语党派领导人想把原本隶属于布鲁塞尔双语特区的几个行政区划归荷兰语大区(单语区)。如果成功,就意味着,该地区10万名左右的法语选民在选举时只能把选票投给荷兰语政党，不能投给法语政党。这个主张遭到了法语政党的坚决反对，两党谈判破裂。4 月 22 日荷语开放自由党宣布退出执政联盟，联合政府瓦解，首相莱特姆率内阁集体辞职。此后仍纷争不断，相持不下，结果造成政府瘫痪 500 多天（2010 年 4 月 22 日－2011 年 12 月 6 日），成为世界上无政府状态持续时间最长的国家。《国际在线》对此评论说："要说最直接的原因就是布鲁塞尔选区的归属问题迟迟无法解决。而归根结底，比利时南北的语言文化分歧才是造成政治危机最根本的原因。"[①]

三、两语相斗斗乱了社会

在加拿大的魁北克省，法语和英语一直处于激烈的博弈之中，当地社会也常常随之动荡不安。

历史上，法国殖民者是今魁北克地区的最早征服者，他们在该地区建有一个相对独立的新法兰西领地，该地居民具有较为强烈的地域、语言和文化上的认同。18 世纪下半叶，该地区被英国殖民者所征服，成为加拿大的一个省，英语开始占上风。但大批法裔居民不甘心处于被统治地位，不断同英国征服者展开斗争。

20 世纪 60 年代以来，情况发生了变化。当时，魁北克自由党在选举中获胜，其党首让·勒萨热当选为该省总理，于是发动了一场"平静的革命"，推行法兰西化的政策，提高法语的地位，旨在扩大该省的省权。1968 年 10 月，魁北克党宣告成立。在语言问题上，该党提出三项主张：(1)尊重魁北克英裔成

① http://gb.cri.cn/27824/2011/10/12/5311s3399189.htm.

员的语言权利，但法语应成为本省唯一的官方语言；(2)通过立法，使法语成为所有企业的工作语言；(3)政府应对广播、电视、出版等部门进行干预，以便保护法语文化。1969 年 3 月 29 日，蒙特利尔市的 5000 多名法裔学生上街游行，要求把麦吉尔大学改成法语大学。警察和学生发生了激烈的冲突，6 名警察受伤，37 名学生被捕。1971 年 1 月 18 日，魁北克政府颁布了一项教育条例，规定英语学校应将法语作为第二语言必修课程。

为了平息魁北克的民族主义情绪，加拿大联邦政府曾于 1963 年成立了“皇家双语和双文化委员会”，将英语和法语、英裔文化和法裔文化摆在同等地位。1969 年通过了《官方语言法》，宣布法语和英语均为国家的官方语言。其目的是为了保障讲英语和讲法语的加拿大人获得平等的权利和机会，促进国家团结和统一。为了实施《官方语言法》，政府职位不断增加法语人所占的比例。但是，双语职位的增加，一方面影响了英语单语人的就业，激怒了许多英语单语人；另一方面，还没能让一些法语人感到满意。因此纠纷仍不断出现。

加拿大交通部曾规定，航空调度可以使用英、法两种语言。1976 年 6 月，魁北克的英裔飞行员和导航员举行罢工，反对在机场过多使用法语，以免影响飞行安全。而法裔机场人员则提出，只有用法语才能保障安全。这次罢工使加拿大的航空业受到严重干扰，并且产生重大的政治影响，也激怒了法裔魁北克人，结果使魁北克党的主张赢得了广泛支持。同年 11 月，魁北克党在选举中获胜。次年，省议会通过了“101 法案”，即《法语宪章》，规定法语是该省的唯一官方语言，也是该省的工作语言、教育语言、传媒语言、商业语言和各行各业的标准日常用语，确保法语处于支配或优势地位。

《法语宪章》的实施满足了法裔民族主义者的要求，但加剧了族群矛盾，引起了社会动荡。其直接结果是，大多数英语人对此感到惊恐和不满，但又不得不学习法语，英裔魁北克人的法语能力普遍增强，而法裔魁北克人的英语能力则大为降低；与此同时，大批英裔魁北克人因为要在工作中使用法语而感到不便，所以纷纷迁离魁北克省。在 1976 至 1991 年的 15 年间，平均每年有 8600 名英裔魁北克人迁往外省，其中包括相当比例的经理、科学家、工程师、卫生人员及大学生等。这些人员的离去，对该省的经济、社会、文化的发展带来了一定的负面影响，当然另一方面，也为法裔魁北克雇员和劳工提供了更多的就业机会。

法语在魁北克的胜利，助长了民族主义情绪，也撕裂了族群，弱化了联邦国家认同。在《法语宪章》颁布实施之后的第 3 年，即 1980 年，极端主义者推动了魁北克省脱离加拿大联邦的全民公投。公投结果是，赞成魁北克独立的占 40.5％，反对者占 59.5％。尽管未获通过，但人心更加涣散。事隔 15 年的 1995 年，该省又举行了第二次全民公投，这一次赞成魁北克独立的占 49.4％，反对者占 50.6％，差别极小，险获成功。

第二次公投结果使世界为之瞩目，使加拿大政府为之震惊，这对加拿大的国家统一造成了很大的威胁。为了防止分裂，加拿大赶紧修改了相关法律，规定只有魁北克全民公投所提出的问题足够明确且获得明显多数支持时，魁北克方可与加拿大政府协商脱离联邦的程序。这从法律上制约了魁北克的分离主义活动，但由语言等因素引起的族群矛盾并未化解，动荡和分裂的隐患并未消除，这仍是加拿大政府面临的难题。

第四节 琴瑟和鸣家邦兴

——语言和谐与社会安定

一、多语多文是我国的基本语言国情

我国是一个统一的多民族国家，各民族语言文化异彩纷呈。除了国家通用语言——现代汉语普通话之外，55 个少数民族大都有自己的民族语言，有的民族还使用着几种语言。目前仍在使用的少数民族语言有 120 多种。从文字方面看，有 22 个少数民族使用着本民族的文字，有些民族的文字不止一种。就汉语来说，除了普通话之外，还有众多的方言和次方言；所使用的汉字，有简化字和繁体字的差异。可见，多民族、多语言、多文字是我国的基本语言国情。丰富多样的语言文字既是我国宝贵的文化资源，也是我们开展民族工作和语文工作的一个现实条件。同时，毋庸讳言，多语多文的现实，也为国家语言政策的制定和维护语言生活的和谐带来了一定的难度。

二、语言和谐是国家安定统一的重要条件

人们对自己的民族语言都充满着深厚的感情，语言很自然

地成为族群的纽带和身份标志及社会认同的象征。和谐的语言生活,是维护群体包括国家的团结统一和安定的重要基础。

在多民族多语言国家,能否正确处理不同民族语言关系,构建和谐的语言生活,至关重要,它直接影响民族团结、国家认同、社会稳定乃至国家统一。在这方面国际上有很多经验教训。以印度为例,由于语言众多,自 1947 年国家独立以来,就为语言问题纷争不断。尽管 1949 年通过的宪法规定印地语为国语,其他 14 种语言为宪法承认的语言,并规定 15 年后停止英语作为官方语言使用,但仍遗留很多问题,语言矛盾并未化解,上至官方,下至民众,一直为语言问题争斗。例如 1965 年 1 月印度南部因语言冲突引发了持续 20 多天的罢工和游行示威,致使 200 多人死亡,数百人受伤,5000 多人被捕。1967 年 12 月印度北部大学生实施暴力行动 23 次,南方 26 次。此外,按语言划邦还引起一些邦内因语言问题发生了暴力冲突。这些因语言引发的冲突造成了印度严重的社会撕裂和社会动乱,教训非常深刻。与此有所不同,澳大利亚也是一个多语国家,曾奉行以盎格鲁—撒克逊文化为中心的“白澳政策”,极力推行“同一国家,同一语言”,对国家认同起到了积极作用,但强行同化的单语政策对文化生态和社会发展也产生了一定的负面影响。1972 年第 21 届总理惠特拉姆上任,放弃了“白澳政策”,开始改变单语政策;1987 年时任总理霍克签署了《国家语言政策》报告,正式确定英语为国语和官方语言,同时又充分肯定土著语和社区语的地位和作用,尊重包括少数族群在内的公民的母语使用权和母语教育权，并出台了一些新的语言教育政策，从而促进了族群团结和社会发展。可见，和谐的语言关系、有序的语言生活是保障民族团结、社会稳定、经济文化发展和国家统一的一个基本条件。

我国经过长期的历史发展，形成了多元一体的中华民族，56个民族都是其中的一元。中华民族多元一体格局既是我国各民族长期交往、融合和共同发展的历史结果，也是全面理解、认识我国民族关系的指掌图和金钥匙。我国各民族在历史上已经形成了休戚与共的中华民族整体认同，同时，各民族还有各自民族的文化认同。这两种不同层次的认同并存不悖、各得其所。就语言来说，各民族各地区丰富的语言和方言，呈现了我国语言文化资源的多样性、语言生活的多元化；另一方面，从历史上、在现实中，又有一种各民族人民共同使用的语言，曾经叫"通语"，现在就是国家通用语言——现代汉语普通话。各民族既使用、发展本民族的语言文字和地区方言，也学习掌握国家通用语言文字，还可学习使用兄弟民族的语言文字及方言。这就自然形成了多元一体的语言认同，即各民族既有对本民族语言文字或地区方言的个别认同，又有对国家通用语言文字的共同认同。这就构成了我国和谐语言生活的最重要基础。

新中国成立后，国家为多元一体的语言和谐做了大量工作，取得了显著成效。1949年，中国人民政治协商会议通过的《共同纲领》明确规定："中华人民共和国境内各民族，均有平等的权利和义务。""各少数民族均有发展其语言、文字，保持或改革其风俗习惯及宗教信仰的自由。”1950 年 6 月到 1952 年 9 月中央人民政府先后派遣四个中央访问团到全国各地访问各少数民族，其中的一个任务就是了解各民族的语言状况和诉求。之后国家又专门组织了近千人参加的民族语言调查队，在全国开展了大规模的少数民族语言文字调查工作。在此基础上，根据实际情况制定了民族语文政策。我国民族语文政策的核心思想就是《中华人民共和国宪法》第 4 条所规定的“各民族都有使用和发展自己的语言文字的自由”。这一思想在《中华人民共和国民族区域自治法》和《中华人民共和国国家通用语言文字法》等基本法律，以及一些专门性法律法规中均有体现，是我国民族工作和语文工作的指导思想。它为我国语言平等和谐提供了根本的保障。

各民族语言平等的原则与确立国家通用语言形成了良好的互补关系。一方面，正是由于各民族的语言和地区方言都在平等地使用和发展，族际交流和区际交流存在困难，才需要有国家通用语言来满足交际的需要；另一方面，也正是有了国家通用语言，保证了族际区际交流的顺畅，才为各民族语言和方言的生存和发展提供了条件。因此，坚持各民族语言平等，保障了各民族使用和发展自己的语言文字的权利，增进了语言和谐、民族团结和社会进步；同时，坚持推广国家通用语言文字，又保障了族际区际交际的需要，可促进各民族的交流和共同发展，增强国家认同和中华民族凝聚力。所以《中华人民共和国宪法》第 19 条明确规定：“国家推广全国通用的普通话。”《国家通用语言文字法》规定:“国家通用语言文字的使用应当有利于维护国家主权和民族尊严,有利于国家统一和民族团结,有利于社会主义物质文明建设和精神文明建设。”

正是由于新中国成立后实行了民族平等、语言平等的政策,构建了良好的语言关系,因此,我国语言生活在总体上一直是和谐的,没有发生过较大的语言冲突,形成了良好的语言生态。以云南省元江县羊街乡为例,该乡是一个哈尼、汉、彝、拉祜族苦聪人杂居的多民族乡,几个民族一方面使用着各自的母语,另一方面都彼此尊重对方的语言,并根据需要兼用其他民族的语言或国家通用语。在那里,不同语言各就各位,各司其职:在家庭、村寨内部,多使用母语;在公共场所,则多使用汉语,有时也使用哈尼语等。他们根据场合、对象,能够自如地转换语码,形成了很和谐的语言生活。这种和谐的语言生活,促进了民族和谐,使得这一地区的社会生活长期处于稳定、祥和的状态。①

当然,不可回避的是,在具体的语言生活中,多语国家总会遇到一些语言隔阂甚至矛盾,需要积极化解。我国也不例外,比如民族语言之间、民族语言与国家通用语言之间、汉语各方言之间及方言与普通话之间、母语与外语之间等有时也会出现一些矛盾,甚至偶有演化为群体事件的情况。相对而言,近些年似乎有增多和加剧的迹象,例如某地所谓“保卫粤语”的过激

① 戴庆厦:《语言关系与国家安全》,《云南师范大学学报》(哲学社会科学版)2010年第2期。

说法和做法，民族地区个别地方对双语教学的误解，香港个别人对普通话和简化字的有意拒绝等，对语言和谐产生了不利影响，这是需要各级政府高度关注的。语言矛盾的化解是直接关涉民族团结、社会安定和国家统一的大事，稍有不慎就会危及社会稳定和国家安全，绝不可掉以轻心。

因此，无论是单一民族国家还是多民族国家，都非常重视语言的和谐和统一。一个重要的方面就是通过确立统一、共同的语言来保障语言交际的便利，增强国家凝聚力和国民认同感。以法国为例，法国大革命期间就把法语规定为所有官方文书的法定语言，讲法语被视为爱国、革命的进步表现，这为建立一个富强统一的法兰西共和国动员了民众、凝聚了民意。后来法国一直奉行单一语言政策，1992 年在宪法中明确规定“共和国的语言是法语”，宣称法语为其唯一的“国家语言”。近年来，面对英语日渐汹汹的“入侵”之势，法国采取多种手段捍卫法语的地位，把法语的国际推广上升到国家战略层面。早在 1994 年就制定了《法兰西共和国法语使用法》，规定在法国境内某些公开场合禁止使用外语；公共场所的所有标语、公告牌必须用法语书写，原文是其他语种的也要翻译成法语，而且法语字母不能小于原文。法国还成立了由总统直接挂帅的“国家法语委员会”、隶属于政府文化部的“法语高级委员会”、隶属于外交部的“法语国家事务委员会”等机构，构建了一个维护法语、推广法语的网络。法国强硬的单语政策有其作为老牌资本主义国家的历史背景，也有不为人认同的方面，但其通过语言统一来增强公民国家认同的基本做法，是有其积极意义的。特别是在信息化、全球化的背景下，如何有效地保护民族语言活力和民族文化资源，如何在语言平等的前提下强化国家通用语言的认同意识和使用能力，这是一个带有国家战略意义且颇具难度的命题。

三、良好的语言教育是语言和谐的基础

语言不仅是交流信息的工具，还是传承文化的载体、培育思想的土壤。所以语言学习就不单单是一个获取语言技能的过程，语言教育也不只是传授语言使用知识的活动。用什么语言、如何用语言、用语言做什么诸如此类的问题也不仅仅是个人问题，而是关乎社会文明水平、国民整体素质的文化软实力问题。可以说语言教育就是一项国民素质教育，包括对社会和个人的语言观念、语言态度、语言政策、语言能力、人文素质等的综合性教育。通过对语言的认真学习、规范使用，可以维护语言的健康发展，可以提高人的综合素质和发展能力；通过语言正确认知和理解社会、历史、文化，可以增强对民族和国家的热爱。总之，语言教育是培育、强化国家认同的有效途径。

语言教育也不局限于学校的语言教学活动，广播、电视、报刊、网络等各种媒体的宣传教育，名人、精英、偶像、公众人物等的表率示范，社会大众的自觉与监督，都是语言教育的有效之举。1951 年 6 月 6 日《人民日报》发表了《正确地使用祖国的语言，为语言的纯洁和健康而斗争！》的社论，毛泽东主席亲自对送审稿进行了修改和补充，显示了国家对语言文字问题的高度

重视。这就是一个面向社会开展语言教育的典型例子。

在我们这样一个多民族国家里，语言教育的一个重要内容是要宣传国家的语言政策，促进各民族的交流与团结，增强国民的国家认同，建设和谐的语言生活。首先要深刻领会和贯彻语言平等的原则。每一种民族语言和方言都是一幅美丽的文化图景，都是中华民族文化资源的一个库藏，都应得到尊重、保护和合理使用。其次要树立学习、使用和热爱国家通用语言文字的观念。1982 年新修改的《中华人民共和国宪法》明确规定："国家推广全国通用的普通话"，2000 年 10 月正式颁布的《国家通用语言文字法》明确指出："本法所称的国家通用语言文字是普通话和规范汉字。"在法律上规定了普通话作为国家通用语言的地位。这表明，普通话已经不单纯是汉语的标准形式了，而是在更高的层次上成为国家的通用语和国家象征。因此，学习和使用国家通用语言，不仅是方便族际交流、不同方言区交流的需要，也是一种公民义务。强化这种认识对于增强国家认同，维护中华民族团结和国家统一、维护国家主权与中华民族尊严都具有重要意义。

语言教育的一个重要课题，就是要正确认识和处理好国家通用语言与少数民族语言之间的关系，有效实行双语教育。过去民族地区探索了一些使用本民族语言和国家通用语言进行课堂教学的方法和经验，但基本上局限于对教学语言（包括教材和授课）的选择，很少涉及对语言本身的特点、历史、文化等人文知识的教学，并且简化为民族语和国家通用语言在教学活动中的主辅关系、教学过程中的先后顺序,结果影响了学生语言能力的提高。因此,应当从民族母语和国家通用语两个层次上来重新认识和定位学校的双语教育,不断创新适合中国具体情况的双语教育的理论、方法和模式,不断提高国民语言教育质量。这有利于全面提升国民语言能力和人文素质,促进语言和谐和社会进步、国家统一。

语言教育另一个方面,就是要鼓励不同民族之间、不同方言区之间相互学习语言。这既可增强多语能力,丰富文化知识,又有利于增进了解,减少误解,消除隔阂。

四、跨境语言关涉边疆稳定

我国边疆地区,有些民族与境外民族同宗同源,语言相通,文化相近,交流交往频繁。这些跨境民族所使用的语言就是跨境语言,如蒙古语、朝鲜语、维吾尔语、藏语等。我国约有 30 个少数民族使用跨境语言。这些语言尽管在境内外可能有或多或少的差异,有的名称也不尽相同(如景颇语在缅甸被称为"克钦语",境外的傣语称为"泰语"),但能够满足这些民族跨境交流交往的需要,也传承着它们共同的民族传统文化,成为连接跨境民族的纽带。这些跨境语言的存在,一方面有利于增进边邻交往和友谊,另一方面也增加了边疆社会治理的复杂性,尤其是在当今周边不宁的形势下,更应关注跨境语言问题。做好跨境民族语言工作,对于保持边疆稳定、维护国家安全具有重要意义。这需要我们全面了解跨境民族的社会历史情况,尊重他们血脉相通、文化相连的特点,在语言文字管理上统筹兼顾。

既要防止境外某些势力利用跨境语言的天然联系，对边疆少数民族群众进行意识形态渗透和分裂引诱，又要保障跨境民族使用和发展自己语言文字的自由，做好语言服务，维护当地语言生活的和谐。以生活在中缅边境地区的傈僳族为例，我国境内的傈僳族有 63.5 万人（2000 年），主要聚居于云南怒江傈僳族自治州，境外有 20 多万人生活在缅甸。境内外傈僳族语言相通，大多信仰基督教，新中国成立前都使用由西方传教士创制的拉丁变体文字；新中国成立后，国家组织力量为傈僳族创制了新文字，老傈僳文则在宗教领域保留使用。但由于某些因素对民族宗教工作和语文工作的干扰，新傈僳文推广并不理想，反而老傈僳文随着基督教的发展在群众中不断扩大影响。当前，境外某些势力利用跨境的傈僳族语言文字对边疆地区进行宗教和文化渗透，而国内则因为对傈僳语的新文字和老文字的选择、使用、管理还没有明确共识，一定程度上制约了傈僳族的文化教育发展，也影响了抵御境外渗透的能力，这是颇为令人担忧的。比较来说，同处中缅边境的景颇族一直重视民族语文工作，用景颇文印刷出版了大量报刊、图书，深受境内外景颇族的喜爱，成为宣传民族文化和国家形象的一个窗口。

第五节　无形的战略武器

——美国"国家安全语言计划"的启示

当今，世界正发生着快速而深刻的变化，国际竞争日趋激烈和纷繁，国家安全形势也更为复杂和严峻。作为人类最重要工具的语言，也从中彰显出前所未有的重要功能，已经成为国家安全领域具有广泛意义和重要价值的要素，因而一些国家正在着力打造“语言武器”。美国的做法给我们带来了很多警示，可从其“国家安全语言计划”略窥一斑。

一、美国“国家安全语言计划”及其战略目标

“9·11”之痛让美国人认识到，恐怖主义是美国国家安全面临的“最严重的威胁”。因而，美国政府对其全球战略进行了重大调整，即以“反恐”为基点，以军事力量为依托，以单边主义和先发制人为手段，以美国的价值观为道义基础，建立“新美利坚帝国”霸权体系。这一战略被美国人称为“新帝国”战略。而“9·11事件”暴露出的美国“外语能力危机”更使美国人感到，要实施这一战略，必须要有强大的语言能力保障。因此，美国政府大大提升国家语言战略，赋予语言以维护国家安全的重要使命。

2003年，即“9·11事件”发生两年之后，美国众议院议员向国会提交了一项“国家安全语言法案”。该法案为了证明美国面临的外语能力危机的现实，列举了这样一个事实：分布在世界70多个国家和地区的恐怖主义分子所使用的语言超过数百种，但是美国没有足够的能使用这些语言的外语人才。因为美国从高中到大学，99％的学生学习的大都是欧洲语言，因而不能满足美国当前的反恐需求。因此，大声疾呼，如果再不改变这种现状，将无法保障国家和人民的安全。在这种强烈呼吁

下，美国政府于2006年推出了宏大的“国家安全语言计划”。

“国家安全语言计划”是一项旨在全面维护美国国家安全的语言计划。该计划提出了“关键语言”战略，即美国为满足其全球战略急需的重要语言发展计划，包括阿拉伯语、汉语、朝鲜语、俄语、印地语、日语、波斯语和土耳其语等。安全语言计划主要由美国教育部、国务院、国防部和国家情报主任办公室负责实施。它由四部分组成：第一部分是由美国教育部负责实施的从幼儿园到小学、中学和大学连续的外语教育计划，这一计划从美国的长远利益着眼，重视外语人才的培养从幼儿抓起；第二部分是由美国国务院负责的“关键语言”计划，主要为美国的高中生、大学生、研究生以及外语教师提供到关键语言区域学习关键语言的机会；第三部分是由美国国防部负责的“关键语言”高级教学项目，被命名为“国家旗舰语言项目”，其中包括“汉语旗舰项目”，其目的是培养关键语言的高级专业人才；第四部分是由美国国家情报主任办公室负责的“STARTALK”暑期语言培训国家计划，主要为美国情报机构培养掌握冷僻关键语言的人才。

美国实施“国家安全语言计划”带有浓厚的冷战色彩，其战略目标是非常明确的。声称第一个目标是为了维护国家安全。美国所说的安全不仅包括其本土的安全，还包括世界上与美国利益相关的任何地区。世界任何地方发生对美国不利的革命、政变以及政策变化等，美国都会以“国家安全”的名义进行干涉。该计划就是为了满足他们相关行动所需要的语言支持。

该计划的第二个目标是为了维护美国的经济繁荣,亦即为维护美国在全球的经济利益提供语言支持。美国认识到,外语能力不足损害了美国的经济竞争力,因此,希望通过大力发展外语教育,以保持美国在未来海外市场的竞争力。第三个目标是制造“语言武器”,向世界传播美国的意识形态。美国前总统小布什曾在全美大学校长国际教育峰会上明确指出,美国通过“国家安全语言计划”培养军事情报人员和外交人员只是维护美国国家安全的短期计划,要维护美国的长治久安,必须依靠那些具备外语能力的美国人来传播美国的意识形态。因此,美国有人称,美国的“国家安全语言计划”是在制造“语言武器”。该计划的第四个目标是为关键区域和海外战场的军事、情报和外交人员装备“语言武器”,以满足海外战场的需要。

二、美国“国家安全语言计划”对我国安全的影响

在美国的“国家安全语言计划”中,汉语被列为第二关键语言,显然,中国是美国全球战略中最为关注的关键区域。因此,该计划将对我国国家安全产生重要影响。

一是对我国军事安全带来一定的影响。由美国国防部和情报主任办公室负责的“汉语旗舰项目”和“STARTALK”培训项目,主要培养军事和情报领域的高级汉语人才。美国人明白,在现代战争中,尽管高科技为情报的获取提供了先进的技术手段,但是,语言是国家安全的重要屏障,打破语言屏障更为重要。因此,这一有针对性的计划的实施,将对我国军事安全构成很大的潜在威胁。

二是对我国经济安全带来潜在的影响。2006 年美国国防部对美国商界进行了一项调查，目的是对外语能力在国际商务中的作用以及商界对外语能力的需求进行评估。商界代表一致认为，缺乏外语人才是美国开发海外市场的巨大障碍。因此，美国政府认识到，无论从美国的国家利益还是企业利益，培养高级外语人才都是当务之急。其"汉语旗舰项目"就是为各个领域培养高水平的汉语人才，包括经济人才。在不久的将来，我们所面对的竞争对手，可能不再是满口洋话的美国人，而是兼具专业才能和汉语技能的美国人。这对我国未来的经济竞争无疑是一个巨大的挑战。

三是对我国政治、文化等产生重要影响。如前所述，美国"关键语言"战略的一个重要使命，就是制造"语言武器"，并利用这一武器来传播美国的声音。美国人认为，要在意识形态领域的斗争中获胜，必须依靠那些具备外语能力的美国人。美国国会议员曾坦言："全球化并没有带来美国文化的全球化，美国出口更多的是产品的外壳，使用美国产品的国家往往是新瓶装旧酒，在美国产品中灌注的是他们自己的文化"，因此提出要加强在美国产品中灌注美国文化向外输出。很显然，美国实施国家安全语言计划的目的已经远远超出了维护本土安全范围。这种意识形态的渗透对我国意识形态的安全和政治稳定都会带来严重威胁。

三、美国"国家安全语言计划"对我们的启示

美国"国家安全语言计划"告诉我们最核心的一点是：要维

护国家安全,必须全面提升和强化国家语言战略。具体来说,在如下方面对我们有所警示,需要引起重视:

1. 制定国家安全语言战略,全面提升国家语言能力

我国同样存在国家语言能力不足的现实问题。外语语种数量不多、语种结构失调问题突出。这将影响国家反恐战略、睦边战略、能源战略的实施和国际化发展,危及国家安全利益。同时,我国母语教育也有所滑坡,这将影响民族素质、文化安全和国家人力资源质量。但我们对这种现状似乎缺乏足够的认识,缺少国家语言教育战略规划和得力举措。因此,尽快制定我国全面的国家安全语言战略及规划,不断提升国家语言能力迫在眉睫。

2. 加强军队外语能力规划,提高军队外语能力

随着我国海外利益不断拓展和国际义务不断增加,中国军队参与国际事务的范围更加广泛,军事行动方式也发生了新的变化,这都对语言提出了新的需求,因此,国家应重视军队官兵外语能力的提升,以有效应对各种国际行动的语言需求。

3. 着眼全球竞争,提高全民语言能力

随着全球化的不断推进,人们会越来越多地参与国际竞争,因而国民的语言能力尤其是多语能力不仅对个人生存和发展具有重要作用,而且对于一个国家的发展和安全也至关重要。欧盟具有双语能力的人达56%,美国则只有9.3%,所以美国近些年不遗余力地强化国民语言教育。英国、日本等国则从培养“世界公民”的目标出发重视国民语言教育。因此,要维护我国的长治久安，提高国民语言能力是一项根本大计。

4. 根据特殊需要，制定关键语言计划

应根据国家的现实急需和长远利益，有针对性地制定“关键语言”计划，以解决特殊语言需求。比如，根据海外能源开发需要、反恐战略和睦边战略需要，针对重要地区制定外语语种规划，进行相关外语人才储备和对现有相关人员进行外语培训，以保障国家的特殊语言需求。

5. 根据国家安全利益与发展需求，加强汉语国际传播

汉语国际传播是一把双刃剑，既可以培养友华、亲华的国际友人，也可能培养自己未来的对手。因此，应根据国家的安全利益和发展需求，科学制定和实施汉语国际传播战略，采取恰当方式和举措，正确把握，规避风险，不断提高汉语国际影响力，为世界了解中国和中国走向世界发挥更大作用。

第三章 语言与经济发展

［阅读提示］语言是经济活动不可或缺的工具，也是经济资源。语言能力是人力资本，也是生产力，是当代经济发展的关键要素之一。语言科技和语言产业的兴起，促使语言的经济力日益彰显。国内外蓬勃发展的语言经济已经呈现出诱人的现实和前景，成为当代经济增速最快的增长点之一。此外，语言经济还可带来文化、环境等方面的红利。

传统的翻译业、语言教育业空前发展并仍在看涨，以语言科技业为代表的新兴语言产业也勃然崛起，日渐成为当代经济发展的新兴支柱之一。语言工程师、语言治疗师、字体设计师、速录师等新兴语言职业不断壮大着语言服务体系，不断为社会和经济发展增添着新的活力。

信息化时代，语言资源价值飙升，已经成为国家的基础资源和战略资源，是经济红利、文化红利的一股源头活水。保护和开发利用语言资源，是不可忽视的战略性新兴领域。

第一节　三月桃花别样红
——方兴未艾的语言经济

语言能与经济联系在一起？在过去，这是令人难以置信的。但在21世纪的今天，这是一个充满诱惑的现实。

一、语言经济悄然来

随着社会的发展，人们惊奇地发现，语言不再仅仅是一种交流的工具，更是一种具有价值、成本、收益和效用的社会资源和自然资源。随着社会信息化和经济全球化的发展，语言作为资源的性质日益彰显，并以强劲的态势深入到科技、经济、社会生活等众多的行业领域，一大批与语言文字密切相关的产业和职业应运而生，成为促进社会和经济发展的重要动力，由此催生出一种新的经济形式：语言经济。

有大量的数据表明，近年来全球语言经济发展迅猛，已经成为一些国家和地区国民经济发展的重要支撑点。据欧盟委员会2009年发布的《欧盟语言行业市场规模报告》介绍，语言产业已成为几个增长率最高的产业之一，2008年欧盟成员国语言市场总产值达84亿欧元，年增长率10%，预计到2015年，欧盟语言行业产值将达到165—200亿欧元。另据格林统计，英国凭借其强大的英语产业，每年从各国获净利100亿欧元，如果考虑投资方面的优势，每年获得170—180亿欧元的收益。英国文化协会2010年表示，英国从英语教材及相关方面获得的收入已经超过英国的石油和船运收入。又如西班牙开发了一个将西班牙语学习和旅游结合起来的“语言旅游”项目,吸引了大量学习者,人数平均每年以10%的速度增长,2007年超过了23.7万人,仅这一项收入即达4.62亿欧元。

北美方面,据有关研究,2004年加拿大的语言产业对其国内生产总值的贡献额保守估计约27亿美元。其中,语言翻译行业收益约12亿美元,各类语言培训学校为国内生产总值贡献额约为15亿美元,这还不包括其他的语言产业。同时加拿大语言产业为全国提供了5万多个就业岗位。

再以品牌命名产业为例,美国命名公司出现于20世纪70年代末,90年代中后期得到了迅猛发展。一些著名品牌如Acer(宏基)、Lucent(朗讯)、Citibank(花旗银行)、Sprite(雪碧)等,都是美国命名产业的杰作。据相关调查显示,1999年全美所有品牌命名总量约为600万次,年产值总计高达150亿美元(与1985年相比,增长了60倍),命名公司完成其中的12%,广告公司完成27%,占同时期美国广告业总产值的6%。美国《财富》杂志认为命名业是美国增长最快的新产业之一,相关业务还延伸到了国际市场。由语言带来的经济效益之大,范围之广,于此可见一斑。

语言经济带来了丰厚的语言红利。这不仅体现在经济产值上,更重要的在于语言经济不破坏自然环境,一般不会产生工业污染,是一种绿色经济,是最低碳、最环保的经济形式,极大地节约了社会成本和其他资源,这也是一种隐性经济效益。

而这方面的效益是无法用数字来衡量的。

二、业态格局雏形现

语言经济虽然成形时间不长，但发展迅猛，其业态格局正在形成，并且不断有新的拓展，展示出广阔的发展空间和良好的产业前景。

1. 语言培训市场

这是传统语言产业的典型代表。我国改革开放以来，掀起了学习外语的热潮，各种外语培训机构和组织遍地开花，学习外语的图书、磁带、光碟等几乎成了最畅销的商品。2005 年我国外语培训市场规模约 150 亿元，2007 年长至约 200 亿元，2010 年则升至约 300 亿元，培训机构已有 5 万余家。新东方、英孚、环球雅思、韦博国际等，都是声名远扬的培训企业。外语培训费用正呈逐年上涨趋势，一些培训机构的单科培训费甚至高达万元以上，学习者仍然趋之若鹜。以我国在纽约股票证券交易所上市的新东方教育科技集团为例，截至 2009 年，新东方注册学生超过 100 万，总收入 6545 万美元，净利润达到 1041 万美元。截至 2011 年 5 月，新东方已经在全国 48 个城市设立 54 所学校、6 家产业机构、47 家书店、500 余家学习中心，累计面授学员超过 1500 万人次。不仅国内如此，国外也火爆，发达国家大多设有语言预科学校，为留学生提供语言培训服务，学生需交纳高昂的学费。目前，全球英语教育市场，除大学和政府培训机构外，约有 600 亿美元的规模。随着国际化进程的加快，可以预期，语言培训市场仍将持续扩大。

2. 语言翻译市场

翻译业务不再停留在笔译这类传统项目上，口译、手语翻译、配音、软件和网站的本地化及全球化等各种新兴项目应运而生，翻译市场不断开拓。据介绍，全球2007年仅网页上的外语翻译业务就有17亿美元的市场规模。另一个侧面，国际工程合作日益扩大，参与国际招标或投标，都需要翻译相关材料和大量的口译服务。一项涉外工程，仅前期材料翻译费达百万元人民币，已不鲜见。据介绍，陕西某钢铁公司承包美国加利福尼亚跨海大桥的主标段工程，第一批材料翻译费就高达二三百万元人民币。即使在国内，许多工程项目的文件也需要翻译，特别是国外组织机构投资的项目。这都是很大的市场。

据中国翻译协会发布的从翻译业口径统计的《中国语言服务业发展报告(2012)》显示，从1980年至2011年，语言服务企业总数从16家发展到了37197家，年平均增长30.3%。截至2011年12月31日，我国语言服务业专职从业人员119万人，其中翻译人员占53.8%，约为64万人。《报告》显示，2010年我国语言服务业的年产值为1250亿元，2011年为1576亿元，增长26%。根据外部环境所提供的发展机遇和行业自身近十年的发展走势，预计我国语言服务业年产值在十二五期间将会保持年均15%的增速。到2015年，语言服务企业年将突破6万余家，产值将超过2600亿元，专职从业人员将达到200万人。

3. 语言文字出版

随着语言教育、语言测试行业的繁荣和大众文化消费水平的提高，各类语言教材、语言考试辅导资料、各种辞书等语言类出版物需求旺盛，给出版业带来了巨大商机。外语出版方面，目前我国年产值至少在150亿元以上。电子书时代的到来，给出版行业带来了挑战和发展机遇，孕育着巨大的新商机。美国亚马逊公司宣称，从2011年4月开始，该公司电子书籍的出版已经超过了纸质图书，比例是105∶100。

4. 语言艺术与语言会展

这里的语言艺术不是指能言善辩的一般表达艺术，而主要是指利用语言进行艺术创造，并由此获得经济利益。例如市场需求很大的汉字字库设计，据报道，目前我国汉字字库仅421款，而日本已达2973款，仅日本森泽公司字库年收入就超过1亿元，我们远远落后于日本，发展空间很大。再如人们熟悉的相声、小品、影视话剧、播音主持等语言艺术，不仅可以丰富人们的精神生活，也能产生经济效益。2003年，本山传媒集团公司董事长赵本山首倡“绿色二人转”，并创立了以演出“绿色二人转”为主的“刘老根大舞台”，经过10多年的发展，已在全国开设了7家连锁剧场，成为中国演艺业具有一定影响力的品牌。2011年，其连锁剧场演出1744场，收入突破2.2亿元。

利用语言创意进行的广告策划、商标设计、图形创意等也可带来经济利益。优秀的语言创意设计可以把语言的力量发挥到极致，令受众喜闻乐见，产品自然畅销。我国传统文化博大精深，也可以从中发掘创意，生发出与语言文字结合的产业。例如，浙江子墨集团把“传播茶文化”和“对外汉语培训”结合起来，通过绿茶国际贸易来传播汉语和中国文化，二者相得益彰。

语言会展与语言艺术相辅相成，通过丰富多彩的方式，向人们形象地展示各种语言的发生、发展及演变，展示该语言在不同时空下的状态及功用，介绍与此相关的语言文化，进而带动语言和语言产品以及相关文化产品的消费。这作为一种新兴的行业，也颇具经济效益和社会效益。例如巴黎国际语言展等。我国对这方面尚未重视。

5. 语言科技

由于语言学与信息科技的结合，以语言信息处理为核心的各种语言科技如雨后春笋般发展，不断孕育出新的技术、产品乃至新的行业产业，不断壮大语言科技产业，带来了巨大的经济利益。这是语言经济中最具效益和发展前景的产业。例如，在语音技术市场，科大讯飞营业收入从 2007 年的 20 亿元增长到 2008 年的 25 亿元，再升至 2009 年的 30 多亿元；净利润从 2006 年的 50％ 增长到 2009 年的 80％ 。另据中国互联网络信息中心预测，未来 5 年，仅中文语音市场规模将达到 1300 亿元。再以手机键盘汉字输入法为例，小小的技术，经济利益却很丰厚。据《知识产权报》一位记者 2010 年 4 月 30 日在国家知识产权局官方网站的“专利检索”系统中检索，与汉字输入有关的专利申请 1031 件，但遗憾的是，由于这种输入法的知识产权基本被外国厂商垄断，我国每年都必须支付国外厂商数以亿计的技术专利费。

6. 新兴语言服务产业

除了传统的语言服务业之外，许多新兴语言服务职业和产业发展迅速。例如语言康复业。我国有数量庞大的聋哑人、口吃患者、脑损伤失语症患者、语言能力发育迟缓儿童、老年痴呆症患者，以及其他先天或后天的失语症患者，他们对语言康复治疗和手语服务等需求巨大，语言康复师、言语矫治师已经成为一种新兴的语言职业。

三、放眼明天花争艳

党的十八大报告指出，要“发展新型文化业态，提高文化产业规模化、集约化、专业化水平”。这给语言经济发展又带来了新的机遇。因为语言是文化的重要组成部分，也是文化的重要载体，语言产业在文化产业中占有相当大的比重，也是衍生新的文化产业的重要基础，国家对文化产业的重视，势必助推语言产业的进一步发展。因此，应乘势而上，不断开拓新的产业突破口。举例来说，有数据显示，2010 年我国外语培训市场、翻译市场以及外语出版市场的总值已接近 1000 亿元。如果说这些是“请进来”的产业，那么针对国际上不断升温的汉语学习热，我们也可以采取“走出去”的语言文化产业战略，开拓新的国际市场。据孔子学院总部最新统计，目前已在 120 个国家和地区建立了 440 所孔子学院和 646 个孔子课堂，与此相关的潜在市场价值是不言而喻的。

总之，作为一种新兴经济形式，语言经济具有广阔的前景，并已显示出强劲的发展势头。如果我们能够抢抓机遇，增强语言资源意识和语言规划的经济学意识，充分认识语言对国民经济发展的贡献，及时制定发展语言产业和语言职业的行动计划及相关政策，大力发展语言科技和语言产业，那么，语言经济在我国必将迎来一个百花争艳的春天。

第二节　三百六十行的新家族
——语言产业与语言职业

一、新时代催生新行业

新时代总有新鲜事。由于各种机缘，催生出不曾有的语言产业和语言职业。说它是产业，是因为它有市场，有商品，有生产者与供货商，有交换，有消费者。所谓语言产业，就是成规模地拿语言及其产品来营利赚钱。语言职业，通俗点说，就是利用语言来赚钱的工作。从业者靠它安身立命，养家糊口，服务社会，成就事业。

语言产业大体上可以分成三个类别：第一类是语言翻译产业，就是提供语言翻译产品或服务的经济行业；第二类是语言教育产业，就是以语言作为商品出售给学习者（消费者），使其能够掌握一门或多门新的语言或方言而形成的经济行业；第三类是语言成品产业，就是对语言进行各种加工并生产成消费者所需要的各种成品的经济行业。

语言职业从其总体特征上看，具有服务性、自立性、赢利性等特性。从其发生发展的阶段来看，大致上也可以分成三类：第一类是比较传统的语言职业，第二类是已基本定型的新生语言职业，第三类是尚未完全定型的语言职业。语言翻译、语言教师等属于第一类，比较传统；语言工程师、语言治疗师等属于第二类，基本定型；语言规划师、语言认证师等属于第三类，尚待显化确认。

二、语言产业春意闹

在西方不少发达国家，语言产业已经成为国民经济的重要组成部分，呈现出很大的市场空间和良好的上升势头。

首先看语言翻译产业，据美国知名语言行业调查机构卡门森斯顾问公司2010年5月发布的报告显示，2010年全球翻译类外包语言服务市场产值为263.27亿美元，较2009年增长13.15%，预估2013年可能达到381.4亿美元。我国近年来语言翻译产业也发展迅速，已在上一节“三月桃花别样红”中详述。从我国国民经济发展态势及其在世界经济格局中的影响态势来看，很多企业对语言翻译产业的业绩增长预期有非常乐观的估计。目前制约我国语言翻译产业发展的主要瓶颈是翻译人才问题，尤其是中译外的翻译人才，很大的市场份额已经被国外语言翻译产业的同行分羹先享了。

语言教育产业，在全球呈现出一片欣欣向荣的景象。当然，不是所有的语言都能平等地拥有发展语言教育产业的机会。语言教育产业明显地表现出一种“嫌贫爱富”的选择，越是可能增加人们赚钱机会的语言，人们就越愿意学，也就越愿意掏钱来捧。目前世界上产值最高的语言教育产业毫无疑问是英语，其产值和潜在价值是一个天文数字。仅在我国，就是一个不小的产业。除开国民教育系统数以亿计的英语学习和英语考试者不论，光是社会上各种英语培训机构就形成了一个庞大的产业链。例如上面提到的新东方，已经发展成为一家以外语培训和基础教育为核心，拥有短期语言培训系统、基础教育系统、职业教育系统、教育研发系统、出国咨询系统、文化产业系统、科技产业系统等多个发展平台的综合性教育科技集团。语言教育是其产业核心，除开英语培训之外，还拓展了德语、法语、日语、韩语、西班牙语和意大利语等。很显然，这都是一些“值钱”的语言。在广州市，据估计，各类语言培训机构已增长到上千家甚至数千家。产业整体规模十分可观，市场诱惑巨大。与各种外语热相对应，随着我国经济的不断发展和国际影响力的不断提升，汉语教育产业也在逐渐形成。据2012年的有关报道，海外学习汉语的人数近亿人。在不少国家，汉语已经成为仅次于英语的第二大外语，在世界主要国家中汉语学习人数正以每年50%的幅度增加，估计不要几年，学习汉语的人数将会突破1亿。这个庞大的市场同样也有望催生一个国际汉语教育产业链。

语言成品产业，在当代最突出的领域就是语言信息产业。这个产业在欧美市场上的发展非常迅速，并不断向外扩张。我国正在追赶。从20世纪70年代开始，随着微型电子计算机的引进，我国逐渐形成了一个以汉字信息产业为核心的中国语言信息产业。根据《中国语言生活状况报告（2009）》发布的信息，这个产业由 6 个分支构成。第一是汉字输入法产业。该产业最具影响的是王码集团的五笔字型、联想集团的联想汉卡、四通集团的四通打字机，它们各自都创造了数以千万元计甚至以亿元计的年产值或年利润。第二是文字速录产业。1993 年，速记专家发明了第一台中文电脑速录机并迅速投入生产使用，目前遇到的瓶颈问题是人才缺口很大，有统计表明，供需量之比达到了 1∶1000，存在着巨大的产业发展空间。第三是汉字激光照排产业。1979 年由王选主持研制的汉字激光照排系统排出了世界上第一张整页输出的中文报纸，带动中国新闻出版业大步走进了"光与电"的时代，占领了汉字照排的领先位置。第四是字库产业。上面已经提到，我国非常落后，发展空间很大。第五是机器翻译产业。上个世纪末，我国的机器翻译研究开始走向繁荣，1995 年中科院研制的英汉机器翻译系统获得了可观的经济效益。近年来由国家有关方面推动的机器翻译应用发展十分迅速，带动了多语言信息服务产业的发展，在北京奥运会等大型国际活动中发挥了十分重要的作用。但整体说来，与国外相比我们还有很大差距，尤其是在汉翻外和外翻汉方面我们面临着极大的挑战，有的主动权已经或者正在失去，需要国家加大力度支持人工智能研究、机器翻译及中文信息处理技术的快速发展。第六是搜索引擎产业。国际上获得巨大产业效益的搜索引擎有雅虎、谷歌等，国内搜索引擎市场表现优良的有百度、拓尔思、中搜、搜狗等，其中尤以百度所占市场份额最大，其通过竞价排名手段营利已经达到其总收入的80%。当然，也需要国家进行科学的产业引导，以保证搜索引擎产业的健康发展。

另外，由于语言的嵌入性特征，还有很多产业在其内部构成上离不开语言支持，尤其是第三产业中各类与语言服务有关的产业，比如说广告业中的语言消费和语言服务，会展、旅游领域中的语言推介和语言服务，电信、交通领域中的语言设计和语言服务，体育、医疗领域中的语言选择和语言服务等等。

三、语言职业显身手

随着社会文明程度的不断提高和社会分工的不断细化，以语言及其要素作为服务手段的语言职业群体逐渐增多。比较传统的如翻译和语言教师，暂可不论。基本定型的语言职业和尚未完全定型的语言职业值得一说。

基本定型的语言职业，包括语言工程师、语言培训师、语言矫治师、文字速录师、网络文字编辑师等。语言工程师主要是针对计算机信息处理产业需要而产生的职业岗位；语言培训师主要是针对特定目标人群（如电信系统等不同行业的员工，或备考等不同需求的人）语言能力与素质的提高的需求而产生的职业岗位；语言矫治师是针对各类言语障碍者（如聋哑人、口吃人群及其他言语能力受损者）的语言矫治而产生的职业岗位；文字速录师是针对文字速录工作需求而产生的职业岗位；网络文字编辑师是针对网络编辑需求而产生的职业岗位。这些职业之所以能够产生，是因为都有一个庞大的需求群体，比如说语言矫治，根据有关方面统计，我国聋哑症的发病率约为 2‰，如果按年均人口出生率计算，连同出生后 2～3 岁婴幼儿，每年总的群体达 5700 万人。要对这个庞大的人群进行语言矫治，就需要有一支数量可观的语言矫治师队伍，目前我国这方面的职业人才缺口很大。再比如说网络文字编辑师，根据目前网站数量估算，我国拥有网络编辑从业人员已达 3000 万人，有人预测，在未来的 10 年内，总增长量将超过 26%。

尚未完全定型的语言职业，包括语言规划师、语言策划师、语言鉴定师、语言认证师、语言纠错师等。根据国家语言生活发展的实际，我们有充分的理由相信会产生一系列新的语言职业，这里开列的或许只是其中的一部分，有的实际上在现实生活中已经存在，只是它们在某种程度上夹杂在其他的社会分工之中，还没有获得一种完全独立的职业身份。语言规划师的功能是对不同层次、领域与区域、不同群体及个体进行语言生活规划；语言策划师的功能是在各类公共关系处理及市场营销中进行语言设计和语言活动策划，比如说广告语言的策划设计、市场营销的语言策略谋划等；语言鉴定师的功能是对涉及各类语言文字真伪属性进行辨别指证，比如案件侦破中的笔迹鉴定和语言特征鉴定、法庭申辩中的语言指证、工商行政领域中的语言缺失或者语言滥用的鉴定等，都需要有专门的人才与技能，这在欧美已渐成气候；语言认证师的功能就是对人的语言能力（包括某些特殊语言能力）依据某些标准进行测评核验，现在获得国家资质认证的普通话水平测试员实际上就是语言认证师的一个类别；语言纠错师的功能是对语言生活中出现的语言文字错误进行鉴别、纠正与引导，现在的报刊审读员、出版单位的校对员等就属于语言纠错师的范围，近年来进行的一系列城市语言环境检查整改、春节联欢晚会字幕挑错，还有专事纠错的刊物《咬文嚼字》等，都可以在这个概念中得到整合。

不管是已经成型的语言职业，还是尚未完全定型的语言职业，很多都是充满前景的职业。这些职业的产生和发展自然有其必然性，但在其形成初期，也需要国家及时对其进行科学的规划、引导与培育，制定适宜的职业标准，使之健康发展。比如说文字速录师，由于其巨大的社会需求，2003 年，当时的劳动和社会保障部就正式将“速录员”列为一个新职业，需要通过培训和考试才能上岗。有的语言职业类型需要与时俱进得到拓展，比如说校对员，随着国家、行业等各种实体的语言生活海量发生，有的语言文字错误需要得到及时更正引导，显然校对员的角色定位就难以应对新的需要，应该向语言纠错师发展。有的职业类型中语言文字处理能力是其最为核心的能力要求，这样的职业自然也应归入语言职业中来，比如说网络文字编辑师，因为它的主要任务就是利用相关专业知识及计算机和网络等现代信息技术，从事互联网网站内容建设，核心就是语言文字信息处理。上述语言职业，相信会在今后的社会发展中不断得到发展壮大。除此之外，还有一些依托语言文字的嵌入性形成的“准语言职业”，它们通常以语言为主要的服务手段，如导购、导游、导医等，从社会分工不断发展细化角度看，将其归入语言职业也未尝不可。

第三节　源头活水滚滚来
——语言资源的开发与利用

语言是资源。这是新时代促生的新认识。通过各种运作方式和技术手段来开发利用语言资源，可以产生经济效益和社会效益，有利于发展经济、传承文化、提升国家地位和安全保障，是当今社会发展的重要新兴领域。我国已经确认的本土语言有 130 种，还有数量众多的方言，本土语言资源相对丰富，但外语资源较为贫乏。语言资源开发利用前景广阔。

一、语言资源开发利用的红利

语言资源的开发利用，可以带来经济红利和文化红利。

由于信息社会的到来，语言资源的价值不断提升，语言资源开发利用的方式和手段也更加多样。通过对语言进行加工处理和语言知识的应用，可以创造出很多衍生语言资源及产品，从而获得丰厚的经济红利。例如辞书编纂、语言翻译、语言教学资源研发、语言信息检索、自然语言的计算机处理、计算机字库设计、键盘文字输入法、语音识别和语音合成、语言代码设计、语言知识库、语料库、语言广告设计、命名、语言康复治疗、书法等等，不胜枚举。这些不同的语言资源开发利用方式，不仅满足了方方面面的语言需求，而且也直接贡献了巨大的经济效益。

语言资源的开发利用，不断推动着语言产业的发展，促使语言经济成为经济发展的重要新兴力量。包括联想、方正、汉王、四通等在内的很多高新科技支柱企业，它们的产业基础和服务内容都主要是处理加工语言文字及其负载的信息，都是语言产业蓬勃发展的表征，其经济红利有目共睹。欧盟语言行业近些年产值年增长率达10%，可见语言产业创造的经济效益举足轻重。我国语言产业正在发展之中，有人估测，语言给国家带来的经济红利，应该在前十名之内。

语言资源的开发利用不仅可以带来可观的经济红利，而且在更深远的意义上还可以带来文化红利，为社会发展做出更多贡献。就国内来说，可以通过开发利用语言资源，发展文化事业，弘扬优秀文化，为构建良好的社会风尚和社会主义核心价值体系、为提升国家的软实力服务；从国际讲，可以通过语言资源的开发利用，形式多样地向世界传播中国语言和文化，以增强我国的国际影响力和竞争力，为世界文化建设与发展做贡献。与此同时，也可促进国家之间的文化交流，并使传播主体从中享受文化红利带来的各种利益。

正是由于语言资源开发利用存在巨大的经济红利和文化红利，所以目前世界各国都高度重视，举措迭出。

二、语言资源开发利用举例

语言资源开发利用领域十分广阔，难于穷尽，这里仅举数例以示意。

1. 日本的“汉字经济”

2009 年 2 月 16 日《人民日报海外版》刊登了一篇报道，标题是《日本汉字产业成了“摇钱树”——汉字书籍列畅销书榜首水平测试火爆超过托福》。看起来有些夸张，事实确实如此。他们围绕汉字的开发利用做了很多文章。比如数字化中文字库的开发，已推出 2973 款，远远多于我国，获得了丰厚的经济效益，仅其森泽公司字库开发年收入就超过 1 亿元。又如 2009 年，一本名叫《看似会读实则不会读的易错汉字》的书，由于设计新颖有趣，且实用便携，深受读者喜爱，荣登日本最大书店——纪伊国屋新宿店的畅销书排行榜榜首，把有关美国新任总统奥巴马的书也抛到了后面，短短一年就售出 60 万册。几家电视台也利用汉字策划节目，如字谜游戏竞赛《阿 Q 猜谜王》、《六角猜谜 Ⅱ》的收视率最高达 19.4％，创收视率新高。对此现象，日本媒体评价说：“在连丰田都亏损的日本，与汉字相关的产业几乎成了唯一赚钱的地方。”日本汉字能力检定协会开发的汉字检定考试，2007 年应试人数已达 271 万，超过了参加英语能力检定（托福）的人数，考试费从 1500 日元到 5000 日元不等。同时，又启动了网络考试和家庭考试，出版了 300 多种相关图书，开发了 200 万套可用于电脑游戏等终端的相关软件，2007 年度的各项收入高达近 60 亿日元。尽管他们的初衷不是为了赚钱，但客观上也赢得了不菲的收益。

2. 美国的品牌命名产业

“品牌命名是一种利用语言进行商业宣传的社会语言应用

行为”，于20世纪80年代左右在美国开始受到重视。1998年9月，美国第一家专业命名公司成立，专为企业提供成套的命名服务，包括公司品牌、产品品牌、服务品牌、域名、标语等。1999年美国语言学会第73届年会举办“语言事业：未预料到的机会”专题研讨会，斯坦福大学语言学教授做了题为《命名产业》的专题报告，引起学术界广泛关注。1999年美国品牌命名产值总计150亿美元，占同年美国广告业总值的6%。到2000年，美国的命名公司已经达60家，创造了非常可观的经济效益，在美国经济生活中发挥着越来越重要的作用，有着很大的市场成长空间。（贺川生 2003）

3. 科大讯飞的语音科技产业

安徽科大讯飞信息科技股份有限公司成立于1999年，是一家主要从事智能语音及语言技术研发、语音信息服务的高新技术企业，也是我国最大的智能语音技术提供商，拥有中文语音合成、语音识别、口语评测等多项国际领先的成果。它占有中文语音技术市场60%以上的份额，语音合成产品市场份额达70%以上，在电信、金融、电力、社保等主流行业的份额达80%以上，2009年营业收入30多亿元，开发伙伴超过1500家，是名副其实的中文语音产业的龙头。

4. 大型国际活动的语言服务

大型国际活动也是语言资源的一个重要用武之地。为活动提供各种语言产品及服务，可获得良好的社会效益和可观的经济效益。

以上海世博会的笔译口译项目赞助商之一中译公司为例，

它为参展的189个国家和57个国际组织提供了语言服务，其中语言翻译是重点。笔译方面，包括中国馆在内的多个馆的标识、讲解词、导览手册、动画短片等翻译。出版方面，翻译和发行了世博局白皮书《中国2010年上海世博会概览》(英、法、日文)、《世博环境报告》(中、英文)、《上海世博会用语词典》(中、英、法文)、《品味上海》(英文)等，另承担了《官方图册》和《导览手册》的英、法、日、韩文版本的翻译、审校、编辑工作。这些语言服务为中译公司带来了丰厚的经济收益。同时，世博会期间其他组织与人员也在语言服务方面取得了不俗的成绩。世博会为语言服务提供了3万多个工作岗位。

5. **中国语言资源有声数据库建设**

“中国语言资源有声数据库”建设是国家语委主持的国家语言资源建设重大工程之一。采用现代信息技术对我国语言资源进行全面的采录、整理、加工并建库，最后通过数据库、互联网、博物馆、语言实验室等形式向学界和社会提供服务。该工程自2008年在江苏省启动以来，上海、北京、辽宁等省市也相继实施。这项工程是语言资源开发利用工作的重要组成部分，也是重要的基础工程。它既可为国家制定语言政策、语言规划提供更加科学的依据，同时也可为语言资源的保护、开发、利用和研究积累丰富、宝贵的第一手资源，是一项利在当代、惠及千秋的事业，蕴藏着难于估量的经济红利和文化红利。

三、语言资源开发利用的途径

语言资源的开发利用是一项具有战略意义的国家事业。

我国起步较晚，但是发展较快，已经初步形成了政府主导、社会参与、学界加盟的三位一体的科学发展建设格局，但相对滞后，亟待加强。

1. 政府主导

教育部、国家语委及相关部门高度重视语言资源的开发与利用，建设了国家语言资源监测与研究中心及其分中心、中国语言资源开发应用中心等机构，推出了一系列有关政策和举措，这为语言资源的开发利用奠定了良好的基础。但从总体上看，建设滞后，与旺盛的现实需求还有相当的距离，需要国家从战略高度加大支持力度，充分发挥政府主导作用：一是进行全面的战略规划；二是完善有关政策、标准；三是加大财政支持；四是做好宏观协调，形成协同建设机制。从而加快我国语言资源建设步伐，提高建设质量。

2. 社会参与

目前活跃在市场上的民营语言资源开发利用机构较多，社会参与的积极性高。以“语言培训行业”为例，进入 2008、2009“中国语言培训行业调查分析报告”的就有“新东方教育科技集团、华尔街英语、昂立教育集团、巨人教育集团、环球天下教育集团”等 33 家；字库行业在国内有“方正、汉仪、华文、华光、中易、四通、长城”等几十家；语言翻译行业仅在中国译协名录上的就有“北京元培世纪翻译有限公司、百通思达翻译咨询有限公司”等 150 多家。

资源只有通过市场手段进行调配才能实现最佳效益。各类语言资源开发利用机构应该成为市场的行为主体，但在语言资源开发利用中需要注意这样几个问题：一是应该在政府科学宏观指导下按市场规律进行；二是要从实际出发，科学定位，合理分工；三是行业自身不仅要关注内部建设，还要重视不同语言行业之间的相互合作与协调发展。

3. 学界加盟

21 世纪以来，语言学、计算机科学、经济学、医学等不同学科的专家学者开始关注、研究语言资源开发与利用问题，一些高校开始设置计算语言学、语言治疗、翻译、语言经济等学科专业或研究机构，势头良好。学界加盟的作用不可忽视：一是为相关人才培养提供支持；二是开展相关的基础研究，为语言资源开发利用提供学术支撑；三是为国家语言资源开发利用提供智力支持，参与相关规划和标准规范建设等。

4. 法律保障

我国语言资源开发目前面临的一个很大难题是知识产权保护问题，已严重影响语言科技和语言经济的发展。以中文字库开发为例，由于开发成本高，版权保护难，字库厂商损失严重，造成大多数生存困难甚至倒闭。目前我国内地 10 人以上规模的数字化中文字库研发企业仅剩 5 家，而且基本上勉强维持，导致我们字库开发落后，仅推出 421 款。(《中国语言生活状况报告(2013)》)另如《新华字典》被全国多地大量盗版，给企业和国家带来的经济损失也不是小数。这种局面亟待扭转。

第四章　语言与科技创新

［阅读提示］以语言信息处理为核心的信息技术是当代科技创新的重要基础、动力和源泉。在信息社会，语言信息处理能力的强弱，标志着一个国家科技水平和科技竞争力的高下。云计算、大数据、物联网的兴起，更加强化了这个逻辑。

信息技术为人类开创了一个崭新的虚拟世界，它改变了人类的生存方式和生活方式。在虚拟世界里，既可干淘金掘宝的事业，又能做私语社交类的琐事；既可享受遨游太空般的畅快，又能陶醉幽居伊甸园般的欢愉……这都离不开语言技术的贡献。可以说，没有语言技术就没有虚拟世界这个第二家园。

语言科技已经广泛应用于大众生活。随着语音技术的快速发展，以智能手机、语音云驾驶系统、语音智能搜索引擎等为代表的更加人性化智能化的互动型产品不断推出和升级，不断改变和丰富着我们的日常生活。可以预期，语言技术与物联网的深度结合，将使人类生活迈入一个"动口不动手"的时代。

学科交叉融合是当代学术和科技发展的主要走势。语言学成为当代新兴学科、交叉学科的一个重要源头，得到了空前的拓展，它在自然科学和人文社会科学诸多前沿领域和核心领域发挥着越来越重要的作用。

第一节　科技追梦　语言科技给力

——中文信息处理与国家科技竞争力

一、雄关漫道真如铁:羞愧与骄傲的记忆

回放之一:1984 年《参考消息》报道:“法新社洛杉矶 8 月 5 日电　新华社派了 22 名记者、4 名摄影记者和 4 名技术人员在奥运会采访和工作。在全世界报道奥运会的 7000 名记者中,只有中国人用手写他们的报道。”这是由于我们那时还未能实现通过 26 个英文字母的标准键盘方便、快捷地把汉字输入计算机进行处理而带来的羞愧。

回放之二:1985 年 1 月 5 日新华社机关报《前进报》刊发《告读者》:“本报从本期开始试用计算机——激光汉字照排胶版印刷,如无特殊情况,将于二月一日起正式使用这一先进技术。”

这是一个改变中国印刷历史乃至汉字命运的重要节点和标志。从此,我国从传统的铅字排版一步跨入世界最先进的印刷技术前沿。北京大学教授王选的成功带给国人莫大的荣耀,推动了我国相关领域的巨大发展,促进了我国现代意义的信息化发展!

2001 年,王选的“汉字信息处理与印刷技术革命”高票入选“20 世纪我国重大工程技术成就”,紧随“两弹一星”之后名列第二,足见其意义的重大。这项发明是我国工程技术自主创

新的一座新里程碑。它不仅降低了能耗，而且极大地提高了印刷生产能力。据报道，1980 年全国各类印刷厂仅 1 万多家，到 2007 年，全国各类印刷打字企业就达到 18 万多家，总产值超过 4000 亿元；从 1978 年到 2008 年，我国图书品种由 12886 种增长到 248283 种，增加了近 20 倍；报纸也由 1977 年的 200 种、123.7 亿份增长到 2007 年的 1938 种、438 亿份，而且报刊信息量增大，时效性增强。这种数字化革命使我国新闻出版业脱胎换骨，让汉语汉字汇入了世界信息化、网络化的大潮。

回顾过去，中文信息处理的突破来之不易。从书写符号来说，汉字与拉丁字母相比较，无论是数量还是复杂程度都不可同日而语，如何让有着几千年悠久历史的汉字在信息化时代焕发青春，从 20 世纪初就是一个世界性难题。那时英文打字机已广泛应用，极大地提高了英文资料的录入速度，而先进的中文打字机却迟迟没有问世。面对这样的尴尬，有人甚至喊出"汉字不灭，中国必亡"的口号，汉字拉丁化的呼声一度此起彼伏。后来，虽然有人费尽心力设计出了中文打字机，但要配备由数千个铅字组成的大字盘，不仅成本昂贵而且机器笨重、操作复杂，难以普及。这严重影响了我国在很多领域的竞争。20 世纪 70 年代中期，中文的打字、电报、排版印刷的效率不到英文的 1/10。全世界每年平均出版 10 万种科技期刊、225 万种科技图书，其中英文占 50.5%，中文则不足 0.5%。美国有家大报社，工作人员不到一百人，每天可出几十个版；而我国的一些大报，工作人员几百人，每天只能出四版。可见那时我国语言文字处理技术之落后，生产力之低下。

在科技发展日新月异、信息爆炸般增长的时代，一个国家的语言文字信息处理能力直接决定了它的社会发展效率和国家竞争力，因而中文信息处理问题十分重要而紧迫。过去困扰着计算机中文处理的难题主要有三个：一是如何高效地将汉字输入计算机；二是如何在计算机中高效地存储和处理；三是如何输出和显示汉字。最初尽管有不少人为之殚精竭虑，但都未能取得重大突破。曾几何时，西方有人断言："中国的汉字与电脑无缘。"

国家对此高度重视，1975 年启动了以汉字信息处理为主要攻关目标的"748 工程"，其中就包括王选主持的汉字精密照排技术项目；1978 年 12 月，由当时的中国文字改革委员会和中国科技情报研究所主持召开了我国首次汉字编码研究会议；1981 年成立了中国中文信息学会……中文信息处理研究不断推进。

在很多专家学者为之不懈奋斗的过程中，有两人促成了突破性发展：一位是王永民，他发明的"五笔字型"，在世界上首破汉字电脑输入每分钟 100 字大关，解决了高效输入汉字的难题，被誉为"不亚于活字印刷术"的发明；一位是王选，他发明的激光照排技术，攻克了汉字存储、显示和输出难关，被公认为中国印刷术的第二次革命。不仅实现了汉字激光照排，而且也实现了我国许多少数民族文字的激光照排。从此，开创了中文信息处理技术新纪元，大大提升了信息化时代国家的科技竞争力。

二、而今迈步从头越:任重道远

解决了汉字的输入和输出的基本问题,终于使中文信息处理实现了一个跨越。但要想实现新的飞跃,尤其是要实现汉语信息处理技术的突破,还有很长的路要走。我们与英语信息处理技术还有相当大的差距。

从科学意义而言,自然语言处理体现了人工智能的最高任务与境界。中文信息处理在我国现代信息科技发展中具有核心作用。如果说物理学研究的是物质世界中各种物质运动的规律,那么自然语言处理研究的则是信息世界中作为信息载体的语言的规律,进而在理解这些规律的基础上,试图让计算机能够像人一样地理解语言,与人交流,从而实现真正意义上的人工智能,这是人类的共同梦想。因而,中文信息处理技术的重大历史使命不言而喻。

国计民生的方方面面也对中文信息处理技术抱有很多的期待。小到个人电脑和手机上的中文输入法、字库词库,大到出版印刷的汉字激光照排、电子图书馆、办公自动化等等的发展,都离不开中文信息处理技术的不断创新。尤其随着网络技术的发展,互联网的普及,使得网络上的信息检索和信息挖掘的需求变得更加多样而且旺盛,而由于互联网的资源主要由自然语言构成,因此中文信息处理技术变得更加重要。例如我们日常查询信息不可或缺的工具百度搜索引擎等,也是依靠中文信息处理技术研制而成的。随着物联网、云计算、大数据技术的发展,自然语言处理的各项技术,如语音识别和合成系统、机器翻译系统、智能问答系统等等，都会飞入寻常百姓家，更广泛而深入地影响人们的生活，这都需要中文信息处理技术的不断跟进。

19世纪工业时代的重要标志是用机器制造机器，极大地提高了物质生产效率；到了21世纪，信息时代的重要标志则是用机器理解语言和处理语言，极大地提高信息生产和利用效率。工业时代造就了英美等世界强国，而在信息时代要实现中国梦，就需要我们在中文信息处理方面勇立潮头。否则，又会被时代抛后。

三、百舸争流千帆竞：有待给力

有人说，21世纪国家之间决胜的关键是科技竞争力。

科技竞争力是一个国家技术、经济、社会、文化等方面的综合反映。它是科学技术在一个国家的发展程度及其在社会发展中所发挥的作用与水平的体现。在信息社会，以中文信息处理为核心的语言科技无疑是我国科技发展的重要基础，具有无可替代的作用。因此，要提高我国科技竞争力，离不开语言科技的给力。

中文信息处理可为各学科发展以及科技创新提供知识储备和技术支持。牛顿曾经说："如果说我看得比别人远些，那是因为我站在巨人的肩膀上。"现代科学技术的发展已经有几百年的历史，每个学科都积累了浩如烟海的科技资料，如论著、档案、专利等信息资源。如果不能对已有的信息资源进行科学整理、消化、整合和利用，就无法在既有的基础上进行更高层次的创新。

人类已经进入一个知识爆炸的时代，现在的科技工作者面对与日俱增的海量信息，必须借助语言处理技术才能满足工作需要。因此，以科技论著、专利为主体的知识库构建应运而生，在此基础上的信息检索和挖掘成为人们进行科技创新的重要手段。例如，“中国知识资源总库”收录各种文献逾 10190 万篇，已经成为我国科技工作者的重要辅助研究工具，极大地提高了科技创新的效率。又如，国外的维基百科，国内的百度百科、互动百科，都是利用自然语言处理技术构建起来的在线海量百科全书，已经成为人们日常生活和学习研究必不可少的重要资源和工具。如果要在这些知识库中更有效地整合、挖掘和利用有用信息，就必须发展中文信息处理技术。尤其是随着大数据时代的到来，中文信息处理技术更显重要。

语言信息处理能力本身已经成为国家科技竞争力的一项重要指标。要实现我国科技竞争力的飞跃，必须大力发展和不断创新我国中文信息处理技术。

四、乘风破浪会有时：机遇与挑战同在

经过近 30 年的努力，我国中文信息处理技术取得了长足进步，极大地推动了我国信息科技与产业的飞速发展。在一定程度上可以这么说，如果没有王选的汉字激光照排技术，今天的方正集团就不会存在；没有倪光南的汉卡，就没有今天的联想集团；没有汉语拼音方案和王永民的五笔字型之类的输入法，我国社会信息化程度就不会达到今天这样的高度；没有刘

迎建的汉王汉字输入系统，我们今天使用手机、掌上电脑等就不会这么便利；另如施水才的TRS信息检索系统，唐亚伟的速录机，陈肇雄的机器翻译系统，丁晓青的清华文通汉字OCR系统等等。这些洋溢着自主创新精神的成果，既是我国中文信息处理事业发展历程的见证，同时也为未来的科技发展奠定了坚实的基础。

但是，我们也必须正视，相对西方的自然语言处理技术而言，我国中文信息处理技术还有明显的差距，不论是理论创新，还是应用开发，原创性突破不多。西方信息技术的飞速发展，仍对我们形成压倒之势。

案例之一：2011年2月17日，由IBM和美国德克萨斯大学联合研制的超级电脑"沃森"，在美国最受欢迎的智力问答电视节目《危险边缘》中击败了该节目历史上两位最成功的选手，成为新的王者。"沃森"实际上是一个智能问答系统，它可以听懂人们提出的问题，并能正确回答。之所以如此，是因为它存储了海量知识数据，并拥有逻辑推理能力，可以推导出它认为最正确的答案。"沃森"被认为是继1997年IBM的"深蓝"计算机战胜人类国际象棋棋王卡斯帕罗夫之后，在人工智能方面的又一次突破性进展，让人们看到了自然语言处理技术的神奇。"沃森"所用技术在社会各领域都将有广泛应用。它也预示高智能人机交互将会成为现实。

案例之二：2011年10月31日，苹果公司在其产品iPhone 4S上推出了个人语音助理——Siri。用户可以对着iPhone手机说:“车胎没气儿了。”Siri 会马上回答说:“我找到了 14 家拖车服务,其中 12 家在你附近。”这简直就像科幻电影中的人机对话场景。Siri 最神奇之处在于它可以深入“理解”人说的话,这表明 Siri 能够较好地处理人类语言的模糊性。而与“沃森”不同的是,Siri 已经安装在手机上,服务普通人了。

从这两个案例可以看到,自然语言处理发展的趋势是对海量数据的深度挖掘和整合,以及对用户需求的深刻理解和快速响应;同时也能感受到,人类无时不在地推进着社会革命性地发展。面对这种日新月异的发展,我国在中文信息处理上还有很多难题没有攻克,更增强烈的紧迫感。

人们预言的大数据时代正悄然走来。一个与此相关的严峻事实是,数字信息有效利用已成为制约我国信息技术进一步发展的一个全局性瓶颈问题。中文信息处理无疑是我国信息科技中必须长期发展的一个战略制高点。《国家中长期科学和技术发展规划纲要(2006—2020 年)》指出,我国将促进“以图像和自然语言理解为基础的‘以人为中心’的信息技术发展,推动多领域的创新”。这无疑是切中要害的提升我国科技竞争力的重大战略举措。

目前,在中文信息处理领域,我们正处于两个基本背景之下:第一,以谷歌为代表的基于信息、知识处理的国际公司的崛起,正在形成比微软有过之而无不及的商业垄断以及对信息、知识有效利用的持续性、战略性控制;另一方面,经过长期的研究积累与技术沉淀,中文信息处理正处于酝酿重大突破的前夜。中文信息处理领域能否并且如何抓住这个新的历史机遇，迎接更严峻的挑战，将是直接关系着我国科技竞争力能否实现新飞跃的一个核心问题，也是我国科技工作者必须回答的一个重大现实问题。因此，大力推进中文信息处理技术发展，以提升国家科技竞争力迫在眉睫。

第二节 “创世记”新传

——语言技术与虚拟世界

一、异彩纷呈的人类新家园

计算机和网络的发明，为人类开辟了第二家园，从此人们就开始同时生活在真实世界和虚拟世界了，享用着语言技术的成果。1987 年 9 月，我国正式建成第一个国际互联网节点，发出的中国第一封电子邮件说：“Across the Great Wall we can reach every corner in the world.”（越过长城，走向世界）。其实，越过的何止是长城，我们也跨越了真实和虚拟的界限；走向的何止是一个真实的世界，我们也迈入了一个广阔神奇的虚拟世界。

随着互联网、手机和小型平板电脑的普及，越来越多的人用更多的时间生活在虚拟世界中。中国互联网络信息中心 2014 年 1 月发布的《第 33 次中国互联网络发展状况统计报告》显示，截至 2013 年 12 月，中国网民规模达 6.18 亿，互联网普及率为 45.8%；中国手机网民规模达 5 亿；中国网民人均每周上网时长达25小时。而这些比例还会不断提高。互联网已经广泛而深入地渗透到人们的生活和工作中。

虚拟世界带给人们的不仅仅是一个新的空间，更重要的是，它提供了很多现实世界中难以提供的需要。

其一，虚拟世界是信息的海洋，它使人们可以无比便捷地获取各种所需信息。在真实世界中，人们要获取信息，往往有时空的局限；而在虚拟世界里，鼠标一点，就可以跨越时空，迅速获得所需信息。例如，人们可以通过访问新闻网站获取实时更新的时事新闻。在专业知识获取方面，虚拟世界更有优势。不仅其存贮的信息无比丰富多彩，而且百度、谷歌等搜索引擎还能自动整理网络信息，为用户绘制一目了然的信息地图，供人随时查阅。只要输入关键词句，就可以随即获取自己想要的知识信息。互联网还充分发挥群体的力量，共同构建了虚拟世界中的图书馆和百科全书。例如谷歌在线图书馆收录的图书已经超过1300万册，成为全球最大的图书馆；维基百科通过成千上万个网友的共同努力，经过超过10亿次编辑操作，创建了超过1900万个知识条目；百度百科和互动百科也分别超过400万条和500万条。这都远远超过《大英百科全书》的10万条和《中国大百科全书》的近8万条的收录量，为人们提供了丰富无比的信息资源。此外，虚拟世界中还兴起了社区问答网站，如"百度知道"等，人们可以将自己遇到的问题提交到网上，请知晓者解答。这是对静态知识库的重要补充。不仅实现了知识在人们之间的即时互通有无，而且形成了对信息资源的持续积累。孔子曰:“三人行,必有我师焉”,而在网络里,则是成千上万人一起前进,无论遇到什么问题,无论在什么时候,我们都能很方便地找到“老师”来解答。这是网络的魅力之一。

其二,网络是广阔的社交平台,可为人们提供多种多样的交流手段。起先,人们发明了电子邮件,每个人可以拥有自己的电子邮箱,通过发送电子邮件交流,这在一定程度上保证了交流的及时性和稳定性,是互联网重要应用之一。有数据显示,2011年仅网易邮箱就有注册用户4.3亿个,除了用于个人信息传递之外,还成为各种组织机构日常办公的重要工具。后来,人们不满足于电子邮件这样的延时交流,于是,又推出了ICQ、QQ、Skype、微信等即时通信工具,人们可以通过网络进行实时文字和语音交流、视频聊天、多人语音会议、多人聊天、传送文件等,这极大地方便了人与人之间的即时远程互动。如腾讯QQ,2010年3月注册用户就已超过10亿,同时在线用户超过1亿人。正如腾讯QQ广告语所说:“弹指间,心无间。”腾讯推出时间不长的微信,2013年10月用户也已突破6亿。还值得一提的是,互联网上先后兴起了论坛BBS等应用,人们可以在论坛的不同主题板块发表帖子,展开讨论,成为人们交流的重要场所,如水木清华BBS、天涯论坛等红极一时,同时在线人数曾多达几十万人,这是现实世界无法实现的景象。后来又发展出了“百度贴吧”等论坛的新形式,也是人们喜闻乐见的网络应用。近年来,社交网络和微博等社会化应用的兴起,进一步改变了人们的交流方式。美国的脸书(Facebook)和我国的人人网已经成为很多网民的重要目的地，人们可以在上面更新每天的生活状态、共享旅游照片、分享人生感悟。而在微博上，人们通过一条条不超过140个字的短文，发表言论、分享心情、共享信息、激荡思想，也成为人们表达自我、交流信息的重要场所。可以说，到了社交网络和微博的Web2.0时代，网络真正成了人类的第二家园。

其三，网络是能量巨大的媒体，可随时把信息传遍世界。过去，人们要传播自己的思想观点，发布研究成果，最重要的方式是发表文章和出版著作，至今这仍是一种重要方式，但传播速度和范围、受众非常有限。而互联网则为人们提供了更为便捷的信息传播方式，可以立刻得到关注。例如人们可以通过博客来发布。青年作家韩寒常发博客，已经累计拥有十亿的阅读量，平均每篇文章有百万人阅读，这在过去是不可想象的天文数字。人们利用网络平台发布的信息，往往可以呈几何级数扩散。比如，张某有1000人关注，就是有1000个粉丝，而这1000个粉丝假如每人也有1000个粉丝，那么如果张某发布的一条微博被他的所有粉丝都转发的话，就会有超过100万人看到这条微博。而这还没有计算粉丝的粉丝转发的情况，也没有计算被某些超级用户（拥有几万甚至几百万粉丝）转发的情况。这种爆炸式的信息传播是其他媒体所不能比拟的，能量也是巨大的。例如2010年新浪微博上兴起的一场“微博打拐”行动，就是源自当年9月27日发布的一条微博，至2011年春节已被转发了6000多次，第一句话就是：“互联网能再创奇迹吗？”结果奇迹真的发生了，截至 2011 年 2 月，已有 5 名孩子在这场“微博打拐”行动中获得解救。此外，在玉树地震等突发事件中，微博也彰显了虚拟世界信息传播的无比优越性。因此，众多政府机构也纷纷开设微博，发布信息，与民众进行零距离互动，塑造了良好的亲民形象。当然，这种爆炸式传播也是一把双刃剑。积极向上的正面信息的广泛传播，能够更好地形成社会正能量；而谣言的肆意扩散，则会扰乱人心，危害社会。一些大到虚假的地震预告、伪造群体性事件，小到假托名人名言、虚假科学知识等，已经成为一大社会公害，这也是网络发展中需要解决的重大问题。

二、改变世界的语言技术

当我们敲击电脑键盘的时候，当我们使用网络的时候，当我们把玩手机的时候，就在享用着语言技术的成果。可以毫不夸张地说，没有语言技术就没有虚拟世界。

1. 语言输入和输出技术

人们需要将语言信息输入到计算机中，并从计算机设备中输出，这是在虚拟世界进行一切活动的基础。最初西方人曾断言，汉字无法进入计算机。后来王选和王永民等专家做出了有力的回答。在五笔字型输入法的启发下，很快出现了“万码奔腾”的局面，如狂拼输入法、智能 ABC 输入法、搜狗输入法、百度输入法、腾讯 QQ 输入法、谷歌输入法、微软拼音输入法，等等，这都是语言技术成果。人们可以通过这些输入法方便地使用键盘输入中文。此外，手写体识别软件，如汉王手写板软件等，可以让用户通过手写输入汉字；而语音识别软件，如科大讯飞研发的汉语语音识别技术，可以让用户通过说话来输入汉字。这些语言技术都为用户遨游虚拟世界提供了便利。而在语言输出方面，利用激光照排技术、语音合成技术等，可实现输出计算机中的各种信息。

2. 语言存储和检索技术

人类产生了大量的语言信息，如何在计算机中有效存储和检索，是关键的语言技术，这也是国际前沿问题。如果仅仅是将语言信息存储起来，相对容易，但如何从中快速获取想要的信息，尤其是当数据量巨大的时候，极具挑战性。这就需要有先进的语言技术来解决问题。例如，当一个用户登录新浪微博的时候，新浪需要为他展示在他离线期间他的好友都发表了哪些微博，而这就需要在海量的微博数据中找出哪些微博是这个用户的好友发表的，而且这个检索过程需要在毫秒内完成，才能满足用户的使用体验。此外，微博为用户提供的其他服务功能都要求服务器能够尽快检索各种类型的语言数据。国际知名网站如谷歌、脸书，以及国内的人人网、新浪微博等都是靠其先进的语言技术来为用户提供服务的。仅谷歌就在全球拥有上百万台计算机组成的几十个数据中心。在这方面，国内的技术还相对落后，需要追赶。

3. 语言分析和挖掘技术

人们在虚拟世界中通过语言进行信息交流和传播，并留下了很多行为信息（比如检索记录、聊天记录、购物记录等），这些信息往往反映出当事人的兴趣、爱好、观念、习惯、情感、追求或者其他方面的特征。因此，可以运用语言技术对这些信息进行分析和挖掘，从而了解某个人、某个群体、某个机构，乃至某个国家方方面面的情况，以获取有用的信息。过去，人们一直希望研究人类及社会的普遍规律，但是一直无法做大规模的实证研究。而在虚拟世界，人们可以利用语言技术在海量信息中分析和发现重要规律。例如，美国东北大学和哈佛大学的学者通过分析美国微博网站推特，建立了“推特情绪地图——国家脉搏”网站。该网站通过分析人们在推特微博中的情绪表达，发现了现代人的很多规律，例如人们早上和傍晚最快乐，下午最郁闷，周六最快乐，好心情在周日早上达到巅峰，周四晚上跌至谷底。又比如说，还可以根据人们在虚拟世界释放的信息，来分析他们的需求，进行贴心的推荐服务，例如推荐他们想买的物品、要知道的新闻等等。

总之，虚拟世界是人类为自己创造的一个全新的神奇世界，它是人类智慧的结晶。而语言技术则是支撑这一梦幻般世界的重要支柱之一，也是人类通往更美好世界的重要手段之一。

第三节　说不爱你不容易

——生活中的语言科技

一个生活在当代社会的人，如果说您与语言科技毫无关系，那肯定是不可思议的。因为语言科技已经深入我们生活的方方面面。

一、语言技术无处不在

其实语言科技自诞生起就与人类生活息息相关。宽泛一点说，最原始的语言技术是语言的运用、表现技术，例如论辩术、演讲术、游说术、修辞术、契刻术、雕版印刷术、制字术等都属于语言技术的范畴。而具有现代技术特征的语言技术则是随着近代科学技术的发展而产生的。例如，自文艺复兴时期，英国语言学者就开始探索语音分析技术和声学实验技术及其在速记、语言教学等方面的应用，18 世纪德国人堪布伦发明了一架“说话机器”，19 世纪声学心理学教授亚历山大·贝尔不仅把语音学应用于语言训练、语言矫正、助听器设计，而且助推了电话的诞生。

20 世纪中叶以来，计算机科学技术的发展，又赋予语言技术新的内涵并使之获得了飞速发展。有学者研究，语言技术有五大类别：一是语言表现技术，就是使语言呈现出来的技术。如契刻、书写、雕版、铸字、打字及输入法、文字照排、速记、录音、语言文字复制、语言文字存储等技术。当然也可包括人的口头表达技术和书面表达技术，如论辩术、演讲术、游说术、修辞术等等。二是语言训练技术，就是进行语言能力培训的技术。如发音训练技术、写作训练技术、口头表达训练技术、语言教学技术、语言评测技术。三是语言处理技术，就是对自然语言进行加工处理的技术，当今最重要的是语言信息的计算机处理技术。如语言文字编码技术、语言文字传输技术、字库词库技术、语言翻译技术、文献摘要技术、机器的语言生成识别与理解技术、语料库技术、语音合成技术、文本加工技术、语言文字的标准化技术等。四是语言应用技术，就是把语言手段或语言知识及其成果应用到其他领域的技术。例如：信息过滤技术、语言情报（信息）分析技术、语言侦查技术、信息检索与提取技术（包括跨语言检索与提取）、语言康复技术、心理咨询语言技术、谈判语言技术、声控技术、人工智能技术、通讯语言技术等。五是语言研究技术，就是研究语言所使用的技术手段。例如：语音的声学分析、语言统计、语言描写分析、语言调查、语言建模等。

语言科技无处不在，常常伴着你我他。

二、今天：依您说的做

现代语言技术日新月异，在人类生活的智能化方面发挥着重要作用，不断改变着丰富着我们的生活。正逐步实现您怎么说，机器就怎么做。仅举数例。

聪明的手机

据中国工信部统计，截至2013年3月底，中国手机用户总数已超过11亿，平均每个手机号码每天发送两条短信。可以说，如果没有语言技术的支撑，就没有这种辉煌。

最初的手机一般只显示英文，后来才发明了中文显示，又进一步发展到中文输入。如果没有语言技术的突破，就不会有今天这么庞大的中国手机用户，也不会有汉字短信、微信之类的便利。在智能手机出现之前，手机是否具备易学易用的汉字输入法,成为人们选购手机时重点考虑的因素之一。随着手机日益智能化和综合化,逐渐地具备了微型计算机的功能。利用手机处理大量的文本信息,是手机智能化的体现,但同时也为手机输入法提出了新的挑战,这又推动着相关语言技术的革新。有调查显示,使用不同输入法的手机用户,发送短消息数量竟相差两倍之多。遗憾的是,目前,我国手机三大主流汉字输入法的专利权为外国企业所有,90%的手机市场被外企占据。我国后来自主研发的汉字输入法常见的有百度输入法、搜狗输入法、QQ手机版输入法、讯飞输入法等。其中讯飞输入法是全球首款基于云计算方式实现的智能语音输入法,集语音、手写、拼音、笔画输入于一体,无须切换即可在拼音输入界面进行连续手写和语音输入,文字输入随心所欲,大大提高了输入速度。

随着语言技术及相关技术的发展,手机日趋智能化。苹果公司新开发的语音控制产品“Siri”,可以使苹果手机等产品变为一台智能机器人,使用者可以通过声控(口头指令)或文字输入的方式,让手机读短信、搜寻和介绍餐厅或影剧院、设置闹钟、询问天气等。更重要的是还可方便地人机互动,手机可对使用者的询问给予准确的回答。例如使用者如果在说出或输入的话语中包含有“喝了点”“家”这类词语,手机就会判断您喝酒了,要回家,并会自动建议您叫出租车。如同一位贴心秘书。

还有人利用语音技术设计出手机“导游”,每到一个景区,这位“导游”会先到售票处“报到”,然后只要使用者告诉它景点名称，它就能为您滔滔不绝地讲述这个景点的方方面面，不亚于一位导游小姐。

听话的汽车

驾驶汽车必须手扶方向盘，想做需要动手的其他事情很困难而且不安全。语音技术的发展，已经开始破解这一难题。例如在 2012 北京车展上，上海汽车携其全球首创的语音云驾驶 iVoka 技术亮相。这是智能化的语音交互科技，驾驶者不必动手，只需通过嘴巴发号施令，便能实现打电话、发短信、操作导航、调节空调、开关照明、调控音响等愿望，基本能做到“随口所欲”。该技术的一些功能已经开始投入使用。

知心的引擎

网络搜索引擎是较复杂的语言技术，为人们获取各种信息提供了巨大的方便。只要输入一个关键词或句子，瞬间即可获得相关信息，甚至包括一些跨媒体、跨语言的信息。其效率是过去手工查阅资料远远不可企及的。但人们并没有至此满足，目前搜索技术又有了新的进展，正在迈向智能化。据报道，2013 年，谷歌展示了他们开发的最新语音搜索技术，只要您发出口令，它就能判断出您的意图，并提供给您需要的信息。例如在演示中，当被问到：“How is traffic in San Diego?”（圣地亚哥的交通状况如何）时，搜索引擎就明白发话人是想了解目前的交通状况而非检索这句文本，所以它就直接调出了 Google Map 上的路况信息。

在跟人们生活密切相关的其他领域，语言科技也在发挥着积极作用。例如在医疗领域，语言康复技术也越来越为大家所熟知，如常见的对口吃的矫正、对聋哑患者进行的语言能力训练，正在逐步成熟的对因中风、意外伤害等原因造成的失语症患者的语言能力康复治疗等。随之，语言治疗师职业应运而生。北京联合大学等学校开设了“听力语言康复技术”等专业，香港理工大学设立了言语治疗所。

三、明天：按您想的做

语言技术的发展几乎令人难以想象，不断有高度人性化的产品走进大众生活。如果说今天的机器是依您说的做，那么明天，它将按您想的做。这里仅以语音技术的发展为例。

语音识别是试图使机器能“听懂”人类语音的技术，其最终目标是实现人与机器之间毫无障碍地进行自然语言交流和互动。这个曾经被美国一位知名教授称为“比登月还难”的科学难题正逐步被破解。上面提到的一些新的语音控制产品，都是语音识别技术创新成果，已经开始走入我们的生活。

近几年，国内的语音识别技术发展迅猛，在准确率方面，2012 年一年的进展就超过了过去 15 年进展的总和。科大讯飞率先推出了 Android 版本的国产系统——讯飞语点，随后搜狗推出了搜狗语音助手，继而百度厚积薄发，在年底推出自己的百度语音助手。2013 年，腾讯也推出了自己的 YIYA，语音助手的市场一下子就从百家争鸣直接过渡到了大佬火拼的态势。现在的语音助手不仅仅可以打电话、发短信，还可以查询股票、火车票、百科、酒店等生活信息，甚至无聊的时候还可以跟它聊天等等。看看下表所展示的讯飞语点可以在手机上实现的基本功能，就可感知语音技术应用的诱人前景。

表一 讯飞语点功能简介

功 能	指令示例
打电话	打电话给张三/给张三打电话/帮我接通张三的电话/呼叫 XXX
发短信	发短信给张三/发短信给老大我马上就到/发短信给 XXX，查询余额/回复王五的短信
联系人	把张三的号码发给李四/新建联系人张三，号码是 XXXX/张三的号码是多少？
提 醒	提醒我 9 点开会/8 点半提醒我给爸爸打电话/半小时后提醒我去开会/周六早上 8 点提醒我买家具/每天早上八点提醒我起床
听音乐	来一首飞得更高/我想听刘德华的歌/我想听甜蜜蜜/播放汪峰的飞得更高
查影讯	最近上映的电影/致青春好看吗？/搜索热门电影/附近的电影院
打开应用	打开相机/启动愤怒的小鸟
搜索应用	下载讯飞输入法/搜索新浪微博/下载水果忍者
餐饮美食	附近有什么好吃的/北京西直门附近的川菜馆/附近有没有肯德基/附近有没有火锅店
火车航班	从广州去北京的航班/查询明天从北京到上海的火车/有没有明天到广州的航班/6 月 15 号成都回广州的飞机票
查询天气	北京的天气怎么样？/查询上海的天气/广州明天会下雨吗？
查询股票	查一下科大讯飞的股票/查询中国移动的股票/查询 002230 的股票
地图导航	北京西直门怎么走/北京西站的位置/广州天河广场在哪

（续表）

上网搜索	打开新浪网 搜索科大讯飞/百度一下今年高考作文
听新闻	我想听新闻/最近有什么热门的新闻/播放最近的新闻
翻　译	翻译很高兴认识你/汉堡包多少钱一个英文怎么讲/一会见的英文怎么说
聊　天	给我讲个笑话吧/2 乘以 2 加上 3 等于多少/鱼香肉丝怎么做？/介绍一下美国

讯飞语点的功能还在不断增加完善，举个例子说：打电话功能，它突破了早期手机中的语音拨号，已经将语音控制功能落实到了日常的实用功能中，形成了一个语音控制的平台。用户在讯飞语点主界面下，选择“点击说话”直接说出：“呼叫 XX 电话”或者是“帮我给 XX 打电话”，那么它就开始搜索联系人，最后将电话拨出。再例如发短信功能，点击“发短信”按钮，系统将提示用户说话录音，用户说出类似“给 XX 发短信”的语句，就可以进入信息编辑界面。这时用户既可以用手输入内容，也可以直接用语音输入，语点即可将您说的话转换为文字信息输入到信息编辑器中。（以上关于讯飞语点的内容据百度百科整理）

语音识别技术除了应用于手机之外，可广泛应用于生活的各个领域，如电信、医疗、家政、外语翻译、电视机等各种家用电器、学习机、平板电脑、车载系统、互动玩具等等，并向更智能化发展。可以预期，在不远的将来，语音识别技术与物联网深度结合，不仅是机器人，连一个水壶都会具有语音对话功能：当您跟它说“烧水”，它就会自动接通电源烧水，过会儿就会自动报告“水开了，主人！”我们的生活将会更美好！

第四节　千载难逢好姻缘

——语言学的开拓与交叉

一、学科融合新潮涌

当代社会飞速发展，人类面临越来越多的复杂性问题。这就需要我们综合运用不同学科领域的理论方法及技术，来探求解决各种难题的最佳方案。这也就促使不同学科领域逐步走向交叉与融合，打破了过去的学科专业壁垒，形成了许多交叉学科新兴学科。据统计，目前比较成熟的学科大约有5550门，其中交叉学科近2600门，占全部学科的46.8%（闫宏秀等2001）。在20世纪最后25年颁发的95项诺贝尔自然科学奖中，属于交叉学科领域的有45项，占47.37%（张春美等2001）。可见，学科领域的交叉融合是当代世界的发展主流。

二、开疆拓土正当时

由于语言是人类信息交流的主要工具，因而随着科学技术的发展和众多领域对语言学需求的不断增长，语言学已成为新学科产生的一个重要辐射源，语言学家族迅速发展壮大。很多政府、大学和科研机构都在适时推动语言学交叉学科的发展，拓展语言学的应用范围。

较为成熟的语言学交叉学科很多，例如计算语言学、神经语言学、社会语言学、新闻语言学等等。语言学也逐渐延伸至其他众多应用领域。例如，向医学领域延伸，有言语病理学、言语矫治等；向法律领域延伸，有法律语言学、刑侦语言学、笔迹鉴定等；向军事领域延伸，有语言情报、语言心理战等；向经济领域延伸，有语言经济学、广告语言学、语言产业（包括语言科技产业、语言资源产业、语言教育产业等）等；向应用心理学领域延伸，有语言安慰、心理干预等；向互联网应用领域延伸，有多语互译检索、自动情报提取等；向社会公关领域延伸，有社会危机的言语策略管理、姓名学等；向国家语言文字管理领域延伸，有语言规划、语言预测、语言政策等；向国家安全领域延伸，有信息过滤、信息安全、舆情分析等（见图三）。

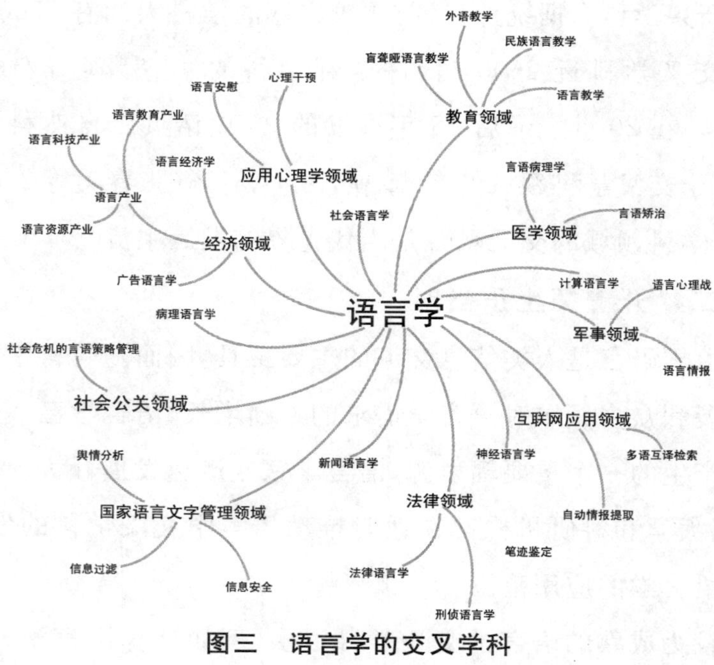

图三 语言学的交叉学科

语言学能否介入国家重大科技工程呢？答案是肯定的。例如中国的航天工程就是典型的跨学科工程，仅就我们所知，从飞船命名到控制系统研发，直至航天员的生存训练等都涉及语言学及语言技术问题。其中最直接的例子是，2011 年 7 月，中国首艘货运飞船征名正式结束，天梭、鲲鹏、天舟、神龙、龙舟、神骥、天马、云梯、神驹、行者等 10 个名字候选，这做的就是应用语言学中的命名工作。此前，2010 年 12 月 30 日民政部宣布成立“月球、极地、海底地名国家标准研制领导小组”，可见命名学在国家发展中的重要作用。此外，国外正在兴起的“宇宙语言学”，也许会在今后的航天事业发展中贡献力量。我国的一些重大社会理论和实践问题也少不了语言学的参与。例如，作为国家软实力战略的汉语国际推广、民族语言教育、语言权利问题、文化传播及文化产业发展，网络舆情监测分析等等，都离不开语言学的支持。增强国家文化软实力，也是语言学的功能和责任之一。

三、众多领域显神威

语言学的开拓交叉已经和正在很多学科领域发挥着前所未有的积极作用。以下几例可见一斑。

计算语言学中的文本分析技术开始显奇能。以市场分析研究为例，移动互联等当代信息技术带来了非结构化数据的大爆炸，短消息、公告板、博客、社交网络、新闻订阅等广泛运用，加之传统媒体，提供了海量的杂乱无章的信息，使得市场营销人员茫然不知所措。目前虽然已有不少软件可辅助分类、组织、管理此类数据，然而这远远不够，因为有用信息的挖掘需要更多的努力和专业化处理，而不只是传统意义上的简单的“什么人”“什么事”“什么地方”“什么时候”“怎么样”和“为什么”。这恰恰是文本分析技术发挥强大功能的地方。利用文本分析，市场人员能够从论坛文章、社交网络、呼叫中心日志、网购平台评议、电子邮件、博客和其他类型的文本文档中，挖掘隐藏的有用信息，从而发现相关的动态和潜在的问题，并提供一个整体的有关客户观点的见解，以用于相关决策。运用文本分析，先前难得的客户反馈都可获得，例如购买历史、人员信息、产品信息、地理信息等，可使公司能够全面了解一个真实的目标客户的期望、情感以及未来的行为。

姓名学联姻姓氏群体遗传学，使我们有了神奇的发现。2000 年，中国科学院袁义达研究员将宋、元、明、当代四个时期的 100 个常见姓氏的人口分布曲线绘出后，惊奇地发现多个重合的曲线，这说明一千年来中国人的姓氏传递是连续和稳定的。从 2006 年开始，中国科学院遗传与发育生物学研究所调查了 1110 个县市，得到了 2.96 亿人口的数据，一共收集到 4100 个姓氏。这些姓氏分布图与《中国人口主要死因地图集》中的疾病分布图有重叠，表明中国姓氏暗藏着疾病遗传信息。

语言学知识和技术用于信息安全和协助刑侦工作已经逐步普及。由语音学与语音技术发展而来的声纹识别技术正广泛应用于诸多领域。据报道，截至 2013 年初，世界声纹识别产品的市场占有率为 15.8%，仅次于指纹识别和掌形识别。目前，我国市场尚属起步阶段，其发展空间更为广阔，在金融、证券、社保、公安、军队及其他民用安全认证等行业和部门有着广泛的需求。例如，声纹识别技术的发展，推动了电话银行安全“新卫士”——电话银行声纹身份认证系统的研发成功，有效解决了传统电话银行账号安全问题。声纹技术在刑侦上的应用已经比较成熟，早在20世纪70年代美国威斯康星州布赖恩·赫斯森案、80年代马尼拉国际机场暗杀阿基诺案都有声纹学专家参与侦破工作。

分析人使用语言文字的特征风格也可以帮助破案，有很多经典案例。詹姆斯·菲茨杰拉德等美国联邦调查局专家经过多年来对无数份匿名文字材料的分析和辨认后指出，我们每个人在组织语言的时候都有自己独特的方式。与之合作侦破过许多案件的语言学家唐·福斯特指出：“人类是自己语言的俘虏，因此对一段文字进行科学分析后，能够得到的信息也许跟指纹或DNA鉴定得到的信息一样清晰明了。”也正是利用了语言刑侦技术，菲茨杰拉德和福斯特侦破了美国历史上连续18年制造恐怖的特别重大的“大学炸弹客案”。在我国，语言学知识用于侦破案件也日受重视。例如，2010年9月上海金店劫案侦破过程中，一句方言的识别成为破案的关键，成功抓获犯罪嫌疑人张某。

目前，语言学在国家安全领域也大显身手。开源情报就是最典型的例子。所谓开源情报，是指通过对公开信息的分析而获得的情报。随着网络时代的来临，文本分析技术的发展，这种情报的价值日益提高，并且成为一些国家的重要情报来源。美国在“9·11事件”之后，立即启动了“全面信息感知计划”，随后成立了开放源中心，2006年7月又立法启动了国家开放源事业计划，专注于公开信息的搜集和分析，而且规定任何情报工作必须包含开源成分。美国力图通过开放源中心实现“在任何国家，从任何语言”获取开源情报，以用于国家军事、国防、经济等领域。较之传统情报，开源情报更加全面、综合和系统，更能够显示变化的趋势和规律，是进行任何社会态势分析的基础。计算语言的文本分析和信息自动提取等技术，可以让我们尽早发现开源信息中潜藏的危机，开展网络化社会状态与趋势的动态分析，对保障国家安全、社会稳定、经济安全和个人安全都是一项极其重要且具基础性、战略性和前瞻性的研究工作；同时，这方面的研究对发展知识经济下的新型产业也至关重要，事关国家的核心竞争力。

2011年11月美国情报高级研究局制定战略隐喻库计划是开源情报挖掘的重大进展。该局发布公告，公开招募能够承担该项目的科研组织和个人。该项目试图利用人们生活和工作中的隐喻语料，来揭示同一文化群体潜在认同的信念和世界观。其理论基础是语言学家提出的认知隐喻理论。人的语言表达在字面意义之外还有多层语义，且不同语言不同民族存在差异，对隐喻的深层文化含意解读对情报破译等具有非同一般的战略意义。美国隐喻库计划不仅包括英语隐喻，还有伊朗波斯语、墨西哥西班牙语和俄语等。按照美国关键语言计划，汉语也必将是采集分析的重要对象。隐喻思维与民族心理有映射关系，掌握一个国家或民族的隐喻库，可以深度探测民族文化底层思想乃至国家层面的决策风格等。比如在分析巴基斯坦和印度对克什米尔问题的态度时，借助两种文化对“国家”“民族”“政府”等概念的隐喻性理解，分析其分歧的根本所在，进而作为制定针对性政策的依据。

可见，语言学跨学科联姻在国家诸多重要领域都具有难以估量的价值，并日趋广泛地发挥着越来越重要的作用。

第五章　语言与社会文明

［阅读提示］语言是社会的产物，也是社会的纽带。语言随着社会发展而发展，也促进着社会不断进步，是社会文明的一个标志。社会语言生活状况，直接反映社会文明程度。语言也是重要的社会治理工具，在国家治理中具有无可替代的作用。

法律是社会公正的卫士，语言是法律的最重要工具。立法语言的严密性，司法语言的规范性和准确性，语言证据的可靠性，是维护法律公正和社会公正的基本保障。

专名是个体的称号，看似无关紧要，其实事关社会治理、法律道德、文化传承、国际交流等大问题。如果疏于管理，会给个人、社会乃至国家带来很大的麻烦。

语言生态是城市基础体系和城市文明的有机组成部分，也是城市形象的体现。它直接关涉文化建设和社会治理，影响经济环境和生活质量，体现城市风貌和发展水平。构建适用、和谐、优美的语言生态，是现代化城市建设的重要任务之一。

社会发展，促使语言服务成为更加广泛的现实需求。其中，各种特殊人群和特殊情况下的语言需求特别值得关注。提供相应的语言服务，是政府和社会的责任，是社会和谐的必需，是社会进步的体现。

第一节　社会卫士的法器
——语言与法律公正和社会公正

语言、法律、社会公正这三个话题的关联，有其特殊而重要的意义。法律作为一种公共的规则和标准，正义是其存在的基础，也是其追求的目标。在现阶段，要真正实现社会公正，必须以法律为保障。而语言作为人类交际与思维的工具，当仁不让地成为法律最基本的载体和工具，它在立法、修法、司法、采证、译法等方面都具有重要作用。法律语言以法律精神为核心，其物质属性同时也影响着法律实践和促进社会公正的效果。因此，法律是社会公正的卫士，而语言则是保障法律公正功能得以正常发挥的法器。

一、语言与立法

在起草我国第一部宪法的核心专家组中，有两位著名的语言学家——叶圣陶和吕叔湘。他们虽然不是法学家，不是政治家，但却有着非常重要的作用——负责为宪法的语言表述把关。众所周知，法律的灵魂是公平与公正，严谨、准确则是它的保障。作为法律精神的体现，法律语言必须是严谨、准确、简洁、庄重的；同时，法律作为全体社会成员的基本规范和准则，它也应该是为大众所能理解的。因此，语言在立法中十分重要。

我国最高立法机构——全国人民代表大会及其常务委员

会设有“审议规范性文件的制度”。人大代表在对法律草案进行审议的过程中，还要对法律语言表述是否正确、科学和规范等进行审查。2007 年，全国人大常委会法制工作委员会还专门设立了立法用语规范化专家咨询委员会，聘请语言专家担任委员，对法律草案进行审读，推动了立法用语规范化进程。学界也较为重视法律语言研究，例如，2005 年北京政法职业学院法律语言应用研究所提出了中国法律语言规范化工程方案，成立了“法律语言语料库”科研攻关课题组，并组建了法律语言规范化研究专家委员会，由最高人民法院原副院长刘家琛大法官担任委员会主任，其成员都是司法机关和行政执法部门、法学理论界、语言学界、法律语言学界和逻辑学界的专家。

尽管如此，我国的立法语言中仍然存在一些问题。最高人民法院副院长江必新曾指出：法律语言的文体不统一、文风不统一、用语不统一、概念不统一等问题非常突出。从微观视角来看，立法语言中的问题同样不少：有的使用了抽象性、口号性的词语，表述不够准确，有的词语存在歧义，有的表述不够简练，有的条理不够清楚，存在逻辑关系混乱或术语不统一等问题，有的过于晦涩难懂，等等。立法语言如果模糊多义、条理不清，就违反了法律语言的单一性和准确性原则，容易让人钻法律的空子，可能引发司法纠纷，削弱法律维护社会公正的功能。立法语言拉拉杂杂则不符合法律语言的简明凝练原则，同样有损法律的严肃性和严谨性。法律文本晦涩难懂则有违我国法制建设平民化的精神。晦涩难懂的主要表现是过多地使用法律术语，过多地使用复杂结构的句子。有人说，法律语言要准确，就必须使用大量法律术语和逻辑缜密的复杂句式来表述，这是法律准确性的代价。有人甚至认为，普法不是让公民学懂法律，而是提高公民的法律意识和法制观念。这些观点听起来似乎不无道理，反映的是一种“立法语言精英化”的观念，但问题是，立法语言一旦脱离了人民群众理解的范围，法律就将被束之高阁，成为少数人的特权，“法律面前人人平等”将难以落在实处。

世界各国的经验也告诉我们，法律语言的简明化是法律发展的趋势，是社会发展的要求。在美国，1977 年纽约州率先通过了《简明（法律）语言法》，对在法律文件中使用易于理解的语言等内容做了具体的规定。韩国的法律用语也曾因晦涩难懂而屡遭诟病，韩国法制处于 2009 年提出了修改《个别消费税法》等 55 个法律内容的方案，其宗旨就是在保证法律语言的简洁性、涵盖性、准确性基础上，使用简单明了的语言替代艰涩的用语。

二、语言与司法

司法是以法律文本为依据开展的各类活动，包括使用书面语和口语等方式。在司法过程中，能否科学、规范地运用语言，将直接影响司法效果，关系到司法公正能否顺利实现。

1. 法庭语言的技术化和规范化

在司法语言中，法庭语言是核心。在法庭上，法官、公诉人、原告、被告、辩护人、证人的语言都十分重要，直接影响司法效果。这里主要以司法人员的语言技术和语言规范为例。

司法活动是否公平公正，直接关系到当事人的切身利益。在司法过程中，语言表达发挥着十分重要的作用，而且很有讲究。司法人员的语言首先应该是中立的、中性的。中立就是不偏袒任何一方，中性则是不带有倾向性，不进行“有罪预设”和不当诱导。如果在刑事审判过程中，法官随意打断被告人或其辩护人的发言，不让其充分发表意见，或在询问被告时使用带有拷问性质的说法，那么法官就违背了中立原则。再如，在民事审判过程中，法官如果代替某一方陈述主张，也偏离了应有的中立立场。有个审判长在询问被指控犯有贪污罪的被告人时说：“那钱你能贪污得了吗？”这句话就违背了中性原则，明显带有倾向性，它包含了“你贪污了那些钱”的“有罪预设”。

司法语言还应是不带感情色彩的。过去有些案件审理时，常会出现审判员义正词严地宣布：“某某的罪行情节特别严重，罪大恶极，民愤极大……”其中的“罪大恶极”、“民愤极大”等明显具有贬义色彩的词语都不属于理性的法律语言。这类语言的使用，往往会使人误认为从重制裁犯罪分子的依据在于“民愤”而非法律。因此，在案件审理中，司法人员应充分发挥自身的职业理性，使用严谨的法律语言进行表述，减少情感对裁决的影响。

在法庭上，司法人员的语言还应是准确的。有这样一个案例，一位法官在法庭上说：“被告人×××家有妻子四人。”被告人辩解道：“我没有四个老婆。”令人啼笑皆非。这种不准确表达显然影响庭审质量。

司法人员的语言也应该是文明的。案件审理过程中,对抗性不可避免,但是"以礼相待"也应是法庭语言行为的一条重要准则。如果不注意用语文明,就会损害司法形象,影响人们对司法公正的信任。

2. 司法语言的多样化

随着社会交往的日趋频繁,各种案件涉案人员的语言状况也变得越来越复杂,如方言人群、少数民族、外国人、聋哑人等。如果司法活动中的各方主体听不懂彼此的语言,司法活动就无法正常进行,司法公正也就难于保证。因此,诉讼中语言权利的保护、语言选择和翻译十分重要,需要合法的语言多样化。

少数民族的语言权利在我国立法和司法中都得到了充分的保障。法律法规出台后,由全国人大常委会法工委和国务院法制办公室组织少数民族语言文本的翻译,主要包括蒙古、藏、维吾尔、哈萨克、朝鲜、彝、壮等少数民族语言文字。在法庭上,根据我国《宪法》、《刑事诉讼法》、《民族区域自治法》的有关规定,少数民族公民有权使用本民族语言行使诉讼权。以西藏自治区为例,司法机关在执法、法制宣传等工作中注重藏语文的使用,法院和检察院不仅在办案的各个环节都使用藏、汉两种语言,而且还编译出版了藏文《法律常用知识问答》、《国家赔偿法问答》、《刑法分则规定的罪名与罪行对照》等法律读本,帮助广大藏族群众学法、用法。新疆维吾尔自治区的做法也很有代表性:人民检察院和高级人民法院非常重视加强"双语"人才队伍建设，越来越多的检察官和法官能够熟练使用维吾尔语、哈萨克语等少数民族语言文字，又精通汉语。在案件审理中，当事人使用本民族语言文字也是常事。

《国家通用语言文字法》明确规定了普通话和方言在社会公共交际中的使用范围，司法活动中可以使用方言。一些地方还出台了一些相应的措施，据报道，浙江省文成县法院针对文成地方方言差异较大，一些当事人听不懂普通话且无力聘请诉讼代理人的实际情况，推出了“方言庭审”申请制度，允许当事人申请法院安排或变更由熟悉相应方言的法官庭审。这一方面说明，我国尊重涉诉人员的语言权利，在司法工作中没有限制、排斥方言；另一方面也表明，在我国这样一个多方言、方言间差异大的国家，通用语的普及和使用对提高司法效率和维护司法公正具有十分重要的意义。

对于法庭使用外语的情况，我国法律和司法解释中都有原则性的规定，但在具体实施过程中仍有一些困难和问题。例如，缺少专业过硬的法庭口译人才，对法庭口译人员的选聘没有统一标准，有的外语庭审效果不佳等等。可见，我国外语庭审工作还需要进一步加强。

聋哑人的诉讼权保护问题也是需要特别关注的。我国《刑事诉讼法》、《民事诉讼法》和《行政诉讼法》都明确规定了司法救助原则，并要求为残疾人提供减免案件受理费、指定辩护人和代理人、聘请翻译人员等救助。但是这些保障措施还不能完全保证他们充分行使诉讼权利，因为与聋哑人的沟通往往有很大障碍，难免会影响案件审理。《检察日报》曾发表文章建议全国人大常委会对三大诉讼法和《残疾人保障法》进行相应修改或制定相关实施细则，为聋哑人提供更多的法律援助，以保障审判公正。

三、语言与司法鉴定技术

在我国的诉讼案例中，近七成需要借助司法鉴定技术。其中，语言鉴定技术发挥着越来越重要的作用。目前应用较为广泛的是声纹鉴定和笔迹鉴定，前者依靠语音学的研究成果，后者则是在笔迹学的基础上发展起来的。还有新兴的语言风格鉴定技术也日益受到重视，正成为锁定嫌疑人的新利器。

1. 声纹鉴定：个体识别的高手

据报道，河南省孟津县政法系统干部索某收受犯罪嫌疑人家属的贿赂，承诺帮助嫌疑人减刑，但最后没有兑现“诺言”，对方在追讨贿款的过程中进行了录音。案发后，索某在庭审时否认被录声音是自己的。但声纹鉴定结果以及索某本人的供述、证人证言、有关凭证等组成的证据链最终让他领刑 5 年。该案成为河南省第一例以声纹鉴定固定犯罪证据的案件。

所谓“声纹”是指通过电声学仪器显示的、携带言语信息的语音声波图谱。由于每个人的发音器官都有细微差异，再加上后天环境所形成的语言习惯差别，理论上一个人从十几岁变声后，声纹基本保持稳定的特征。因此，声纹具有较强的唯一性和稳定性，声纹鉴定能够为个体识别等工作提供相对可靠的依据。据不完全统计，从 20 世纪 90 年代至今，公安部物证鉴定中心已成功应用声纹鉴定技术协助各地警方侦破案件300余起,全国运用声纹鉴定的案例多达数千件,涉及案件类型包括绑架、拐骗、敲诈勒索、诬告陷害、诈骗、贪污、贿赂等。

2. 笔迹鉴定:去伪存真的法宝

笔迹鉴定是通过若干部分笔迹之间的比较鉴别,确定其是否为同一人笔迹的专门技术。它主要解决以下几个问题:(1)物证笔迹与嫌疑人的笔迹是否同一人笔迹;(2)一份文件上的几部分笔迹是否同一人笔迹;(3)多份文件物证上的笔迹是否同一人的笔迹。笔迹鉴定不仅能检验正常笔迹,还可以检验书写条件变化笔迹、故意伪装笔迹、模仿笔迹和绘画笔迹等。这对于司法取证具有十分重要的作用。例如,山东省青岛市的李某和发包方张某签订了一份《建筑安装工程承包合同》,李某按照合同规定完成了施工,但是张某却以种种借口拒绝结算,甚至不承认该工程为李某所做,还找人将李某打伤。李某将张某告上法庭。庭审中,李某称自己已经完成了办公楼门厅南第一间的施工,张某已认可,并已签字确认要求李某"按办公楼门厅南第一间为质量标准"施工下面的工程,这可证明自己实际施工的事实。而张某则称:自己确实与李某签订了合同,但是李某并没有实际施工,而找第三人王某施工;合同附件上的签字是对"工程量、单价、竣工期限"内容的确认,不是对"按办公楼门厅南第一间为质量标准"的确认。双方各执一词,事实一时很难认定。一审法官通过笔迹鉴定发现,该合同附件页的两项内容系用手写,且两项内容书写所用笔的颜色不一致;"工程量、单价、竣工期限"内容为黑色笔书写，"按办公楼门厅南第一间为质量标准"和张某的签名是用蓝色圆珠笔书写，且张某的签名和"按办公楼门厅南第一间为质量标准"的字迹均匀，无色泽减弱的痕迹，应系一气呵成的字迹，也就是说张某的签字是对"按办公楼门厅南第一间为质量标准"的认可。根据该鉴定证据，再加上李某提供的证人证言佐证，法庭判决李某胜诉。这是笔迹鉴定的同一性判断功能的典型案例。

3. 语言风格鉴定：锁定嫌疑的神器

有研究表明，每个人的语言表达都是独一无二的，没有哪两个人的语言风格完全相同。曾经与美国联邦调查局专家合作侦破过许多案件的语言学家唐·福斯特说：人类是自己语言的俘虏。因此对一段文字进行科学分析后，能够得到的信息也许跟指纹或 DNA 鉴定得到的信息一样清晰明了。于是兴起了通过分析比对语言风格来确认嫌疑人的分析技术。据西班牙《趣味》月刊 2006 年刊登的一篇题为《开始招供》的文章介绍，福斯特等人正是利用语言风格侦查技术侦破了连续 18 年作案而难破的美国历史上特别重大的"大学炸弹客案"。与此相同，在国外，利用分析手机短信等语言风格来锁定嫌疑人的语言分析技术，已经大量用于司法实践，并且大显神威，成为侦破新利器。

第二节　赵 C 事件的困惑和同名错抓的尴尬

——专名在社会管理中的重要作用

一、"小事情"带来的大麻烦

所谓专名，通俗地说就是个体事物专有的名称。例如姓名、地名、机关团体名、商标名等。一般认为，专名怎么叫是微不足道的小事情。其实不然，它也是与社会治理、法律道德、文化传承、国际交流等密切相关的大问题。以下几个案例会对我们有所启示。

2008 年，国内多家媒体报道了一起我国首例姓名权案。原告赵 C，2006 年换发二代身份证时，因 C 不是汉字遭到拒绝，公安部门要求他改名。为了捍卫自己的姓名权，2008 年 1 月赵 C 将鹰潭市公安局月湖分局告上法庭。当年 6 月 6 日，鹰潭市月湖区人民法院做出一审判决，赵 C 胜诉。月湖分局不服判决提出上诉。后经法院协调，双方和解，赵 C 同意用规范汉字更改名字，月湖分局免费为赵 C 办理更名手续。像这样为姓名问题告上法庭的案例虽不多，但现实生活中因姓名带来的问题却很多，有些问题还不小。

2009 年 8 月 19 日南海网一条新闻令人啼笑皆非：《同名被错抓，15 岁"强奸犯"喊冤：我还是处男》。说的是一个叫林志军的人，15 岁，在深圳建筑工地做小工。当年 5 月 27 日被民警带走，理由是涉嫌强奸。当事人愕然，无奈地说："我连女孩子的手都没摸过，他们就说我强奸。”9 天之后警方才核实清楚，真正的在逃嫌疑人是另一个年满 28 岁的林志军。这个 15 岁的林志军在看守所冤蹲 9 天。这类因同名而被错抓的情况并不鲜见。更有甚者，因名字相近被误抓两次：浙江永嘉县人刘中强，只因跟犯罪嫌疑人谢中强名相同（姓不同）而于 2004 年 4 月在家乡被误抓。令人无语的是，后来他远离家乡到广州做生意数年，没料到又于 2009 年 7 月再陷被错抓的厄运。他苦涩地说：“这世界上有我这样的经历，可能只有我一个。被错抓两次，我想不通。”其实有他这样遭遇的并不只是他一个。这反映出姓名问题给社会管理带来的尴尬和麻烦。显然，个人取名并非个人小事。

二、小名关大局

1. 姓名影响个人生活和社会管理

前面提到的两个案例已经足以说明这一点。在现实生活中，有人取名追求怪异奇特，喜欢使用生僻、另类的字词。这不仅给社会管理带来不便，增加了管理成本，也给使用者本人带来了不便和尴尬。国家标准总局于 1981 年颁布的 GB2312 汉字编码系统收录了 6763 个汉字，可满足中国大陆 99.75%的汉字使用。然而对于人名中出现的罕用字，GB2312 就无能为力了，无法进入一般管理使用的计算机，导致出现无法申领身份证等各种证件、无法在银行开户、无法到大医院看病、无法参加大型考试、上不了飞机等等问题。为此，公安部门和一些行业领域不得不将字库一再升级，至 2009 年改用了包含 32252 个汉字的 GB13000 字符集。这虽然基本解决了姓名中使用冷僻字的问题，但仍有不能应对的情况，而且增加了很大的管理成本，影响了正常工作和生活。至于在日常生活中，因姓名冷僻字的读音和写法鲜为人知而闹出的笑话、带来的麻烦更是无奇不有了。

与上述情况相反，有人取名喜欢选用大众化的、流行的字词，而且喜用单名。这带来的另一个问题是同名太多。有数据显示，全国共有 290607 人叫“张伟”，全国十大姓名依次如图四所示：

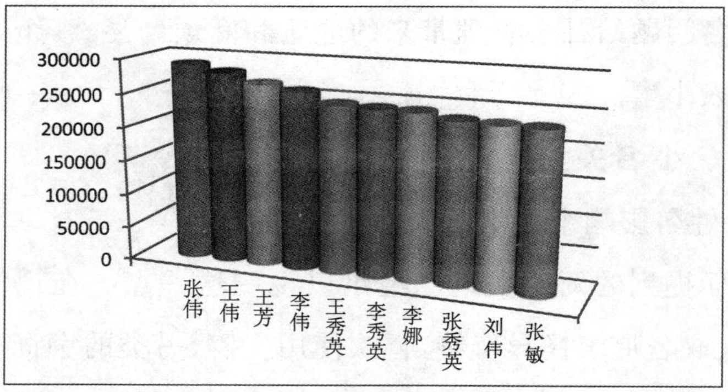

图四　全国十大姓名

如此庞大的重名群体常常导致张冠李戴，引起误解和麻烦。时而见诸报端的一些误抓，有的就是同名惹的祸。

可以看出，姓名不仅仅是个人的称号，也是社会角色的重要识别标志，十分重要，事关个人生活与公共管理，应遵守有关法规。

2. 地名事关国计民生和文化传承

地名不仅是方位地点的标记，而且是历史的记忆和文化的载体。从个人出行，到国家领土保护、行政管理、交通运输、邮电通信、经济活动、观光游览等都离不开准确的地名信息。因此地名的命名、更名与使用都不是小事。例如，众所周知的，日本为什么把我国的钓鱼岛叫“尖阁列岛”？这并不是一个简单的称呼问题，而是表明了日本的觊觎之心，涉及国家领土主权问题。随着世界对地理标志和文化遗产保护的重视，地名的意义及价值不断提升。

20世纪中期以来，我国各地改名成一时风气。喜耶忧耶？是耶非耶？恐怕难下断言。不过可以肯定的是，改名都有自己的考量和道理，也不否认大多都有一定的积极意义，但由此造成的经济浪费、使用混乱、历史断裂和文化的丢失似乎也是难以避免的。这恐怕正是很多改名引起很大争议的原因所在。以徽州改黄山为例：徽州市于1987年改名为黄山市，为的是借助黄山自然风光的名气，发展旅游，拉动经济，这固然是有其积极意义的，但由此带来的行政区划的复杂变更，尤其是比“黄山”人文积淀更为厚重、早已名扬九州的“徽州”之名的丢弃，恐怕负面影响也不会小。类似的云南中甸县改为“香格里拉县”，江苏省淮阴市改为淮安市，原县级淮安市改为淮安市楚州区，原淮阴县改为淮阴区等，引来的评价以批评居多，可能其割断历史血脉是最主要的原因。

更令人称奇的是，2010年因美国电影《阿凡达》热映，张家界就将其“南天一柱”山改名为电影中的“哈利路亚山”，管委会方面解释说，更名“只是顺应了景区土著居民和广大游客的心声”，也“向外界传递一个重要信息：张家界不仅属于世界，也已经走向世界。”此举令舆论哗然。别的且不说，这种做法起码违反了国家民政部《地名管理条例实施细则》的规定：“不以外国人名、地名命名我国地名”。当然，也有些更名是博得好评的，例如四川灌县改名为“都江堰市”，普遍认为这留下了“都江堰”这个难得的历史记忆，并借助都江堰的名气提高当地的知名度，促进当地经济发展。

此外需要重视的是地名的拍卖和有偿冠名问题。2006年，武汉市政府办公厅宣布将实行地名有偿命名制度，即通过协议和拍卖的方式，将新建的或者必须改名的道路、桥梁、广场等公用设施以及住宅区的命名权进行出售。消息一出，引起一片反对之声。从全国情况来看，许多曾经拍卖的地名，后来都陆续改回了。上海市地名办负责人透露，90年代初，政府出于筹资考虑，曾在上海浦东金桥地区用企业名称命名了部分道路，比如那时有欧姆龙路、美能达路等，但后来发现，一些用企业命名的道路区域，对更多企业失去了吸引力，不利于长远投资，因此只试验了两三年就陆续改回了。同样，安徽合肥市的“美菱大道”和“荣事达大道”这两条用企业名称冠名的道路如今也恢复了当初的名称——“徽州路”和“阜阳路”。可见，地名命名也不是小事，不宜如此折腾。

3. 机构名商标名关涉法规道德和经济发展

为了吸引消费者眼球，部分商家在店名命名方面无奇不有。例如西安一家理发店滥用谐音，其招牌是“最高发院”。无独有偶，西安市的一家浴场竟然叫“棕楠海”，一家理发屋叫“发新社”。更离谱的是2008年汶川地震期间，重庆一家火锅店居然改名为“512震宗锅”，被网民指责为“最无耻的火锅店”。据法律界人士介绍，“最高发院”这样的企业名称，涉嫌违反《中华人民共和国公司登记管理条例》和国家工商行政管理总局令《企业名称登记管理规定》的有关条款，显然是违法的。

商标名更有点乱象丛生，傍大牌、仿名牌、起洋名等现象较为严重。有些商家大玩文字游戏，打擦边球。你有“雪碧”，我就来个“云碧”；你有“脉动”，我就来个“泳动”；你有“康师傅”，我就来个“康帅博”“康师妹”，如此种种，不胜枚举。这种不正之风，损害他人权益，污染了经济环境，需要加强监管（见图五、图六）。

图五　“最高发院”？

图六　“康师傅”还是“康帅博”？

此外，在机构名管理方面还有一个十分特殊的问题关系到重大政治原则也是不能忽视的。就是对于台湾地区的政府部门和职位名称，我们在书面上称引时需加上引号，如“总统”、“教育部”、“行政院”等。以此表明那些机构和职位不是我们所承认的，加引号彰显我们的政治态度。

4. 译名影响国际交流

译名是中外文化交流的使者。规范、统一、优雅的译名是国际交流必不可少的工具。但我国的译名还缺乏规划和管理，存在很多需要解决的问题。比如同人异译的问题十分突出，有的甚至在同一部书中就有不同的译法，例如在《中国大百科全书》中，古希腊哲学家、数学家、天文学家 Pythagoras，在《数学》卷译成“毕达哥拉斯”，在《音乐》卷译成“毕达哥拉”；德国社会民主党和第二国际修正主义代表人物 Eduard Bernstein，在《外国历史》I 卷中译成“伯恩施坦”，在《哲学》I 卷中译成“伯恩斯坦”。错译的情况也不少见。例如，在 1998 年出版的安东尼·吉登斯的名著《民族－国家与暴力》汉译本中有这样一句话：“门修斯(Mencius)的格言‘普天之下只有一个太阳，居于民众之上的也只有一个帝王’，可以适用于所有大型帝国所建立的界域。”(第 99 页) 乍一看译名“门修斯”，会误以为是陌生的外国人，其实该书的原文 Mencius 即我国先秦思想家孟子。在另一本学术专著《中俄国界东段学术史研究》中，作者误将 Chiang Kai-shek(蒋介石)翻译成“常凯申”，闹了一个大笑话，被细心的读者指出，出版社不得不宣布将该书召回。

汉语名称译成外文的问题也很多。例如，上海虹桥机场附近有个“航友饭店”，曾经英译成 Hang You Hotel，令外国人大惊失色。原来，Hang You 英文的意思是“吊死你”。这样的饭店谁敢光顾啊？如今该饭店已经改译为 Shanghai Homeyo

Hotel,可谓音义皆佳;Homeyo 即 home(家)和 you(你),有宾至如归之意。可见专名外译也是不能马虎的。

三、管理须强化

专名涉及政治、经济、文化和生活的方方面面,重要性不可低估。很多国家都十分重视专名管理。例如北欧各国自 19 世纪开始就开展了地名标准化工作,20 世纪 60 年代芬兰的赫尔辛基大学设立了专名学课程和专名学教授职位;澳大利亚自 1916 年以来一直重视地名标准化工作,几乎每个州都设有地名委员会;日本 1951 年发布了《人名用汉字别表》。我国也越来越重视专名工作,国务院于 1986 年颁布了《地名管理条例》,国家民政部于 1996 年发布了《地名管理条例实施细则》;国家工商行政管理局于 1985 年发布了《工商企业名称登记管理暂行规定》,1991 年又颁布了新的《企业名称登记管理规定》,并于 2004 年公布了《企业名称登记管理实施办法》;2007 年公安部研究起草了《姓名登记条例(初稿)》,下发各地征求意见。专名管理正在走向法制化。

但长期以来,由于人们普遍对专名的重要性认识不足,专名的命名、使用和管理存在很多问题,给人们的日常生活、社会管理和经济文化的发展等带来了一定的影响。随着社会的发展,专名管理更显重要。大力推进专名管理规范化、法制化和信息化建设也是当代国家建设的一项重要任务。

第三节 美言悦耳 好字养眼

——城市语言生态与城市形象

一、语言生态体现城市风貌

改革开放以来，我国城市发展进入一个全面深化的关键性阶段。不仅城市的功能得以拓展，很多城市从过去单纯重视商贸向经济、文化、科教等多功能并重方向发展，而且更加注重全面发展和品位提升。有的还明确提出要建设“××化大都市”“××之都”“××名城”“××名片”的目标。这都对城市语言建设提出了新的更高的要求。不少城市已经认识到，语言生态建设也是城市发展的基础之一，是城市精神文明和服务体系建设的有机组成部分，可为城市全面发展提供支持。

城市语言生态涉及很广，概指一个城市的语言文字体系状况及语言文字使用等情况。市民日常用语、传媒用语、地名、单位名称、商铺名号、公共路标、广告招牌等都是语言生态的组成部分。这些既是城市生活所必需的元素，也是文化建设的内容，是经济建设的条件，是城市风貌和发展水平的体现。建设良好的城市语言生态，也是提高信息传递效率和城市管理水平的重要条件之一。

与过去相比，我国城市语言生态有了一定的改善，但从总体上看，与飞速发展的城市硬件建设相比，包括语言生态在内的软件建设相对滞后，存在不少问题，与城市发展水平不太相称，尚不能很好地满足现代化城市建设的需要。首先，普遍缺少城市语言规划，语言管理的科学化、系统化还比较薄弱。其次，适应城市现实建设和未来发展需要的语言资源建设、语言关系的协调等核心方面还存在不少亟待解决的问题。例如国家通用语言文字的推广与普及，方言或本地民族语言的合理使用和有效保护，外语教育与应用的规划等。这都是城市语言建设的核心问题。再次，健全高效的语言服务体系尚未真正形成。尤其是应对城市化进程中新的语言需求的能力不足。例如外来务工人员、外国人的语言服务问题，残障人的语言协助问题等。此外，语言文字应用不规范、用语不文明、外文错讹滥用等问题较突出。

二、城市语言需求无处不在

城市语言环境是城市公共服务中至关重要的组成部分。仅从语言文字应用层面讲，就涉及城市生活的方方面面。例如交通引导系统、公共安全标识系统、商号牌匾、广告等等一同构成城市的符号，也是城市的脸谱。

1. 出行的向导——交通引导系统

交通引导系统是城市的向导，是保证人们出行方便和城市高效有序运行的重要工具。要使这个向导的作用发挥好，就要确保它们表达的信息准确、清晰易懂，并且能够尽量满足来自五湖四海的人的需要。

就从城市公共交通的语音报站来说，“方言报站”问题一直是个颇有争议的热点话题。其实，这不应该是一个语言感情问题，而是服务效果和服务质量问题。使用什么语言和方言、用多少种语言和方言报站，都必须充分考虑方便服务对象，不宜把语言感情放在首位。如果一味强调使用本地方言，在为难了别人的同时，也封闭了自己，不利于城市发展。

城市社区、道路、街巷、店铺、设施的命名及其标牌的制作，都需要科学的语言规划。应该使用符合国家语言文字规范和有关标准及国际通例的名称和标牌，清晰地标示和导引，以方便市民和外来人士。尤其是交通设施和大客流场所，如车站、机场、码头、文化体育场馆、公众休闲场所、商业网点、公共服务网点（如银行、邮局、医院、警察局等）、旅游景点等，更应重视命名和标牌的设置及管理。否则就会影响大众生活和城市形象及城市发展。例如，上海的豫园是著名景点，但其英译名却五花八门，有译 Yu Garden 的，有译 Yu Yuan 的，还有译 Garden of Happiness 的，而且导游手册、景点标牌、道路指示牌的译法不一，让外国游客摸不着头脑。

城市专名命名与交通标识的规划与管理十分重要，如果稍有闪失，不仅影响城市生活和形象，而且会带来很大的经济损失。例如，2006 年上海地铁更改 3 个站名，相关的后续处置耗资每站达一百万元，可谓是字字万金。

2. 公共安全的助手——安全标识系统

常见的安全标识包括紧急通道指示、安全生产指示、防火安全标识、危险品标识、危险设施提醒等。常见的“有电危险”“禁止合闸，线路有人工作”“止步，高压危险”“小心！玻璃易碎”等都属于安全标识。它们提供了各种各样的安全警示，以防止和应对危害安全的事件发生，对于维护正常社会秩序，保障生命和财产安全具有重要的作用。

与交通标识相比，很多人对公共安全标识知之甚少，重视不够。生活中很多安全事故都与标识不清或未设标识有关。安全标识的语言文字表达最重要的是要准确简明，否则就无法起到警示作用。图七是 2011 年 7 月网上贴出的北京市朝阳北路与金台路交界处附近河边的一块警示牌。

图七

牌子上的警示语让人一头雾水，显然不合警示语的基本要求。无独有偶，2013 年 6 月网上所曝湖北省宜昌市 5A 级景区三峡大坝坛子岭出入口处的警示牌“雷雨天气请勿登顶”，其所用英文中出现了一个英语中没有的单词 thurderstorm（当为 thunderstorm），让人不知所云，怎么能起到警示作用呢？假如某外国人士雷雨天登顶遭遇安全问题，恐怕有关方面难脱“没有安全提示”的责任追究吧？

3. 无处不在的朋友——公共信息服务系统

来到陌生的城市，人们都希望有这样一位好朋友：他能在有限的时间里带自己吃上地道可口的饭菜，买到称心如意的特产，游遍最美的景点，找到喜欢的宾馆。城市公共信息服务系统就可充当这样的朋友。良好的公共信息服务系统展示的是一个城市开放的姿态和优质的管理，能够增强城市的亲和力和吸引力，是城市软实力的重要组成部分。要建设友好型的现代化城市，必须大力改善城市公共信息服务系统。

提供信息服务的方式有很多，如电话咨询、网站、城市手册、多媒体查询机、商务黄页、导游图等等，可帮助人们便捷地获得各类信息和协助。例如大家所熟悉的 110 报警电话、114 电话查询、117 报时台、120 急救中心、121 天气预报、122 交通事故报警、123 政府热线、168 声讯信息、185 特快专递业务、12315 消费者投诉、12348 法律服务、12395 海事局搜救等等，都是以声讯电话方式提供信息服务。信息服务系统大都以语言文字为主要手段，因此做好相应的语言文字设置（包括外语），提供周全得体的语言服务，是决定服务质量的关键。

4. 传播文明的使者——公益广告和标语

在城市经常会看到一些宣传各种政策、倡导社会文明、维护公众利益等方面的公益广告和标语。例如倡导保护绿地、节约水电、爱护公物、遵守道德规范、遵守交通规则等。好的公益广告能让人会心一笑，自觉呼应；差的标语味同嚼蜡，会令人生厌，甚至会引起反感。因此公益广告和标语的语言文字表达非常重要，应字斟句酌，多一点智慧、幽默，少一点陈词滥调。

著名演员、主持人周立波曾经调侃过一些公共标语，像"垃圾分类，从我做起"之类，难免令人喷饭。另如"不怕死的就到十八里乡来作案"、"偷割光缆，讨死"、"横卧铁轨，不死也要负上法律责任"、"飞车抢夺，当场击毙"等，有的粗制滥造，有的充满语言暴力，甚至违背民主、法治精神。这些标语不仅无法取得好的宣传效果，而且会直接影响政府形象和城市形象。

三、城市发展离不开语言建设

随着社会的发展，尤其是全球化、信息化的推进，城市发展对于语言的需求更加多样化，语言建设已经成为城市现代化国际化建设的要务之一。

1. 城市发展需要和谐的多语多言环境

当今社会，人口流动日益广泛频繁，文化交融更加深入，一个城市只有一种语言显然不能满足现实建设和未来发展的需要。建设和谐的多语多言环境，是城市发展必不可少的条件。

就多数城市而言，当地土生土长的语言往往构成该城市的主流语言；就我国城市而言，一个城市的主流语言，或为汉语方言，或为少数民族语言，这是一个城市的语言基础。但从人们的生活和各种交往交流的需求看，往往还需要使用国家通用语言、其他地方的方言或民族语言以及外语。因此，营造多语多言环境，并促进各种语言及方言和谐生存、合理使用，是当代城市建设的重要任务。大致来说，一方面要推广国家通用语言文字，以满足公共服务和广泛交流的需要，同时用好本地方言或民族语言，保持鲜活的地方语言文化特色，另一方面也要重视其他方言或民族语言能力建设，以服务于相应的语言需要，同时也还要具备外语能力，以适应国际化发展的需要。

建设多语多言环境，不仅是语言应用的需要，而且也是城市文化建设必不可少的一个重要方面。多语多言环境建设，有利于促进不同文化的相互交流、借鉴和融合，保障城市文化的多样性和丰富性。

城市语言建设还有一个十分重要的方面，就是要促进语言和谐。既不能因为推广和使用国家通用语言，就打压本地语言或方言；也不能为了保护本地语言或方言，就排斥推广和使用国家通用语言。既不能因为珍爱母语，就拒绝外语；也不能因为重视外语，就轻视母语。必须根据语言生活实际和城市发展需要，努力协调好各种语言关系，化解语言矛盾，确保语言和谐，构建良好的语言生态。

2. 城市文明需要语言规范语言文明

使用标准、规范的语言文字，注重用语文明，既是保证人们顺畅地交际交流的基本条件，也是树立良好城市形象必不可少的因素。要提升城市文明，必须重视语言规范和语言文明。

我国城市用语用字不规范问题较突出，书写错别字、随意简化字、滥用繁体字现象随处可见（见图八、图九）。

图八

图九

差之毫厘，谬以千里，一字之差闹出的笑话在生活中比比皆是。比如，有地方公安部门为了防止自行车被盗，特意贴出告示提醒市民“切记将自行车停在无人处”。“切忌”写成“切记”，温馨的提醒变成了荒唐的笑话。2011 年 5 月，沸沸扬扬的故宫错别字锦旗事件，引发了社会的巨大争议，导致故宫形象大受影响。

这类用语不规范不文明甚至违法，有损城市形象，应予以治理。

3. 城市生活需要健全语言服务体系

城市发展带来了语言的多样化需求，如语言培训、语言翻译、语言咨询、语言测试、命名、语言产品制作与复制、语言治疗、残障人语言协助等等，这都需要有相应的语言服务。健全的语言服务体系，是当代城市生活不可或缺的部分。特别值得提及的是对于残障人士的语言服务，比如在公共场所设置语音协助、盲文协助，在图书馆添置盲文图书和有声资源，以方便残障人士出行、购物、就医、图书阅读和获取其他重要信息。这也是城市文明程度的标志之一。

第四节　让世界充满爱
——特殊语言服务与社会文明

语言服务作为一种社会行为古已有之，但作为一个较为明确的概念则为时不久。它指的是“以语言文字为内容或手段为他人或社会提供帮助的行为和活动”。[①] 有学者从产业角度指出其范围包括语言翻译产业、语言教育产业、语言知识性产品的开发、特定领域中的语言服务这样四个主要方面。[②] 有学者则从服务内容着眼，把语言服务分为以下几种类型：(1)语言知识服务，即采取不同的方式，为服务对象提供语言知识，这是最基本的语言服务；(2)语言技术服务，即为服务对象提供各种语言技术；(3)语言工具服务，即为服务对象提供语言应用工具性产品；(4)语言使用服务，即为服务对象提供语言基本运用方面的帮助；(5)语言康复服务，即帮助有语言障碍或丧失语言能力的人恢复语言能力；(6)语言教育服务。[③] 随着社会的发展，语言的功能正以前所未有的态势得以强化和拓展，众多行业领域和社会大众对语言及语言知识不断提出新的需求，因此，语言服务的领域随之得以不断拓展，服务内容和服务方式日益丰富

---

① 赵世举：《从服务内容看语言服务的界定与类型》，《北华大学学报》(社会科学版)2012年第3期。

② 屈哨兵：《语言服务视角下的中国语言生活研究》，《北华大学学报》(社会科学版)2011年第5期。

③ 赵世举：《从服务内容看语言服务的界定与类型》，《北华大学学报》(社会科学版)2012年第3期。

多彩。

在众多的语言服务中，对特殊人群和特殊情况下的语言服务需要特别关注。社会中有一些特殊人群，他们或因为生理缺陷，或由于所受教育不足，或出于各种原因需异地就业或生活，或突遭各种不幸，而造成程度不同的语言困难和语言需要。为他们提供必要的语言援助，既是社会生活和文明建设的需要，也是政府的责任。

一、无声的舞者与失明的画家——残障人士的语言需求

也许很多人记忆犹新，2005 年春节联欢晚会上，中国残疾人艺术团邰丽华等 21 位聋哑演员心手合一、共同演绎的舞蹈《千手观音》，舞姿婀娜、配合完美，深深感动了全国亿万观众，也震撼了世界人士，并被联合国印在了邮票上。跟个人舞蹈相比，集体舞蹈难度大，要求高，即使是耳聪目明的正常人，也要经过非常艰苦的训练才能达到一定的水准。至于那些聋哑演员们为此付出了多少艰辛和痛苦，他们无法用语言来表达，常人恐怕也难以想象。还有人们不知道的是，由于聋哑人听不到声音，又要求动作高度协调，所以在演出现场，特意安排了四位手语老师位于舞台四角用手语指挥聋哑人演出，虽然演员们听不到音乐，但手语老师充当了他们的耳朵，演员们随着手语的指挥把最优美的舞姿展现给观众。由此可知，手语的协助对于聋哑人而言是多么的重要啊！

无独有偶，据 2010 年 1 月 4 日四川在线报道，广西南宁市美术家协会副主席、南宁市残疾人特殊职业学校校长曾柏良采用"以手代目、用鼻辨色"的方法，培养了近二十位盲人画家，造就了世界上第一支盲人绘画团队，为他们找到了属于自己的那条"光明的心路"。这又是一个助残行动创下的奇迹！

据国家统计局公布的《2006 年第二次全国残疾人抽样调查主要数据公报》测算，截至 2006 年 4 月 1 日，全国各类残疾人总数为 8296 万人，其中有言语、阅读障碍者达 3364 万人（包括视力残疾 1233 万人，听力残疾 2004 万人，言语残疾 127 万人），约占全国总人口比例的 2.57%。这就意味着，全国每一万人中就有约 257 人需要借助各类针对语障人士的语言服务才能与周围世界正常交流。这是政府和社会不可忽视的一个庞大群体的需求。为他们提供各种语言服务，例如特殊语言教育、公共场所的语言协助、面向残障人士的广播影视网络和图书以及数字化语言产品等，都亟待发展和完善。这是社会发展的必然趋势，也是政府和社会应该担当的责任。

2009 年法国近千名聋哑人在巴黎游行，要求政府保护和推广手语，并提出了在所有电视节目中增加字幕的诉求。这表明为残障人提供特殊语言服务，是不容忽视的现实迫切需求。做好助残语言服务，有利于提高社会文明和维护社会和谐。

我国十分重视助残语言服务。2011 年 1 月刘延东同志在《国家通用语言文字法》颁布 10 周年纪念座谈会上明确要求

“应统筹规划，加强指导，做好通用手语和通用盲文的研究、规范和推广工作”，同年5月国务院批转的《中国残疾人事业“十二五”发展纲要》提出“加大对手语和盲文扶持力度”。各种助残语言服务具体工作不断推进，成就显著。然而随着各项改革的不断深化，计划经济条件下形成的政府“大包大揽”模式已难于满足现实需求。对于这项庞大的公益事业，没有政府投入是断然不行的，但如何发挥市场活力，让社会更多地投身助残事业，无疑是一个很值得探讨的重要课题。

二、神州何处是家园——移民的语言需求

新中国成立以后，我国经历了因新疆兵团建设、三线建设、三峡大坝建设、南水北调工程等而实施的数次大规模移民。这些人口流动，也带来了语言问题。

近年来，部分三峡外迁移民出现返乡潮受到媒体的持续关注。据2011年8月2日《南都周刊》报道，从1992年三峡库区移民搬迁工作启动到2008年年底，安置移民超过124万，其中有近20万人被安置到福建、江苏、浙江、广东、上海等距离库区较远的省份。2005年10月，福建省移民开发局在《今年以来全省三峡移民信访突出问题和矛盾纠纷排查调处情况》文件中透露，截至当年8月，从福建回流三峡库区的移民就有243户，共882人，占该省移民总数的12.49％。据该报道披露，造成三峡移民难以融入当地社会的最大挑战即是语言问题。例如，莆田的三峡移民虽然已在当地生活了十年之久，可是绝大多数依然只能听懂极少

的莆田话，因此交流十分困难。移民连到当地人开的商店购物也无法沟通，而每逢戏班子到村里“做戏”，当地人看得如痴如醉，围观的移民们只能站在一旁面面相觑。这些不仅给移民的生活和工作带来了极大的困难，也给他们的心理造成了伤害，因而成为他们要求返乡的一个重要动因。

三峡移民的返乡潮，在一定程度上暴露出在三峡移民这一复杂而庞大的系统工程中，忽视了语言问题。既没有在进行移民规划时考虑语言因素，也没有在迁徙之后做好相应的语言服务。这就埋下了一个隐患，导致语言问题成为影响移民安定的重要因素。

殊不知，三峡库区的方言属于西南官话，跟四川话、贵州话、云南话、湖北话非常接近，这些片区之间通话无多大困难，但跟福建、广东、上海、江苏、浙江等东南省份所使用的闽方言、粤方言、客家方言、吴方言等相去甚远，绝大多数情况下难以通话。作为西南官话区的成年人，要想学会东南地区方言，绝非短时间所能做到的。其中，闽方言（包括莆田、闽南等次方言）更是与官话相距甚远的、被公认最难懂最复杂的方言。曾经有个传说，一个闽南人进宫当太监，没过多久就被皇帝给杀了，原因竟是因为他说“吃饭”就像在说“驾崩”（在闽南方言里“吃饭”的发音近似北京话中的“驾崩”）。这也是方言惹的祸。

设身处地、将心比心地想想，三峡移民一般文化程度不高，过去一直生活在本土，哪能听懂莆田话？哪容易学会莆田话？

可面临的严峻现实是，他们需要生活，需要工作，但语言问题却成为跨不过的坎儿。在这样的情况下，你又能怎样选择呢？基本生计尚且难保，又遑论融入！

可以设想，如果当初进行移民规划时考虑了语言因素，迁至相近方言区，或在移民之后提供了有效的语言服务，移民返乡潮或许不会发生。

此外，随着全球化进程的加快和我国国际化程度的提高，在华生活和工作的外国人、外国移民与日俱增，他们的语言需求也不容忽视。这既关涉到我们的国际形象，也会影响社会安定。

三、现代城市的异乡建设者——进城务工人员的语言需求

改革开放三十多年来，农村进城务工人员已经成为城市建设的重要力量，为城市发展做出了巨大贡献。据国家统计局发布的《2012 年全国农民工监测调查报告》显示，2012 年全国进城务工人员总量已达 26261 万人。这是一个庞大的人群。

国家语委发布的《中国语言生活状况报告(2006)》显示，农村人口能用普通话交谈的比例仅为 45.06%，因而进城务工人员大多存在一定的语言障碍。这在一定程度上影响了他们的日常生活，制约了就业以及与其他群体的交流，甚至造成自卑心理。尤其是在务工人员需求量大的服务业，对语言有较高的要求，进城务工人员的语言障碍更为突出，不仅增加了他们工作难度，造成了极大的工作压力和心理压力，而且时常会因语

言交流不畅，与同事、雇主和客人产生隔阂、误解甚至冲突。尽管有不少人也希望学习语言，提高自己的语言能力，但缺乏一些相应的条件。

与此相关的另一个突出问题是进城务工人员子女，这也是一个庞大的群体。据报道，截至2008年上半年，仅上海就有将近38万名适学的外来流动人口的子女。全国的数量之大可想而知。这些子女，不仅因户籍等问题在学校教育方面受到一定的限制，而且语言方面也普遍存在不适应问题。据上海市语委对该市13个区县的226所进城务工人员子女学校语言文字应用情况开展的专项调查显示，进城务工人员子女在语言适应性方面存在较多的障碍。

上述这些都不单纯是语言问题，不仅直接关系到进城务工人员的现实生活和切身利益，而且关涉城市人口质量、下一代素质和社会安定问题。如果不加重视，极易诱发社会问题。因此，应当高度重视进城务工人员及其子女的语言问题，多一些关爱，尽可能为他们提供相应的语言服务。

四、患难之中的心灵之桥——救灾语言需求

据《中国民族报》2010年4月30日报道，在发生地震的青海玉树藏族自治州，由于绝大多数藏族群众不懂汉语，给抗震救灾工作带来了巨大难度，较严重地影响了救援效率。虽然国家民委及时抽调藏、汉双语工作人员前往灾区，开展翻译沟通和疏导工作，但由于种种条件限制难以在第一时间发挥作用。在这种情况下，兼通藏、汉双语的藏族大学生、中学生、甚至小

学生发挥了非常重要的作用，涌现出年仅十岁的才仁旦周和年仅十四岁的成林多杰等优秀个人。

玉树救灾的案例告诉我们，人有不时之需，家存应急之用。对于一个国家来讲，建立灾害应急机制，完善救灾物资储备，是做好防灾减灾工作的重中之重；帐篷、衣物，食品、药品，救生衣、冲锋舟……这些肯定是必不可少之物，但语言储备与援助也是不可或缺的重要方面。因为，灾难来临之时，不仅需要有效的语言协调指挥救灾，而且需要语言抚慰和心理疏导，以架起心灵之桥。这也同样重要。

养兵千日，用兵一时。要让语言服务在突发灾难中发挥重要作用，关键在于平时的语言储备。比如在民族地区开展双语教育，在汉语方言区推广普通话，把语言储备工作融入基础教育之中。这不仅可以为应对各种不测灾难做好语言储备，而且有利于提高我国整体人口素质。

社会的进步既需要刚性的物质文明来支撑，也需要柔性的精神文明来培育。在物质文明尚不丰赡之时，人们根本无暇顾及语言服务，更不可能去发现它的潜在价值。然而，当我们的物质文明发展到今天的程度时，以往在我们看来是微不足道的细枝末节，现在却在悄悄地彰显出日益重要的作用，并度量着我们的文明程度。其实，语言服务所惠及的又何止上述的特殊人群？今天，我们能方便地用计算机处理语言文字，得益于语言信息处理技术的飞速进步；我们轻点鼠标就能即时知晓天下事、获取所需各种信息资源，离不开语言技术的支持；我们能顺利地举办大型国际赛会,少不了各语种翻译的辛勤工作;我们要将中国文化推向世界,有赖于汉语国际教育事业的蓬勃发展……语言服务无所不在。小到个体、家庭,大到国家、人类,语言服务的触角牵动着人们的日常生活、经济发展和社会进步的方方面面。

第六章　语言与文化建设

［阅读提示］语言既是文化的产物，也是其重要组成部分，还是文化的最重要载体和最集中体现。这从根本上决定了语言对于文化建设、创新、传承及其安全具有十分特殊的意义。

国家通用语言普通话是中华民族共同创造、代代传承的民族文化结晶，是中华民族的纽带和精神家园。维护其主体地位和健康发展，是确保中华民族团结统一和繁荣昌盛的大事。

良好的语言生态，是文化多样性发展的重要保障。要永葆中国文化万紫千红，必须维护多元一体的良好语言生态。

网络语言既是新的表达形式，也是新的文化现象，蕴含着新的观念和特色。"词媒体"的出现，更加强化了它的社会影响力。但其另类也带来了一些不可忽视的问题。如何使其成为当代文化建设的正能量，需要正确把握。

外来词与日俱增，忧虑乃至抵制之声不绝于耳。但需要正视的是，它是语言文化的使者，推动着语言文化交流与发展。不能拒绝，也不宜放任，应加强引导和规范。

两岸四地的语言文字差异，给相互交流带来了一定的障碍，有时也成为个别人政治图谋的说辞。加强沟通协调，切实解决实际问题，是维护民族精神家园和国家统一的迫切需要。

第一节　民族血脉　精神家园
——国家通用语言与中华文化认同

语言是文化的最重要产物，是民族历史的集体记忆。一个民族的思想、智慧、技艺、风俗、历史等，都深深地蕴藏在民族语言里。德国语言学家威廉·洪堡特说："语言是一个民族所必需的'呼吸'，是民族的灵魂所在，通过一种语言，一个人类群体才得以凝聚成民族，一个民族的特性也只有在自己的语言之中才能获得完整的映照和表达。"这形象地说明，语言是民族文化的最重要载体和最集中体现，是民族的象征和纽带，也是民族凝聚力、向心力的内在源泉。因而语言也就成为重要的民族认同要素，对某种民族语言的认同就是对该民族文化的认同和该民族的认同。不言而喻，作为我国通用语言的普通话，是中华民族文化传承与发展的结晶，也是中华民族的纽带和精神家园。

一、国家通用语言是中华民族文化的结晶

中华民族是自古以来以汉族为主体，不同民族和谐相处、不断融合而形成的多元一体的民族共同体。中华民族源远流长，有着数千年的发展史。最初源自远古时期的华夏族，至秦汉形成初步统一；三国两晋南北朝时期又进一步多族杂居融合，并出现了统指当时的汉族及内迁各民族的名称——"中华"；隋唐时期进一步统一；随后又经过了多民族杂居融合，至1271年蒙古族大汗忽必烈立国号为大元——取《易经》"大哉

乾元”之义，定都大都（今北京），从而实现了中华民族历史上最大范围的大统一，进一步促进和巩固了我国各民族之间的交融、统一和发展，并且奠定了元明清直至今天七百多年的中华民族大统一的局面。在名称上，从最初的“华”“夏”“诸夏”，到六朝时出现的“中华”，直至晚近梁启超等提出的“中华民族”一词，虽然其含义有所变化，但今天，“中华民族”作为中国领土上所有民族组成的多元一体的民族共同体的称号，已经得到广泛认同。

国家通用语言普通话，正是随着中华民族的不断融合和壮大而逐步发展起来的。有据可依的汉语历史，最早可追溯至夏商时代，成系统的甲骨文的出现，清楚地表明那时汉语已经较为成熟。周代实现了“书同文”（《礼记·中庸》），《诗经》《尚书》等经典的出现表明当时汉语已颇为丰富。春秋战国时期，虽然“诸侯力政，不统于王……言语异声，文字异形”（《说文解字·叙》），但有“雅言”“通语”为时人所通用。秦汉时期华夏民族的统一，有力地促进了汉语汉字的统一和发展。自汉之后直至晚近，随着西域和北方兄弟民族与中原民族的不断征战、交流、杂居和融合，在中华民族文化的滋养下，汉语不断借鉴、吸收、融汇国内各民族语言乃至外国语言成分，逐步形成了今天的现代汉语标准语，亦即国家通用语普通话。它对中华民族的发展壮大和团结统一，对中国社会、文化、经济、科教的发展发挥了巨大的作用。

由此可见，作为中国国家通用语言的普通话，是数千年来中华民族共同创造、代代传承和不断发展而积淀成的文化结晶，是我们中华民族的民族认同和文化认同。就中国公民而言，也是国家认同。这种认识，事关中华民族和国家的核心利益，应当成为国人的共识。

二、国家通用语言是中华民族的精神支柱

语言之于民族精神不仅仅是传承，在传承的同时，还可以在共时范围内将处于不同地域的社会成员凝聚在一起。因此操着相同语言的人往往有着相同的文化认同感。这种认同感相对于现代制度化的社会控制而言，具有更自觉并且深入心灵的文化约束力，其强大的社会凝聚力和整合作用是不容小视的。一个民族的语言就是维系一个民族的文化纽带和精神支柱，代表着一个民族的尊严。诚如法国作家都德的短篇小说《最后一课》所说："亡了国当了奴隶的人们，只要牢牢记住他们的语言，就好像拿着一把打开监狱大门的钥匙。"

正是由于语言具有强大的精神力量，因此很多侵略者为了实现对一个民族的精神摧毁，就从摧毁其语言着手。当年日本侵略者头目昭田龟二曾说："派 100 名教师去教中国人学日语，效果可能比派 100 个师团去镇压更管用。"日本人先后在东北推行的"不准学汉字，不准说汉话"的语言侵略政策，就是这种野心的具体体现。"满洲国"作为日本的傀儡政权，在成立之后便顺从侵略者旨意，规定日语为中小学的必修课。学校里日本教师达到了 40%以上。在日本和"满洲国"当局的操纵下，出现了所谓"协和语"。这种汉日混合语在当时的"满洲国"内，无

论在口语中还是书面上都被强制推行。其目的就是企图通过压制汉语来动摇民族精神的根基，弱化民族认同感，瓦解民族凝聚力，麻痹人们的反抗意志，以实现日本侵略者永久统治的政治野心。这种从语言入手的文化侵略，是从根本上对民族意志的摧毁。然而，事实证明，中华民族是坚不可摧的，日本侵略者最终以失败告终。

中华民族数千年来一直保持着主体统一，这与民族通用语汉语一直保持生生不息具有直接的关系。几千年来，汉语作为中华民族的通用语，充分发挥了族群交流、精神凝聚和纽带维系的作用。正如洪堡特所说："一个民族的精神特性和语言形成的结合极为密切，只要有一个方面存在，另一个方面必定能完全从中推演出来。语言仿佛是民族精神的外在表现；民族的语言即民族的精神，民族的精神即民族的语言。"直至今天，中华民族通用语普通话作为国家通用语言仍是我们民族的精神象征，不仅凝聚着国人，也凝聚着全球华人。

三、维护国家通用语言的地位和健康是国家文化建设的要务

随着社会变迁，经济的发展，尤其是全球化的推进，世界各国之间的交往日益频繁和深入，这对于民族语言来说，又面临着新的挑战。美国《商业周刊》曾提到这样一个细节：一位德国人说，"如果我想对一位法国人说话，我不得不说英语。"这折射出英语在当今国际交流中的重要地位。英国《经济学家》杂志甚至把英语称为"语言帝国"，因为在世界 60 多亿人口中，3.8

亿人的母语是英语，2.5亿人的第二语言是英语，10多亿人在学英语，20多亿人在接触英语。预计到2050年，世界上将有一半人口的英语水平会达到熟练程度。[①] 这将难免使一些民族自己的语言被弱化。这种弱化将对世界语言多样性和文化多样性带来冲击。

联合国教科文组织非物质文化遗产部前负责人爱川纪子曾说："维持尽可能多的语言如同维护生物多样性是同样的道理，我们需要语言上和文化上的多样性，否则，整个世界就会单一化，所有的人都说一种语言，举止行为如出一辙，这样，我们就会丢失掉祖先传下的文化遗产。"

当今我国正处于新的历史发展阶段，语言作为文化的结晶、文化载体和文化象征，具有无可取代的社会整合力量，是社会的基石和心灵的稳定剂。语言的统一稳定，可大大减缓各种冲击带来的风险、震荡和不确定性。这无论对于整个中华民族，还是对于某一地区的安定都是至关重要的。也就是说，语言文化是社会良性运转的精神保障，它所发挥的作用与其他任何一种制度性保障手段同样重要，甚至更重要。因此，在新形势下，为了我们民族国家的长治久安和持续发展，需要在以下几个方面花大力气：

其一，维护国家通用语言文字的主体地位。我国《宪法》和《国家通用语言文字法》都规定普通话和规范汉字是国家通用语言文字，这是基于中华民族历史和现实的法律选择。这不仅

---

① 《环球时报》2002年1月31日。

是基本交际的需要，也是维护中华民族文化认同和国家认同的需要，事关民族团结、国家统一和社会发展。因此，正确处理国家通用语言文字与方言和少数民族语言文字以及外语外文的关系，强化对国家通用语言文字主体地位的认同，促进语言和谐，既是我们的重要任务，也是不可动摇的根本。

其二，提高汉语和中国文化的国际影响力。面对诸多的国际挑战和发展机遇，世界各国为了保护民族利益和提高国际竞争力，纷纷采取各种措施努力提升本民族语言和文化的国际地位。其中重要措施之一，就是成立或强化了官方或半官方的语言推广机构。例如颇有影响的法国的法语联盟、英国的文化协会、德国的歌德学院、西班牙的塞万提斯学院、日本的日本学研究中心等。其中有的已经有几十年乃至上百年的发展历史，在推广本国语言和文化方面取得了很大的成就，这已对我国形成了极大的压力。我国创办的孔子学院，也发展很快，正努力向全世界传播汉语和中国文化，这不仅有利于世界进一步了解中国，而且有助于提升我国文化软实力。尚需要加大力度和开拓多样化的传播方式。

其三，促进国家通用语言文字的健康发展。这既是保障社会交际交流顺畅的需要，也是保护中国文化传承和民族血脉的需要，是维护中华民族精神家园的需要。当下，以网络为代表的新媒体的出现，外语的活跃，在给我们的文化生活增添了丰富的色彩、为我们的语言带来了新的气息的同时，也对我们的语言和文化带来了新的挑战，甚至某些不良影响。在小学生作文中出现诸如“有木有”“杯具”“神马”之类的网络词语以及社会上滥用外语等问题，如果不正确引导，都可能会影响我国通用语言文字和文化的健康与发展。这是我们面临的一个十分重大的课题，需要国家有应对良策。

其四，鼓励和倡导不同民族之间相互学习语言和文化，以消除隔阂，促进交往、交流和交融，努力营造各民族相互嵌入、多样性文化互补的良好社会结构、社区环境和文化氛围，以推动中华文化繁荣发展。

第二节　万紫千红总是春
——语言生态与中国文化多样性

一、语言与文化多样性

文化多样性与自然生态多样性对于人类的生存和发展同样重要。文化多样性最直观的体现和标志是语言的多样性。因此，语言多样性是文化多样性最为关键的因素，只有实现了语言的多样性，才能成就文化的多样性。

每一种语言本身就是一种独特的文化。任何一种语言都凝聚着一个民族有关自然和社会的独特认识，反映一个民族的思维模式、世界观、价值体系、生产经验和风俗习惯等文化风貌，是每一个民族对人类文明的宝贵贡献，也是一个民族文化的基因和“活化石”。因此，语言的多样性与文化的多样性呈正相关。有数据显示，世界语言总数有 6000 多种，这便构成了世界文化多样性的重要基础，也是最值得珍视的世界文化宝藏。

语言是文化的最重要载体和人际交流的最重要工具，文化内容和文化样式一般都要借助语言来承载、表现和传播。丰富多彩的语言可为异彩纷呈的不同文化的有效承载、充分表现、广泛传播和相互交流提供重要工具。因此，语言多样性是保障文化多样性的必不可少的条件。

语言是文化的基因和活化石，良好的多语言生态是多样化文化生态持续发展、代代相传的重要保障。

因此，联合国教科文组织2005年3月17日发布的《总干事关于联合国教科文组织跨部门语言计划总体战略的报告》呼吁：要在世界范围内加强和保护语言多样性，在所有地区和国家层面的政策和行动领域重视“语言的重要性”。并强调：语言和多语言的使用应当成为国际、地区和国家立法、行政管理、网络空间、教育系统等方面的文化表现形式与交流的最重要的因素。

二、我国语言资源与文化多样性

中华民族的文化大厦是由全国各民族共同缔造的，而丰富多彩的中国各民族语言正是优秀中华民族文化的集中体现。

我国自古是一个多民族、多语言的国家。目前，56个民族使用着分布于汉藏、阿尔泰、南岛、南亚、印欧等五个语系的130种语言。除汉族使用汉语，回、满两个民族大多也通用汉语外，其他民族一般使用本民族语言。这构成了我国基本的语言生态。

汉语分布广泛，有数量众多的方言和次方言。从北京话的四个声调，到广州话的九个声调；从北方方言的“公鸡”，到很多南方方言的“鸡公”；从北方方言“你先走”，到南方方言的“你走先”——汉语方言在语音、词汇、语法上存在一定差异。这是汉语不同历史发展阶段在地理分布上的反映。汉语方言不仅是各个地区汉族人民的交际工具，而且是历史赋予我们的一笔璀璨多姿的文化遗产。除了世人皆知的用通用汉语表达的中华文化主体成果之外，还承载了多姿多彩的地方性文化成果。例如，昆曲、苏州评弹的演唱以吴方言为载体；粤语歌曲产生于粤方言地区，一度风行大江南北。文学方面，《海上花列传》的吴侬软语令人着迷，老舍的《正红旗下》让人领略京腔京韵，沙汀《丁跛公》的川腔辣语则使川中小人物的形象跃然纸上；20 世纪 90 年代以来，各种形式的方言作品时有推出，如方言电视剧《山城棒棒军》《傻儿司令》曾在全国热播，动画片《猫和老鼠》多地方言版也颇为流行，电影《寻枪》《花样年华》《小武》中独具韵味的方言令人印象深刻；互联网上，方言小品、评书、歌曲也颇得一些受众喜爱，充分展现了汉语方言丰富独特的文化魅力。

我国少数民族语言也同样蕴藏着五彩缤纷的文化资源。数千年来，我国各少数民族在特定的自然和社会环境中，创造了独具特色的文明成果。这些成果都通过民族语言传承至今。例如，曾经的游牧民族蒙古族，其语言中有大量的畜牧业词汇，如马的种类，就用数十个不同的词来加以精细区分，充分体现了蒙古人对马的丰富认识，展现了游牧文化的深刻内涵；近水而居的壮族、侗族，其语言中关于渔业和水稻种植的词汇极为丰富；而山地民族的语言中，关于植物、动物、昆虫的词汇，数量之多、分类之精细，同样令人叹为观止。这些都是一个民族关于特定自然和社会生活的理解和知识。从这个意义上说，每一种语言本身，就是民族文化的集大成者。我国各少数民族还以结构、韵律、风格和文化气质各异的民族语言为载体，创造了本民族独特的文化形式。音乐方面，如令人过耳难忘的蒙古长调、侗族大歌；戏曲方面，如藏戏、傣戏；文学方面，如维吾尔族《福乐智慧》、傣族《孔雀公主》、彝族《阿诗玛》等，都是中华民族文化宝库中各具特色的瑰宝。此外，中外闻名的中国三大英雄史诗：藏族的《格萨尔王传》，共有 120 多部，100 多万行；柯尔克孜族的《玛纳斯》，有 8 部，20 余万行；蒙古族的《江格尔》，有 60 余部，10 万行，它们结构宏大，气势磅礴，长期在民间口头流传，堪称世界文化奇迹。

多姿多彩的语言和方言，使我国成为一个语言和文化资源大国。这是各民族文化生存和发展的基础，也是中华民族文化璀璨多姿、充满活力的内在因素。

三、我国语言生态的现实问题

语言是人类最伟大的创造之一。一种语言的衰微和消亡，就意味着一种文化的丢失，这无疑会给人类文化的发展和人类文明的传承带来不可挽回的损失。

当今，由于经济全球化等因素的影响，在全世界范围内，语言生态严重失衡。据联合国教科文组织的最新调研，全世界数量有限的几十种大语言，使用人口却占了全球人口的绝大部分；而占语言数量96%的小语言，使用总人口却只占全世界人口的4%。有学者估测，全世界平均每个月就有两种语言消失，到2050年，可能有3000多种语言消亡。[①] 这会直接威胁文化的多样性。

在这样一个大的国际背景下，我国语言生态与文化多样性存在的问题，也日渐显露，主要表现在三个方面：

第一，英语的强势对我国国家通用语言形成了一定的影响。据英国《经济学家》统计，目前全世界75%的电视频道是英语节目，85%的国际组织的工作语言是英语，85%的网页是英语，软件源代码则100%是英语格式。英语的强势地位和影响，使世界上其他语言的功能不断弱化。在我国，英语的影响也在持续扩大。社会和各级学校教育不同程度地存在着重外语、轻母语的倾向，客观上弱化了青年一代的母语能力以及对中国文化的理解和传承能力。这已引起了有关方面的注意，不少人士发出了重视母语教育的呼吁。但是，包括英语在内的外语又是当代国际化发展所必需，也不能不重视。怎样解决这个矛盾，需要积极探索。

第二，推广普通话与方言保护问题。由于汉语方言差别较大，推广普通话尤为必要。但在推广普通话的同时，怎样保护好方言，这又是一个新的问题。新中国成立以后，普通话推广取得了很大成效，普通话普及率不断提高，普通话的国家通用语地位得以加强，这是应该充分肯定的。但是，也在客观上弱

① 田建明：《"语言至关重要！"》，《中国民族报》2008年2月22日。

化了某些方言。与此同时,以方言为载体的地域文化也受到了一定的影响。这种状况已经引起了社会的关注,还时常成为热点,甚至酿成了群体事件。如何处理好普通话和方言的客观矛盾,是个需要面对的两难问题,需要深入研究。

第三,少数民族语言的发展与保护问题。从调查的情况看,我国少数民族语言中,使用人口相对较多的语种生态状况良好,但大量小语种生态状况不佳,有的出现濒危之患。其中原因之一是,由于国家通用语言在我国社会、经济发展和文化教育中发挥着越来越重要的作用,很多少数民族的年轻人重视学习汉语,也有的转用邻近的其他民族语言,而忽视了学习和使用自己的母语,有的甚至放弃母语学习,这使得一些少数民族语言的传承和发展面临着挑战。据学者研究,在我国的 129 种少数民族语言中,有 117 种语言在衰微,有些甚至濒危,其中完全丧失交际功能的就有 8 种。如仫佬语,调查时仅有两位 80 多岁的老人会讲;而满语、赫哲语、苏龙语、仙岛语等语言的使用人数都不足百人,已属于典型的濒危语言。这些小语种的衰落和消失,不仅会影响我国语言多样化生态,而且与之相关的文化也都将不复存在,中华文化的多样性也将受损失。这也是我们必须正视并急需破解的难题。

四、维护语言生态健康是当代文化建设的重任

维护语言生态健康,促进文化多样性发展,已经成为世界共识和共同使命,联合国教科文组织已经把保护世界语言多样性列为该组织的核心工作之一,并把每年的 2 月 21 日定为“世

界母语日”。不言而喻，这也是我国当代文化建设的重要任务。以下几个方面颇为重要：

第一，在思想观念上提高对语言多样性的认识。语言不仅是交际工具，而且是人类重要的非物质文化遗产，是文化多样性发展的重要保障之一。中华民族文化要保持活力和繁荣发展，就必须维护我国语言生态健康发展。

第二，健全语言的法律保障体系，实行“依法治语”。我国《宪法》《国家通用语言文字法》《民族区域自治法》等都对语言权利和义务有明确的规定，但随着社会的发展，有些方面还需要进一步细化、调整、补充和完善，并加大相关立法和执法的力度。联合国教科文组织制定了一系列保障母语权利、保护语言和文化多样性的政策标准性文件，如《反对教育歧视公约》(1960 年)、《濒危语言方案》(1993 年)、《世界文化多样性宣言》(2001 年)、《保护非物质文化遗产公约》(2003 年)、《保护和促进文化表现形式多样性公约》(2005 年)等，意义深远。我国作为联合国常任理事国，已先后签署相关公约，这为保障语言和文化多样性发展提供了新的重要依据，需要在工作实践中根据我国国情逐步落实。

第三，加强语言调查、监测和评估，做好国家语言规划和地区语言规划。我国虽然开展过较大规模的语言调查，但由于疆域辽阔、幅员广大，过去的调查较为有限，加之社会也在不断发展变化，因而对当今我国语言状况的了解未必全面准确，这不利于国家语言规划的科学制订，因此，开展新的语言调查和评估十分必要，以便在充分了解我国语言国情的基础上进行科学合理的语言规划，制定和完善相应的语言政策，从而为我国语言生态保护提供依据。

第四，做好语言政策、语言知识的宣传普及工作，以提高全民语言意识，增强珍爱语言资源、维护语言生态、保护濒危语言和方言的自觉性。在语言生活中，大力倡导以国家通用语言文字为主体的语言平等，强化语言和谐观念，鼓励不同民族之间和不同方言区之间相互学习语言。在多文化、多语种的社会环境中，不同的语言群体之间只有相互尊重和理解，才能营造出一个和谐的语言生态环境。和谐多样的语言生态是多民族文化健康发展的基础。

第五，采取得力措施，切实加强濒危语言和方言的保护、保存和研究工作。国家语言文字工作委员会已经启动的“中国语言资源有声数据库”建设工程，是一项很好的重大举措，应在全国全面推进。

党的十八大报告指出：文化是民族的血脉，是人民的精神家园。要全面建成小康社会，实现中华民族伟大复兴，必须推动社会主义文化大发展大繁荣，增强国家文化软实力，发挥文化引领风尚、服务人民、推动发展的作用。由此可以说，维护语言生态健康发展，正是促进我国社会主义文化大发展、大繁荣的迫切需要。

第三节　领异标新二月花

——网络语言与当代文化建设

一、新奇:忽如一夜春风来,千树万树梨花开

网络媒体的崛起,为人们提供了一个行使话语权的自由平台,于是一个开放的、多元文化争奇斗艳的网络社会勃然而兴。

不会吧！还汉语学家呢，连这“语言”都不懂

（资料来源:新华网，http://news.xinhuanet.com/edu/2007-01/17/content_5618118.htm）

图十

这幅漫画所表现的尴尬,也许是我们每个人都会经常遇到的情况。在网络世界里,人们极尽才智,率性表达,常在键盘上敲出一个个极为新奇另类的表达形式,这就是所谓“网络语言”。那些层出不穷的流行于网络空间的非常规表达形式,已经渗透到我们生活的方方面面,几乎谁也无法回避。它们不仅

仅是语言符号，而且是蕴含着独特观念、价值、情感和诉求的文化信号。是耶？非耶？一时间争论不休，至今也莫衷一是。但已经是一个势不可挡的具有鲜明时代色彩的客观存在。无论对于语言，还是对于文化，都带来了不小的震荡。我们究竟该怎样面对？

1. 省力的主意

（资料来源：中国日报，http://www.chinadaily.com.cn/language_tips/news/2008-05/26/content_6711234.htm）

图十一

网络书写方式的键盘化改变了人们原有的交流方式，社会节奏的加快也强化了网络语言的效率意识。为了省时省事地交流，网民们使出“十八般武艺”，通过创造辅助语言文字或其他方式来弥补常规表达的不足或制造新奇，用汉字、数字、符号、英文字母、日文假名等进行组合，改造词语，甚至用谐音、怪词、错字、别字玩起了语言游戏，使传统的书面语言产生了种种变异组合。字母词、数字词、谐音词以及大量的缩略语成为网民们求简求快的首选。如下表二—五所示：

表二　字母谐音

DD＝弟弟	JJWW＝叽叽歪歪	CU＝see you 再见	Y＝why 为什么

表三　数字谐音

5460＝我思念你	7456＝气死我了	8147＝不要生气	1573＝一往情深
886＝拜拜咯	9494＝就是就是	4242＝是啊是啊	596＝我走了
786＝吃饱了	56＝无聊	02825＝你爱不爱我	5366＝我想聊聊

表四　复合谐音

3X＝Thanks 谢谢	P9＝啤酒	K4＝考试	＋U＝加油

表五　缩略语

PMP＝拍马屁	XDJM＝兄弟姐妹	RPWT＝人品问题
BT＝变态	PFPF＝佩服佩服	LOL ＝ Laugh Out Loud 大笑
偶像＝呕吐的对象	善良＝善变又没天良	蛋白质＝笨蛋＋白痴＋神经质
天才＝天生蠢材	耐看＝耐着性子看	贤惠＝闲在家里什么都不会

（资料来源：新华网，http://news.xinhuanet.com/edu/2009-12/02/content_12573192.htm）

图十二

2. 翻新的手法

一些喜欢张扬个性的年轻网民的语言天赋和创新能力在网络中得到了空前释放，他们或自造汉字，如⿻五毛（五毛）、⿱艹根（草根）、⿻插播（插播）、⿻脑残（脑残）；或旧词翻新，如"恐龙"——丑女、"青蛙"——丑男、"楼上楼下"——论坛帖子中的上下部分、"爬墙头"——光看帖子不发言；或超常搭配，如"严重鄙视"、"严重同情"、"很书本"、"很CNN"、"被就业"、"被错别字"；或汉英混搭，如"睡觉ing"、"磨叽ing"；或创造、摹写时尚体，如凡客体、咆哮体、嘉措体、脑残体、李刚体、高铁体、安慰体等；或大量仿词，如"××门"、"××帝"、"××哥"、"××姐"等；或用符号组合，等等。举例如表六：

表六　表情符号

<table>
<tr><td>:-0 吃惊或恍然大悟</td><td>:^(鼻子被打歪了？</td><td>{:-) 中分的发型，帅不帅？</td></tr>
<tr><td>o(>__<)o 不要啊</td><td>╮(╯_╰)╭无所谓</td><td>(+__+)～ 狂晕</td></tr>
<tr><td>--<-<-<@ 玫瑰花</td><td>ε==3 骨头</td><td>__!__
____(_)____
!　!　!　格斗机</td></tr>
<tr><td>@#$%&*！骂人用语</td><td colspan="2">Orz"失意体前屈"，字母组合的象形符号，指佩服、感谢得五体投地，或沮丧、无奈，另作"囧 r2"</td></tr>
</table>

3. 观念的折射

网民们在求新逐异心理的驱使下，创造特殊的代码符号来彰显个性，希望引起网络"尖叫效应"，也借以表达内心对传统、权威以及一切固化标准的藐视、拒绝和挑战。而这些作为，便在一些网络群体间形成一种特殊的默契和呼应，他们通过对属于自己群体的独特表达形式的认同、复制、再加工和传播，来释放自己的喜怒哀乐。从一定意义上说，网络语言契合了后现代主义特质："去中心""去权威"的文化精神；"数字化""符号化"的知识特征；"平面化""表层化"的思维模式；"游戏化""娱乐化"的文化风格，等等。主要表现如下：

崇尚多元化。后现代思潮中的"拼盘"特点体现为网络表达的多元化。网络语言中一词多解、多译，以及一个意思多种表达的现象特别丰富。"BB"既可指"爸爸"，也可指"宝宝"，所以"BB 抱着 BB"就是"爸爸抱着宝宝"。"我要装台酷鸡，心至少是屁兔或者菜羊"，这可不是农贸市场的交际用语，而是网民们在选购计算机时的配置要求，其意思是："我要装台机器，中央处理器至少是奔腾二代或者是赛扬"。

追逐自由性。后现代注重个人体验，网络给人很大自由，网民拥有了前所未有的阐释"自由权"，因而随性解构或建构语言形式。正是因为如此，网络语言中新造词语、旧词新解产生的速度可以用核聚变来形容。以下这些被尘封的冷僻汉字，因网络而获新生，并且都有了很奇葩的说解：囧、槑、靐、兲、烎、犾、嘦、巭、恏、焸、奣、砳、玊、嘂。

（资料来源：快乐汉语传播网，http://www.klchinese.com/html/wlyy/20110604180402.html）

图十三

着意游戏性。网络语言中充斥着各色插科打诨的语言游戏，以去庄重性、严肃性来戏谑权威和既有的规范。最常用的方式是利用键盘的拼音输入法来捕捉谐音词，或将各地方言谐音糅入网络表达，或舍简求繁，不用规范字，而转用形近、音近的其他汉字或符号，如“我繥歡”（我喜欢）、“轲笕”（可见）、“丁页”（顶）、“走召弓虽”（超强）等。还有的用符号、繁体字、日文、韩文、冷僻字或普通汉字拆分后的部件等较特殊的符号超常组合，构成所谓火星文，如“1切斗4幻j，↓b倒挖d!”，意为“一切都是幻觉，吓不倒我的!”（见表七、表八）：

表七　汉字谐音

围脖＝微博	沙发＝首发	稀饭＝喜欢	鸡冻＝激动
杯具＝悲剧	果酱＝过奖	葱白＝崇拜	鸭梨＝压力
肿么了＝怎么了	喂神马＝为什么	人参公鸡＝人身攻击	表酱紫＝不要这样子

表八　方言谐音

粉＝很(闽南方言)	偶＝我(台湾地区国语)	人＝银(东北方言)
虾米＝什么(闽南方言)	素＝是(台湾地区国语)	木油/木有＝没有(粤方言)
好康＝好处(闽南方言)	覅/表＝不要(行唐方言)	嫑＝只要(吴方言)

二、震荡:等闲识得东风面,让人欢喜让人愁

互联网已不仅仅是一种技术现实,更是一种文化现实和社会现实。它在给社会带来无穷的新鲜和魅力的同时,也带来不少困惑和挑战。随着互联网的普及,网络语言以一种话语狂欢的姿态,带着戏谑性、拼贴性、随意性,势不可挡地向主流语言系统渗透,并强有力地冲击着、挑战着文化传统范式,这引起了社会不小的震荡。

1. 挑战传统

网络空间的虚拟性在激活个性的同时,也让网民们可以借助屏幕的遮蔽,隐藏自己的真实身份,建构网络虚拟角色,在网络空间里,放飞自己,无所顾忌地使用自己的语言,来释放压抑,宣泄郁闷,彰显个性,追求所欲,因而常常冲破传统和现实甚至伦理,表现另类。例如,交流的对象即便是长辈,也可以称他为“BB”(孩子);即便是仇人,也可以“爱老虎油”(我爱你);自己是男性,也可以在虚拟世界中“娶”交流的男性对象为“妻”,“结婚、生子”。那些表面上的奇词怪语和错位表达,实际上是一种心理宣泄和对某些现实及传统的挑战。

2. 博弈规范

网络世界中，各种文化类型、思想意识、价值观念、生活准则、道德规范鱼龙混杂，既有正能量，也有负效应。最突出的是对各种社会规范的博弈甚至冲击。其中，既有突破传统范式的创新，也有对公德良序的侵害。例如语言暴力、信口雌黄、捕风捉影、传播谣言、甚至造谣中伤，在一定程度上存在理性精神缺乏、道德感低下、公信力缺失等问题。

网络语言对语言规范的挑战最为明显。一方面，网民创造的一些富于创意的平民化趣味化的词语和表达形式，为现代汉语输送了新鲜血液，增强了语言表达的时代感与生动性；但另一方面，网络语言对语言文字规范的不良影响也是不可忽视的。例如，很多自创词语及表达形式不符合现代汉语基本规范，这不仅给读者造成一定的认读困难，而且容易导致形成随意乱用语言文字的不良习惯。这无疑不利于语言教育和语言文字的健康发展。

（资料来源：快乐汉语传播网，http://www.klchinese.com/html/wlyy/20110706214200.html）

图十四

3. 草根崛起

互联网打破了传统媒体的信息垄断和话语权掌控，为大众提供了表现自我、评点时事的平台，因而普通民众都可以利用网络这个思想文化信息的集散地和社会舆论的放大器来发出自己的声音，从而形成了强劲的民间草根话语体系。

（资料来源：光明日报，http://epaper.gmw.cn/gmrb/html/2010-12/26/nbs.D110000gmrb_05.htm）

图十五

从语言视角看，“词媒体”最引人瞩目。词媒体以精炼而且个性鲜明的表达，直击社会俗事，“点穴”社会痛症，记录民众的生存状况和精神寄托，以热词的形式最大限度地快速传播，成为独特的信息载体。一个个网络热词横空出世，即时、直接且娱乐化地投射着社会焦点问题与事件。在“涨时代”的 2010 年和 2011 年，“蒜（算）你狠”“豆（逗）你玩”“苹（凭）什么”“糖（唐）高宗”“油（由）不得你”“棉（勉）为其难”等生动形象地说明物价上涨对百姓心理底线的挑战。而“躲猫猫”“楼脆脆”“打酱油”“俯卧撑”“钓鱼执法”“恨爹不成刚”“睡美人条款”“蜗居”“裸婚”“谣盐”等热词则将原本严肃甚至伤心的事件或现象通过充满戏剧元素的词语，以戏谑的口吻表达出来。在词媒体的发酵下，一些社会事件迅速演变为网络热点事件，形成强大的舆论声势，普通网民成了舆论的主导。这见证了公共精神的日渐成长，促进了民间话语的崛起和话语权的平民化回归。但不能忽视的是，也存在一些浑水摸鱼的现象，需要警惕。

4. 快餐消费

网络尤其是博客、微博、微信等自媒体具有鲜明的“快餐”特点。网民可以自由地、即时地发布信息，以“公民记者”的身份提供原生态新闻素材，再以极富创造力、张扬个性的短小的网络语言进行信息发布和互动，实现各种观点的直接交锋。这种快捷的“传受平权”的信息传播模式，零成本、零技术、零时差、零许可、零编辑的个人互动平台，已然成为这个时代一道靓丽的风景线。

在信息的利用方面，快餐化的特点也十分明显。在网络信息的新陈代谢过程中，各色信息呈几何级数增长，即时信息飞速更新，网民自然希望在最短时间内摄取最多的信息。他们对那些修辞性很强的诸如过程铺垫、环境描写和抒情性的传统文字表达，缺乏阅读的耐心和热情，因此求新不求深、求快不求多、求多不求精、求变不求稳的“快餐式”信息需求成了很多网民的最爱。快餐化信息消费虽然适应了快节奏生活的需要，但逐渐销蚀了书本阅读、深思熟虑和亲身实践的深层价值，容易造成知识和信息被碎片化，导致精神上的营养不良。

三、淡定:草木本无意,荣枯自有时

铺天盖地的网络语言构成了一种新的文化生态,它既是当代文化的一种积极发展,也是一种挑战。因为一种新的文化现象的出现经常是泥沙俱下的,这是普遍规律。它一方面给社会带来了新事物、增添了新气息、注入了新活力、满足了新需要,但另一方面也影响、冲击甚至颠覆了一些应有的规范和秩序,诚可谓让人欢喜让人愁。究竟该如何对待它?各有己见,莫衷一是。

从语言角度看,网络语言是源于网民表达需求应运而生的,可以说它是特殊的人群,在特殊的环境,为了特殊的表达需求,利用特殊的条件而采用的特殊形式。作为一种客观存在,有其特殊的作用和价值,其中也不乏令人喜爱的创造,而且有些成分逐渐为大众所接受,这应该令人高兴和肯定。但也应该看到,很多网络语言所采取的不讲任何规则和规范,完全随意而为的做法,无论对于语言运用还是对于语言发展都是不利的。例如,将不同的文字和符号进行匪夷所思的拆解和拼接,随意对词语进行曲解或另赋意义等,都会对语言交际和语言健康发展不利。面对这种情况,社会各界一时间喊"堵"喊"忍",各执一词,都有其道理。我们认为,其实不必大惊小怪,更不宜如临大敌,应该辩证看待,淡定对待。当然不宜鼓励,但也不能压制,而应采取积极引导的方式来使之向健康的方向发展,努力避免其消极影响。

第四节　文化的使者
——外来词与文化发展

随着我国改革开放的不断深入，中外语言接触更加频繁，大量外来词语进入我们的语言生活。这不仅促使汉语发生了一些变化，而且对我国文化生活也产生了一定的影响。对于这种现象，肯定者有之，否定者有之，一直争论不休。更有甚者，《现代汉语词典》第6版因收录了字母词，曾被联名举报违法，引起了不小的风波。其实，外来词是正常的语言文化交流现象，自古有之。汉语在发展过程中，既吸收了外语词，也吸收了国内兄弟民族语言词语；同时，其他语言吸收汉语词也不鲜见。如何看待和处理外来词，是事关语言和文化发展的重要课题，需要重视。

一、外来词丰富着语言，滋养着文化

外来词既是不同文化交流的产物，又是推动文化交流与发展的因素。正如美国语言学家萨丕尔所说："一种语言对另一种语言最简单的影响是词的'借贷'。只要有文化借贷，就可能把有关的词也借过来。"借用其他语言词语本身就是文化交流的一种方式，同时，它又会进一步促进更广泛更深入的文化交流和发展。例如我国汉代以后随着佛教的传入，汉语中吸收了"佛""罗汉"等大量外来词，这又促进了佛教的中国化及其在中国的传播，丰富了中国文化。汉代张骞出使西域，将中国的

“丝”“茶”这些物产、文化及词语带到中亚各国，同时又从西域带回了“葡萄”“师子”“筚篥”等特产、词语和文化，促进了我国和西域诸民族的文化交流。

外来词也是语言发展所必需。随着社会的发展，语言也需要不断发展以适应人们新的需要。一种语言从另一种语言中借用自身没有的词语，以表达新事物、新概念，既可以解决交际交流的现实之需，又可以丰富和发展自己。例如，当我国城市出租客运小汽车行业兴起之后，借用的英语的“的士”(taxi)一词，成了人们口头的常用词，并且随之衍生出“打的”“面的”“的哥”“的姐”等词语。借用了“酒吧”(bar)，又衍生出“陶吧”“氧吧”“哭吧”“书吧”等词语，从而丰富了汉语词汇，也促进了相应的消费文化的发展。

外来词也是语言声望和文化声望的体现。语言声望与文化声望是密切相关的，文化越强势，承载该文化的语言声望就越高。外来词在文化的交流与博弈中产生，输出者的语言声望与借词的数量、范围呈正相关。纵观历史，各个时期引进的外来词是对当时来源语言声望的记录，来源语言的声望越高，人们对相应的外来词的认同感就越强，外来词与文化的融合度也越高。例如，我国曾经是强大的语言输出国，日本、朝鲜、越南等周边国家曾长期借用汉字和汉语词，现代日语、朝鲜语、越南语中，汉源词所占的比例较高；19 世纪以来，欧美国家的现代化进程举世瞩目，以英语为主的印欧语在世界上的声望随之提高，印欧语借词也络绎不绝地涌入汉语之中。

二、古今外来词异彩纷呈

汉语是中华民族的通用语，源远流长，其借词历史也悠久。汉语中的外来词涉及领域广泛，丰富多彩，在汉语发展和中国文化发展中发挥了重要作用。历史上的外来词，不仅从一个方面记录了汉语发展的历史，而且也反映了各个不同历史时期不同民族文化交流的状况。

1. 佛语西域至

佛教于两汉之际从印度传入我国，经过与我国传统文化的结合，从南北朝开始得到迅猛发展与传播，到隋唐进入鼎盛时期。汉语中很多词语来自佛经，据梁启超统计，约有三万五千多个。我们耳熟能详的“佛”“菩萨”“袈裟”等词都来源于梵语。这些宗教语词初来乍到时，对大多数崇儒尚道的中国人来说，无疑是陌生而神秘的，但两千年后的今天，它们已然融入我们的基本语言生活。例如“佛”一词源自“buddha”，梵文意为“觉悟者”，有“浮图”“浮陀”“休屠”“佛陀”等多种中文译名，后被简化为“佛”。单音节词“佛”具有较强的构词功能，由“佛”构成的词语有“佛祖”“活佛”“弥勒佛”“拜佛”等。又如“菩萨”来自梵文的“bodhi-sattva”，最初译作“菩提萨埵”，“菩提”意为“觉悟”，“萨埵”意为“有情”，“菩提萨埵”是指为了追求觉悟而修行的有情者，这一词后被简化为双音节的“菩萨”，更符合汉语的表达习惯。此外，我们熟知的“僧侣”“舍利”“阎罗”“忏悔”“花花世界”“精神抖擞”等词语都是经过本土化改造而融入汉语的梵语借词。

2. 北语下南国

我国是个多民族国家，在民族交往融合中，汉语不断从各兄弟民族语言中汲取营养，丰富和发展自己的语言系统。北方草原文化是中华文明的重要组成部分，是蒙古族、满族、女真族等少数民族的创造，具有鲜明的游牧民族特点，这些文化特征以借词的方式进入汉语中，成为中华民族文化的要素。

“敖包”是北方草原文化的象征之一，20 世纪 50 年代，电影《草原上的人们》的插曲《敖包相会》将敖包文化传播到大江南北。蒙古语词“敖包”是指用石头、沙土或树枝垒成的“堆子”，原本只是用作辽阔草原上的道路和境界的标志，后来经语义演变，指称山神、树神的住所，成为蒙古族人心目中的神圣之所。表示“车站”之意的“站”是元代从蒙古语“djam”直译过来的词，明朝时“站”被改为“驿”或“驿站”。有意思的是，现代蒙古语中，“djam”仅指“道路”“途径”，已无“驿站”之意。

满语中，“huto”是“水井”的意思，也指以水井为中心形成的居住区，后被汉语借入，译作“胡同”，用来指街巷，与南方的“里弄”并无二致。“萨其马”也来自满语，《燕京岁时记》写道：“萨其马乃满洲饽饽，以冰糖、奶油合白面为之，形如糯米甜腻可食。”同样是小点心，“饽饽”只是平民食品，“萨其马”则散发着清朝皇族的富贵之气。

此外，北方的地名、亲属称谓中也有不少满、蒙语言成分，如“松花江”“图们江”“乌兰浩特”“吉林”“珲春”；“阿哥”“格格”“贝勒”“福晋”“阿玛”等，数不胜数。

3. 科学术语东西来

明末以来，长期闭关锁国的中国逐步向西方打开大门，出现了“西学东渐”，西方科学知识和思想理念，由来华的商人、传教士、留洋归来的学者等引入中国。随之，大量的科学名词术语也被汉语借用。

早期来华的西方传教士利玛窦、庞迪我、汤若望等精通天文历法，翻译并写作多部科学著作，涉及天文、地理、数学、物理等学科，他们在翻译和写作过程中，巧妙地将以英语为主的印欧语词引入汉语。留洋的学者，尤其是留学东洋的学者，则将以日语记录的印欧语借词带回中国。于是在汉语中出现了“盘尼西林”“德律风”“马达”“引擎”“逻辑”“赛因斯”等印欧语借词。与此同时，汉语还从日语引进了“电话”“科学”“电子”“地理”等词。外来词中有种较为普遍的有趣现象是，先是采取音译的方式，后来被意译词所替代并永久固定下来，例如“电话”取代“德律风”，“科学”取代“赛因斯”等。这也表明汉语具有很强的融汇力。

人文社会学科中的很多术语也是外来词，其中不少是通过日语转借的。转借的词，有学者称之为“倒灌词”。所谓倒灌词，是指日语利用从汉语中输入的汉字词来翻译西方科学术语，而这些翻译词后来又被汉语借用，荣归故里。当然，这些词的意义与原汉语词的意义不同，表达的是西方的科学概念。这类倒灌词在汉语中很多，据学者考证，“社会”“政治”“法律”“文化”“自由”“文明”等词都属此类。

4. **借词无处不在**

外来词的吸收其实也是语言丰富性的表现之一。汉语有容乃大，所吸收的很多外来词已经深深地融入我们社会生活的方方面面。有两个传说颇能说明问题。

据传，有“满洲第一才子”之称的端方在批阅一份考卷时，写评语道：“文章有思想而乏组织，惜新名词太多”，一时传为笑谈，因为他自己所用的“思想”“组织”“名词”都是新借词。与此相类似的还有张之洞，据说他批阅公文，每当见到外来词，必定会用红笔抹掉。有一次，他看到一个日语借词，随即在旁注上“日本名词”，后又想起“名词”也是日语借词，遂将其改为“日本土语”。

而20世纪初，从法国输入的“沙龙”文化风靡一时。“沙龙(salon)”本是意大利语，原义为大客厅，进入法国后引申为贵妇人在客厅接待名流或学者的聚会，后来泛指志趣相投的一些人就共同感兴趣的话题进行讨论的小型聚会。如30年代的北平，林徽因就曾是著名的沙龙主持人，徐志摩、金岳霖、陈岱孙等知识界人士都曾参加过她主持的文化沙龙。

改革开放以来，外来词的来源更加广泛，引进外来词的人群也更为多元，外来词日益显现个性化的特点。例如“宅男”“宅女”为日语“御宅男”“御宅女”的简称，指不善与人交流，整天待在家中，沉迷于动漫和电子游戏的人群。起初“宅男”“宅女”是贬义词，但引入汉语后，趋于中性，指下班后社会交往不多或者不喜欢社交活动的人群。“粉丝”指追星族，是英语

“fans”的音译词，随着 2005 年大型电视娱乐节目“超级女声”的热播，“粉丝”一词迅速走红。“粉丝”也可简称“粉”，与代表人或物的词语组合成“××粉”结构，指称某人或某物的推崇者。“粉丝”现已成为新时代娱乐文化的代名词。“AA”是“Algebraic Average”的缩写，意思是“代数平均”，“AA 制”就是按人头平均分担费用的意思。在中国，年长者还很难接受这样的做法，而对于“90 后”的年轻人来说，这是非常自然的方式。

三、外语中的汉语借词与中华文化的传播

文化的交流是双向的，借词也一样。历史上，中华民族在迎来异文化的使者，引进外来词的同时，也向外输出中华文明，一批具有鲜明中国特色的词语进入了其他语言文化系统之中。

汉语的输出由来已久，从强盛的汉帝国起，中国文化和语言就源源不断地传播到周边国家，对这些国家的语言和文化产生了巨大的影响。汉语输出到周边国家的借词可谓难以数计。从文字上说，朝鲜、日本、越南等国在创立自己的文字以前，长期使用汉字。后来虽然大都改用其他文字，或对汉字进行了一些改造，但这些国家的语言中，汉源词的作用仍举足轻重，有研究表明，汉源词约占这些语言词汇总量的 70%。近代，汉语大量借入日语词，与同属“汉字圈”的文化同源性有关，正因为具有相同的文化基因，千年之后的文化交流依然顺畅。

英语中有“Kong-fu”“Wushu”“Taichi”“Confucism”“Taoism”“Taikongnaut”等汉语词，分别表示“功夫”“武术”“太极”“孔子学说”“道家思想”和“太空人”。从外国文化的视野上看，

这些概念是中国独有的、原创的概念。外语中的汉语借词就像派出的使节,代表着汉语和中国文化。18世纪在法国掀起了一场“中国热”,以伏尔泰、狄德罗为代表的法国哲学家致力于寻求摆脱欧洲宗教危机的途径,潜心研究来自东方的儒学,并在多次政治演讲中使用“Confucism”一词,为后来的法国大革命做了重要的思想铺垫。“Taikongnaut”由汉语词“taikong”和表示航海或飞行的英语词缀“-naut”组合而成,意为“太空人”,专指中国第一位进入太空的宇航员杨利伟。

四、滥用外来词带来的隐忧

随着外来词的大量涌入,滥用、错用外语词的问题也随之而来。这在我国新闻媒体、书刊甚至政府文书中都有表现,在新闻媒体中表现尤为突出。有的外语词不经翻译,直接夹杂在汉语中使用;有的滥用缩写,例如某刊新闻标题《MEW—E强点关注》《东南FREECA豪华升级》《外销TOWNHOUSE,二期风采开盘》《大屏幕显示,PDP担纲》《CISA登陆中国》《CMA走进上海》等等;有的道路街巷指示牌、单位标志牌等滥用、夹用、错用英文的情况也屡见不鲜,例如某医院的医生休息室被标作Doctor Restroom(Restroom一般指洗手间);有的汉语歌曲中夹杂外语;还有的专名也取洋化名,较典型的是为媒体广为关注的湖南张家界把景区的乾坤柱(南天一柱)更名为哈利路亚山,把新建的黄龙洞生态剧场叫哈利路亚音乐厅。

滥用外来词既给受众带来了理解的困难,也对青少年的语言教育带来干扰,对汉语的健康发展乃至我国文化建设带来不利影响，这也是令人担忧的。对此，很多有识之士曾发出呼吁，要求采取措施，改变日趋严重的滥用外语词现象，甚至有人发出“保卫母语”的呐喊，几年的全国“两会”中都有人大代表和政协委员为此提交提案，国家有关部门也采取了一些措施。虽有一定改观，但问题仍然突出。其实，这个问题的解决，除了国家有关部门需要进一步调研并采取切实可行的对策之外，也需要全社会的共同努力。

由上述可以看出，词的借出与借入是文化交流的必然现象，借词就像文化的使者，穿梭于不同的语言文化之间，架设沟通的桥梁、传递信息，它可以增强相关语言和文化的表现力与活力。中华文化兼容并蓄，虚怀若谷，自古至今，外来词经过在汉语中的使用与积淀，相继融入博大精深的汉语言系统之中，促进着汉语和中国文化的发展。面对外来词使用中的现实问题，只要积极引导、加强规范，就可以逐步得到解决。

第五节　隔海相望远 两岸一家亲

——台港澳语言文字的历史与现状

中华语言文化是中华民族的血脉，传承数千年而不衰，充分显示出强大的生命力。我国台湾、香港和澳门虽然都曾一度分别落入殖民主义者手中，中华语言文化也因此遭到了不同程度的摧残，但凭借同胞的不懈捍卫，根基并没有被撼动，中华语言文化仍在这些地区延续和发展。然而也应该看到，由于这些地区历史的复杂性和现实环境的特殊性，客观上也存在一些需要重视的问题。其中既有影响两岸四地交流的诸多实际的语言文字差异问题，也有一些与语言文字相关的其他不和谐因素，事关中华文化的传承发展和国家统一，不容忽视。

一、汉语：割不断的中华民族血脉

翻看西方列强的殖民史可以看到，很多被殖民者被迫放弃了自己民族本有的语言文字，转而使用殖民者的语言文字。令人欣慰的是，我国台湾、香港和澳门都曾经被殖民者侵占，殖民者也都曾在这些地区强力推行他们的语言文字，企图从挤压汉语入手，进行文化征服，从根本上斩断中华文化的血脉，从而达到永久维持其殖民统治的目的，但最终都未能得逞。

荷兰于1624年到1662年在台湾殖民统治38年，曾经通过传教、办学和为当地语言创制罗马字等方式推广荷兰语，随着郑成功收复台湾而宣告失败。

甲午战争以后，日本占领台湾并实行了50年的殖民统治。1895年6月成立总督府后就制定了逐步用日语文取代汉语文的"国语（日语）政策"。20世纪40年代前后开始强制推行日语教育，在公立学校取消汉语文课，禁止学生说汉语。1937年，总督府下令禁止《台湾新民报》等报纸的汉文版，并取缔所有使用汉文的刊物；规定公务人员不得使用"台湾话"，违者将遭解职。这反倒更加激起了台湾人民对母语的热爱。他们深知，语言是民族文化和民族情感的依托，保护民族语言，就是保护民族之根，因此面对殖民当局强行推广日语文、企图消灭汉语文的做法进行了不同方式的抵制，想方设法说汉语、写汉文、读汉语书、演国剧。在许多学校，老师在场时讲日语，老师走后学生之间就讲汉语，甚至利用上课学习日语的收音机收听祖国的母语广播。广大民众公开场合不得不讲日语，但私下里仍讲汉语。还有人利用书房（私塾）传播中华语言文化。即使在殖民当局下令关闭所有书房之后，地下私塾教学也从未停止过。文学领域也是抵制日本“皇民化运动”的重要战场，面对殖民当局垄断操控传媒，极力宣扬“皇民文学”，围剿华夏文学的不利环境，广大仁人志士挺身而出，不顾当局禁令，与殖民者周旋斗争。有的自行结社，通过吟唱诗歌，抒发中华民族情怀，保存和传播汉文化；有的将大陆“新文化运动”引进台湾，介绍大陆的社会、学术、文学及思想，极力保护中华语言文化；还有一些作家在极其艰难的环境里创作出一大批优秀文学作品，热情讴歌抗日斗争，批判“皇民化运动”，揭露日本军国主义的暴行，抒发台湾同胞心向祖国的情怀和信念……台湾同胞不屈不挠的斗争，确保了汉语和中华文化在日本殖民者蹂躏下的台湾得以顽强地延续。

鸦片战争之后香港落入英国殖民者之手。港英政府为了达到有效控制的目的，自开始就实行将英语作为官方语言的政策，规定任何与政府有关的文书都必须用英文书写，英语在立法、司法、行政、贸易等方面取得了独尊的地位。英语成了唯一法定语言。在教育方面，早在1878年教育会议之前，一些港府官员就开始强调英语教育，教育会议则正式颁布了英语教育的具体办法，挤压中文教育。在媒体方面，中文报刊被轻视，中文被边缘化。这不仅造成了一般市民与政府等部门之间沟通的隔阂，而且形成了文化歧视。这引起了民众的强烈不满，终于爆发了争取中文合法地位的运动。这场运动最先由学生发起，1968 年学界成立委员会，要求政府确认中文的合法地位，最终港英政府不得不于 1974 年立法承认中文具有合法地位。这充分显示出香港同胞对中华语言文化的坚定维护。在一百多年的殖民统治中，中华语言文化在凝聚香港同胞的爱国情感等方面起到了十分重要的作用。

澳门 1887 年被葡萄牙侵占，殖民统治者一直以葡萄牙语为唯一官方语言，中文只在民间流行，对中华语言文化形成了严重的挤压。一百多年来，尽管受到异族文化的很大干扰，澳门同胞一直珍爱自己的语言文化，并努力传承自己的语言文化，因此中华语言文化的根基在澳门也没有被动摇。

台港澳的辛酸历史充分说明，中华民族是不屈不挠的民族，中华语言文化是斩不断的民族之根。

二、警惕：语言政治把戏

坚定不移地维护和传承中华语言文化，是绝大多数中华儿女的坚定信念和自觉行动。但也有一些不和谐的因素，并且具有浓烈的政治意图，值得关注。

最突出的是台湾某些政治势力出于分裂祖国的图谋，曾极力推行“去中国化”的语文政策，在 2000—2008 年民进党执政期间，手段迭出。这对台湾中华语言文化的传承带来了很大的威胁,其隐患犹在。他们的主要做法是:(1)利用法律手段削弱国语的地位和作用。2003 年 2 月 10 日,台湾"国语推行委员会"召开会议,通过了《语言平等法(草案)》。该草案把台湾的汉语方言、少数民族语言和汉语标准语(国语)都称为"国家语言",并把"国语"改称"华语"。由于岛内各界的反对,该法案未能实施。后来,《语言平等法(草案)》经过改头换面,改为《国家语言发展法(草案)》,于 2003 年 9 月 22 日公布。该法案虽然有意避开了一些争论的细节,但基调并没有改变,例如把台湾所有的汉语方言及少数民族语言都称为"国家语言",把"国语"改称"华语"。在差不多同一时期,台湾原《国语推行办法》被废止。此外,时任台湾地区领导人陈水扁公开表示支持把英语提升为官方语言。(2)调整语文管理机构。一是改组"国语推行委员会",换人转型,并推动改名为"国家语言推行委员会",主要是要取消"国语"的地位。二是成立了"国家对外华语教学政策委员会",改换了"国语"之名。(3)以"通用拼音"取代"汉语拼音"。汉语拼音已经成为国际标准并为国际社会广泛接受,1999 年国民党执政时期决定采用汉语拼音。民进党上台以后强调"主权独立政策"的台湾应该有自己的标准,决定用所谓"通用拼音"取代"汉语拼音"。(4)大力推行"去中国化"的语言教育政策。首先是采取各种手段排挤国语,例如强调乡土语言教学,削减国语文教学时数和文言文比重。2004 年 11 月发布的《高中国文课程暂行纲要》将国文每周授课时数从五小时减为四小时,文言文比重从六成五降到四成五,"中国文化基本教材”由必修课改为选修课。再就是从语言表达上“去中国化”。2007年7月21日，台湾教育主管部门公布《教科书不当用词检核》报告，检核对象包括台湾地区中小学各版本教科书，涉及词语5000个，要求更改，例如把“国父”“国画”“国字”“国剧”“古人”“中日(甲午)战争”等词语分别改为“孙中山”“中国水墨画”“中国文字”“中国京剧”“中国古人”“清日战争”。显然，上述做法已经不是简单的语言文字问题，政治图谋昭然若揭。

在香港，个别政治人物时常拿语言问题说事，蓄意挑起语言矛盾、族群矛盾，并将其政治化。例如，有媒体把香港出现服务顾客的简体字与繁体字对照的标识和广告，指斥为“赤化”、“通共”，有的甚至煽动包围使用简体字招徕顾客的商店。又如2012年11月，香港某大学举办“中文节”活动，由于该活动主要面向在该校学习汉语的外国留学生，因此在活动中使用了简体字。不料这样一个正常的教学活动，却立即招致一些人以多种方式进行无端指责和炒作，被指“残体中文节”“中共渗透”等。这类借语言文字问题制造矛盾、撕裂文化、炒作政治的现象，十分危险，需要警惕。

三、要务:构建两岸四地和谐语言生活

由于历史原因，两岸四地在语言文字方面出现了一些差异，这是不可回避的现实。其实有差异并不可怕，重要的是要客观面对差异，解决问题，化解矛盾，求得和谐，防止问题扩大化、政治化，影响国家的安定和统一。以下三点很重要：

第一，正视问题，相互尊重。这是解决一切问题的基础。

两岸四地同祖同根，应在相互尊重的基础上沟通协调，寻求解决问题的办法，共同维护中华语言文化的传承与发展。中国国民党荣誉主席吴伯雄在谈到两岸关系时曾指出：经济是手拉手，文化才是心连心。这是十分精到中肯的。中华语言文化是我们中华民族的共同血脉，维护其健康发展，是我们两岸四地中华儿女的共同心愿。

第二，面向未来，切实解决现实问题。因为历史原因所形成的两岸四地语言文字差异，确实给相互交流带来了一定的困难，这是必须正视的。例如，四地标准汉语的差异问题，繁简字的关系问题，普通话与各地方言的关系问题，科技术语和译词的差异问题，等等，都需要两岸四地有关方面精诚协作，深入研究，探讨解决问题的办法，逐步消除隔阂，构建两岸四地和谐的语言生活，共同弘扬中华语言文化。可喜的是，这方面已经开始有所尝试。例如，两岸科技名词的协调就是一个比较成功的例子。1994 年，全国科学技术名词审定委员会就开始推动两岸科技名词术语协调工作。经两岸有关方面协商，通过采取两岸分别确定牵头单位、分别确定科技名词蓝本、共同召开研讨会、正式公布出版等方式和流程，开展了两岸科技名词的对照工作。迄今，已先后启动了近 30 个学科的科技名词交流、对照与统一工作。其中，航海、药学、化工、信息科学技术等 10 个学科已正式出版了两岸科技名词对照本。又如，2009 年 6 月，台湾地区领导人马英九提出两岸民间合编《中华大辞典》的主张，随后得到了大陆有关方面的积极响应，经两岸有关方面磋商，很快启动了编纂工作。2012 年 8 月，两岸学者合编的《两岸常用词典》分别在大陆和台湾出版；两岸学者合编的《两岸科学技术常用词典》已经编写完成，即将出版。此外，2013 年 7 月在北京成立了两岸语言文字交流与合作协调小组，这又是一个难得的举措。但相关工作还十分艰巨，需要有关方面更加重视。

第三，防止借语言说事，坚决捍卫中华民族的共同精神家园，维护国家统一。这是一个最核心的问题，符合中华民族的根本利益。

我国国民经济和社会发展“十二五”规划纲要指出：“从中华民族根本利益出发，推进‘一国两制’实践和祖国和平统一大业，深化内地与港澳经贸合作，推进海峡两岸经济关系发展，为实现中华民族伟大复兴而共同努力”。要实现中华民族伟大复兴这一中国梦，也需要从构建两岸四地和谐语言生活入手，守护好中华民族的共同精神家园。

第七章 语言规划与国家发展

［阅读提示］语言是国家治理的重要工具也是治理对象。通过语言规划来实施社会治理，是国家治理的一种重要手段，复杂而重要。语言规划的得失，直接影响国家发展与安全。

新中国成立以来，党和政府一直高度重视语言规划和语言文字事业，成就显著。而今，社会语言生活变化巨大，语言的战略价值大大提升，这对语言规划提出了新的更高要求。新形势下，构建和谐语言生活，提升国家语言能力，服务社会建设全局和国家战略大局，是语言规划的基本目标。

语言立法是语言规划的最重要内容之一，是保障语言生活和谐和语言事业发展的重要条件。《国家通用语言文字法》的颁布实施，标志着我国语言文字事业迈入法制化管理轨道。但语言立法的任务还十分艰巨，社会发展呼唤适应语言生活新形势的法律保障，健全我国语言法制体系已是当务之急。

国外语言规划五彩缤纷，共性与个性交融，经验和教训相伴，都对我们有一定的借鉴意义。聚焦几个重要视角和典型案例，可略窥国外语言规划状况，感知语言及语言规划何其重要。

第一节　规划语言就是规划社会

——我国语言规划的演进及使命

中国是一个多民族、多语言、多方言、多文字的国家，语言状况十分复杂。这构成了中国多姿多彩的语言景观，决定了中国的语言规划、语言政策必须充分考虑不同民族、不同地区的语言文化差异。另一方面，作为一个幅员辽阔、人口众多的现代国家，中国也需要一种国家通用语言，以利于不同民族、不同地区之间的交流和沟通。中华人民共和国建立以后，中国共产党和中央政府一直都很重视语言文字工作，把语言规划作为政权建设和国家发展的组成部分，做了大量的工作。这对于加强各民族各地区之间的交流、维护国家的统一、提高国民文化素质、促进社会发展、增强中华民族的凝聚力和国际影响力都产生了重要而深远的影响。

一、新中国成立初期：改革文字，规范汉语，服务文化教育的普及

新中国成立初期，我国工农业生产和科学技术还很落后，大部分民众的文化程度极低，文盲率几乎达到80%。普及文化教育成为国家在当时的一项紧迫任务，而文字改革被视为促进新中国文化教育事业发展的推进剂，因此语言文字工作受到国家的空前重视。1954年，经周恩来总理提议，正式设立了中国文字改革委员会，以研究、制定文字改革的政策措施，推动各项具体工作的开展。新中国成立初期语言规划工作的总方针是:文字必须改革,现代汉语需要规范化,文字改革和现代汉语规范化要积极而稳妥地进行。基于这一方针,确定了当时语言文字工作的三大任务:

1. 简化汉字

从汉字几千年的发展历程来看,总体趋势是简化。新中国成立后所进行的汉字简化工作既是对清末以后不断兴起的汉字简化运动的呼应,也是对历史上出现的各种简化汉字的一次全面梳理。1956 年,国务院通过《关于公布〈汉字简化方案〉的决议》,后来又经过一些补充、修订,于 1964 年编印出版了《简化汉字总表》。从整体上看,简化汉字包括精简汉字的笔画和常用汉字的字数两个方面,目的是减少人们识字、阅读、书写和印刷方面的困难。从几十年来的汉字教学和社会使用来看,《汉字简化方案》减轻了人们学习、使用汉字的负担,对普及文化教育起了很大的作用,也初步建立了现代汉语用字的规范。近年来有人质疑汉字简化工作,很大程度上可能是因为不了解当时的社会背景。试想,面对千疮百孔、百废待兴、有数亿文盲的国家,提高全民文化教育水平在当时是何等重要。共和国第一代领导人的远见卓识值得人们永远铭记!

2. 推广普通话

1956 年 1 月,国务院发布了《关于推广普通话的指示》,将普通话的定义明确为:“以北京语音为标准音、以北方话为基础方言、以典范的现代白话文著作为语法规范的现代汉语。”并确定了“大力提倡、重点推行、逐步普及”的工作方针。根据国务院的指示，全国除少数民族地区以外的中、小学语文课，从1956年秋季开始教学普通话。在1958年政协全国委员会上，周恩来总理做了《当前文字改革的任务》的报告，对推广普通话的意义、方针和政策进行了更加全面深入的论述。之后，毛泽东主席又发出“一切干部要学普通话”的号召，全国各界逐渐兴起了学习、使用普通话的热潮。

3. 制定、实施《汉语拼音方案》

新中国成立后，中国文字改革研究委员会下设拼音方案组，1955年又专门成立了拼音方案委员会，征集、讨论了数百种设计方案，所使用的字母包括拉丁字母、斯拉夫字母、汉字笔画等多种符号形式。1956年，在毛泽东主席的提议下，最终决定采用拉丁字母形式。1958年2月，第一届全国人民代表大会第五次会议批准、公布了《汉语拼音方案》。从1958年秋季开始，全国小学的语文课本开始依据该方案给汉字注音。几十年来的实践表明，《汉语拼音方案》已经成为人们学习汉字、推广普通话的一个重要工具，采用拉丁字母作为汉语拼音字母，是极具慧眼的。

除了上述三个主要任务以外，新中国成立初期所进行的语言规划工作还有很多。例如：编纂、出版了《新华字典》和《现代汉语词典》（试用本），以引导人们规范使用汉语、服务社会语言生活；组织一批语法学家集体编写出《暂拟汉语语法教学系统》，作为中学汉语课的语法教材，以促进学习语法规范，消除语言使用的混乱。此外,在社会语言使用方面,积极进行改革,其内容包括:新闻、公文、布告等采用口语化的白话文写作;汉字书写、排版采用自左向右的横排方式;采用新式标点符号;采用阿拉伯数字;改革文风等。

总体而论,新中国成立初期语言政策的制定和实施比较成功,所进行的语言规划工作取得了很大的成绩。对于消除当时语言使用的混乱、提高现代汉语的规范程度、推动文化教育的发展、促进不同地区不同民族之间的相互交流等,都发挥了重要作用,并为今天的语言文字信息化打下了良好基础。

后来一个时期,由于“文革”的影响,语言文字规划工作受到了一定的冲击,并出现了一些失误。例如1977年匆忙推出的《第二次汉字简化方案(草案)》就因争议太大而最终废止。

二、新时期:调整、稳定、发展,服务改革开放

改革开放以后,国家确定的语言文字工作的总方针是:“贯彻、执行国家关于语言文字工作的政策和法令,促进语言文字规范化、标准化,使语言文字工作在社会主义现代化建设中更好地发挥作用。”我国语言文字规划进入了一个调整、稳定、发展的新时期。

1985年,中国文字改革委员会正式更名为国家语言文字工作委员会,这标志着其工作范围的扩大,也表明国家语言文字工作重心的调整。1986年初全国语言文字工作会议召开,主题报告《新时期的语言文字工作》中的很多内容都体现出国家语文工作重心的转移,例如:把推广普通话和做好现代汉语

规范化工作列为首要任务，不再重申汉字改革的拼音化方向等。

1986年6月，经国务院批准，《第二次汉字简化方案（草案）》正式废止，并强调："今后，对汉字的简化应持谨慎态度，使汉字的形体在一个时期内保持相对稳定，以利于社会使用。"1992年，针对社会用字中出现的一些问题，江泽民同志指出：第一，要继续贯彻国家现行的语言文字工作方针政策，汉字简化的方向不变，各种印刷品、宣传品尤应坚持使用简化字；第二，海峡两岸的汉字，当前可各自维持现状，一些不同看法可以留待将来去讨论；第三，书法是一种艺术创作，写繁体字还是写简体字，应尊重作者的风格和习惯，可以悉听尊便。因此，这一时期的汉字规范化工作主要是巩固五六十年代汉字简化的成果，对现行汉字进行研究和整理，实现标准汉字的定量、定形、定音、定序，减少社会用字中的混乱现象，提高全社会文字应用的规范化水平。

这一时期推广普通话的方针调整为："大力推行、积极普及、逐步提高"，工作重心开始转移到普及与提高上。1997年，国务院第134次总理办公会议决定：自1998年起，每年9月的第三周在全国开展"推广普通话宣传周"活动。这标志着普通话推广工作在重视学校教育的基础上开始兼顾社会宣传与日常使用。这一时期，除了普通话的语音规范以外，也强调词汇规范和语法规范。还针对普通话社会使用的实际情况确立了分级要求的思想，制定了《普通话水平等级标准》，提出要在不同行业领域逐步开展普通话水平测试工作。通过几十年坚持不懈的普通话推广工作，民众的普通话水平已经有了很大提高。据有关调查，全国能够用普通话与人交谈的人数已占人口总数的53.06%，而在城镇已经达到66.03%。

语言文字工作的法制化进程也开始提速，制定、推行了一系列语文教育和语言使用的规范标准。

新时期充满调整、稳定、发展精神的国家语言政策和语言规划，为国家改革开放事业创造了良好的语言环境。

三、新世纪：新视野、新高度、新思路，服务国家战略

新世纪以来，中国语言生活发生了而且正在发生着深刻的变化。新的语言现象不断涌现，如网络语言、字母词、新词新语新用法层出不穷；计算机技术、网络技术和通信技术的发展，促使语言功能在日益拓展，各种语言需求越来越旺盛；语言资源的价值在不断提升；各种语言关系更加复杂，语言矛盾日渐突出。这都需要在新的视野下，从新的高度，用新的思路来规划语言文字发展，以服务国家新的发展战略。

新旧世纪之交，国家有了前所未有的新举措：2000年10月31日，《国家通用语言文字法》由第九届全国人大常委会第十八次会议审议通过，并于2001年1月1日起施行。这是我国有史以来第一部语言文字方面的专项法律。它以法律的形式明确了普通话和规范汉字作为国家通用语言文字的地位，还就国家通用语言和其他少数民族语言、汉语方言的关系及使用做了规定，从而使我国语言文字法制化建设迈上了一个

新台阶。

2011 年 1 月，刘延东同志在纪念《国家通用语言文字法》颁布 10 周年座谈会上指出："做好语言文字工作，特别是加强国家通用语言文字的推广和普及，是维护国家主权与尊严、体现国家核心利益的战略举措。我们一定要从党和国家事业发展全局的高度，充分认识加强语言文字工作的重要意义，切实增强提高国家通用语言文字普及和应用水平的责任感、紧迫感和使命感。"这把我国语言文字工作提升到了一个新的高度，成为新世纪语言规划的基本思想。

就现阶段情况看，我国语言规划需要特别关注如下几个问题：

第一，需要提升对语言规划战略意义的认识，从社会需求和国家战略高度来观察社会语言生活，不断完善国家语言文字规划，以服务于国家的整体战略目标。语言规划不仅与人们的学习、生活密切相关，也和国家、社会的发展紧密相连，很多重要问题都必须针对新的变化和需求，进行战略规划。比如外语教育问题，根据《中国语言文字使用情况调查资料》的统计数据，学过外语的人群学习不同语种的比例如下表：

表九　学过外语的人群学习不同语种的比例

语　种	英语	法语	俄语	西班牙语	阿拉伯语	日语	德语	其他
所占比例	93.80	0.29	7.07	0.05	0.05	2.54	0.13	0.16

上述统计数据涵盖了多语学习的情况。这表明,我国外语教育存在着结构严重失调等问题,必须通过科学规划来改善。还比如,世界范围的“汉语热”正在兴起,越来越多的外国人开始把汉语作为重要外语来学习,这也给我国语言规划提出了新的要求。2011 年 4 月,教育部副部长、国家语委主任李卫红在“语言与国家的安全和发展”会议上指出:我们要站在维护社会和谐稳定、促进国家安全发展的战略高度来看待中国的语言问题,从整体上规划和提升国家的语言能力,以应对全球化给国家安全和国家发展带来的各种挑战。这主要体现在以下几个领域:(1)制定科学的外语规划,增强国家外语语种能力;(2)制定科学的语言传播战略,让汉语更快更好地走向世界;(3)全面提升公民语言能力,建设人力资源强国;(4)努力发展现代语言技术,构建安全有序的虚拟语言生活;(5)提高国家语言生活管理水平,构建和谐语言生活。

第二,需要清醒认识当前我国语言生活中存在的问题与语言规划所面临的挑战,深刻领会“构建和谐的语言生活”这一语言文字工作目标的意义。2006 年 11 月,时任教育部副部长、国家语委主任赵沁平在《加强语言文字应用研究 构建和谐的语言生活》报告中明确提出“构建和谐的语言生活是语言文字工作的目标”。科学、合理的语言规划与政策实施,有助于凝聚民族精神,增强国家意识,促进社会和谐与经济发展。当前我国语言生活基本上是和谐的,但也存在一些不和谐因素,应当引起我们的高度关注。尤其是随着改革的深化和全球化的发展，各种语言关系更加复杂，语言生活中各种矛盾频现，在很多社会热点事件中都伴有语言冲突的影子。此外，西方国家实施的语言战略把我国推入了“安全困境”，我们必须高度重视语言自身安全及国家安全中的语言问题。这些都应作为制定国家语言战略规划时考虑的因素。近年来，不少有识之士建议制定和实施国家安全语言战略规划，就是基于这种考量。

第三，需要充分考虑各种语言需求。当代社会日新月异，不仅语言自身发展面临很多新情况，而且众多领域也不断对语言提出新需求。例如，中国语言生态面临着外语、网络语言等因素的冲击，我们该怎样维护其健康发展？科技创新急需语言科技的支持，而我们在语言信息处理核心领域比较落后，很多方面受制于人，我们该怎样突破？语言资源价值不断提升，我们怎样增强语言资源开发利用能力，发展语言产业，推进语言经济快速发展？我们该怎样为更广泛的领域提供语言服务？这都是国家语言规划面临的崭新课题。

总之，当代社会，语言不仅是社会生活中最重要的交际工具，也是人类文明和各种信息的重要载体，还是科技创新和经济发展的重要资源，制定科学的语言政策和战略规划，对于构建和谐的社会生活、推动国家发展、维护国家安全等无疑具有重要而深远的意义。

第二节　为平直必以准绳

——语言立法与语言事业发展

一、社会发展呼唤健全语言立法

有首曾经很流行的歌曲《爱我中华》，歌中唱道：

五十六个星座五十六枝花/五十六个民族兄弟姐妹是一家/五十六种语言汇成一句话/爱我中华爱我中华爱我中华。

有人指出这种说法不妥，确实如此。因为我国56个民族远不止56种语言，据最新研究显示，我国各民族共约有语言130种，有的民族不止一种语言。不过这首歌想要表达的我国是一个多民族多语言的国家这个意思无疑是正确的。至于我国的方言，更是多种多样，下面这个被广泛转发的方言段子颇能说明这一点：

一个乡里开会，村长说："兔子们，虾米们，不要浆瓜，咸菜太贵了。"主持人说："咸菜请香肠浆瓜。"乡长说："兔子们，虾米们，今天的饭狗吃了，大家都是大王八。"

这段话若用普通话说，则是：

一个乡里开会，村长说："同志们，乡民们，不要讲话，现在开会了。"主持人说："现在请乡长讲话。"乡长说："同志们，乡民们，今天的饭够吃了，大家都使大碗吧。"

谐音的效果令人忍俊不禁。这个段子说明，方言的差异是多么之大。主角是"村长""乡长"，这也反映出我国农村方言土语的盛行。

为了方便不同民族不同方言地区之间的交流，国家在全国推广普通话和规范汉字，取得了很大的成效，但任务仍然艰巨。而另一方面，一些方言在呼吁复兴，各种方言影视剧、方言新闻节目、方言主持、方言表演、公共汽车方言报站不断增多。这显然与国家语言政策不尽谐调。

社会上使用不规范汉字的现象也屡见不鲜。在公共场合使用错别字、繁体字、异体字、自造字等，比比皆是。上海有一本发行量很大的杂志《咬文嚼字》，不定期组织“啄木鸟”行动，“咬”名人、名节目、城市公共场合的错别字，发现的问题不胜枚举。这些都迫切需要有效管理。

社会用字问题也给社会管理带来了困扰。例如，据统计，中国叫张伟的有290607人，叫王伟的有281568人（新民网2007年7月25日）。如此多的重名不可避免地会在日常生活和社会管理中造成一些麻烦。据2009年11月《重庆晚报》报道：因为同名同姓的缘故，“綦江男子李家桥”被误为“江津男子李家桥”，为交通肇事逃逸背了黑锅，在广东省高要市被警方误抓，羁押看守所12天，澄清后获得国家赔偿。这类因同名而遭遇的尴尬屡见不鲜，常常见诸报端。这也从反面表明命名用字管理的必要性。但如何从立法上规避这类问题，目前似乎还没有十分切实的法规。2008年因姓名问题引起的江西鹰潭人赵C将鹰潭市公安局月湖分局告上法庭的事件，也从司法实践上表明了姓名用字管理立法的现实需要。

应当看到，随着经济的快速发展和互联网的普及，中国面临的现实语言问题并不仅限于方言和用字问题，还有很多新的问题。例如，关于国家通用语言文字推广、民族语言教育、滥用外语、网络语言、广告语言不规范、少数民族语言濒危等等问题的争议此起彼伏；信息化的发展，对语言文字规范化标准化的要求越来越高，这些都需要加强语言文字管理。因此，社会各界关于加强语言文字管理的呼声越来越高。

管理需要法规。新中国成立以来，中央及地方针对语言的各种法规相继出台。据不完全统计，仅2000年之后颁布的各种语言法规就有上百项。但从整体上看，语言立法仍显薄弱，未能完全适应语言生活的需要，尚需进一步加强。

二、国家语言立法上台阶

世界上为语言立法的国家不在少数。比如爱尔兰就将语言立法作为语言规划的基础，法国、英国、德国等国家也纷纷出台语言法。

新中国成立以来也先后发布了一系列语言法规及规范，例如《中华人民共和国第一届全国人民代表大会第五次会议关于汉语拼音方案的决议》《普通话异读词审音表》《现代汉语常用字表》《现代汉语通用字表》《汉语拼音正词法基本规则》《标点符号用法》《现代汉语通用字笔顺规范》等等。其中，最重要的是2000年颁布、2001年1月1日正式实施的《国家通用语言文字法》。它标志着我国语言文字事业走上法制化的轨道。

《国家通用语言文字法》首先确立了普通话和规范汉字作为国家通用语言文字的法律地位；其次对国家通用语言文字在国家机关、学校、新闻出版、广播影视、公共服务行业以及公共场所和公共设施、信息技术产品、广告、招牌、企业事业组织名称和在境内销售的商品的包装、说明等方面的使用做出了规定。《国家通用语言文字法》是我国历史上第一部关于语言文字方面的专门法律，它为我国语言文字及其事业提供了基本的法律保障。

《国家通用语言文字法》的颁行是我国语文生活中的一件大事，意义重大。它有利于保障国家通用语言的统一，促进民族团结，增强中华民族凝聚力，维护国家统一；有利于不同民族、不同方言之间的交际交流，提高工作效率，增进人际感情；有利于国家信息化建设；有利于促进文化交流、商贸来往和经济发展；有利于文化教育的普及，提高国民素质；有利于促进语言文字管理的法制化和科学化。

《国家通用语言文字法》颁布十多年来，在我国语言生活中发挥了十分重要的作用。正如刘延东同志在纪念《国家通用语言文字法》颁布10周年座谈会上的讲话所指出的："实践证明，《国家通用语言文字法》的颁布实施，对于提高国民素质，促进教育发展，弘扬中华文化，提升国家信息化水平；对于加强规范管理，推行依法行政，营造和谐语言生活环境；对于促进经济发展和社会进步，维护民族团结和国家统一，增强国家软实力和民族凝聚力，都产生了积极的推动作用。"

三、地方语言立法应跟进

如前所述，我国是一个多民族多语言多文种多方言的国家，语言状况纷繁复杂。除了全国统一立法之外，各地在国家语言法规框架下结合当地语言实际制定地方语言法规也是十分必要的。地方语言法规是国家语言法规体系的有机组成部分，可与全国性语言法规形成良好的互补。

全国各省份大体上都出台了一些语言文字法规，比如大多数省份及部分省会城市都颁布了关于实施《国家通用语言文字法》的办法、条例或规定，对当地语言文字工作法制化管理发挥了积极作用。

2002 年，西藏和新疆分别制定了本自治区的语言文字法规：《西藏自治区学习、使用和发展藏语文的规定》和《新疆维吾尔自治区语言文字工作条例》。这两项语言法规规定了民族语文和国家通用语言文字的使用范围，明确了自治区各级政府和民族语文工作部门的职责和法律责任。西藏规定实行双语制：藏语和汉语并用。新疆实行多语制：维吾尔语＋汉语，哈萨克语＋汉语，蒙古语＋汉语，柯尔克孜语＋汉语，锡伯语＋汉语；体现在执行公务、服务行业、教育等领域。西藏语言法规的目标是："保障藏语文的学习、使用和发展。"新疆语言法规旨在"保障各民族都有使用和发展自己的语言文字的自由"，"促进各民族语言文字的发展与繁荣，提高各族人民的科学文化水平"。这两项语言法规的正式颁布，标志着这两个自治区的语言文字工作已经进入法制轨道，同时也标志着我国语言文字的法律法规体系得到进一步的充实和完善。这对于正确处理民族语言与国家通用语言的关系，保障少数民族语言权利，解决语言生活中的实际问题，维护民族团结和国家统一，都具有十分重要的意义。

但从总体上看，地方语言立法还比较薄弱。各地除了关于国家通用语言文字管理立法之外，还应重视民族语言和方言的管理立法。我国正在使用的少数民族语言有129种，使用人口在万人以下的语言约占50多种，在千人以内的有20余种。其中一些少数民族语言正处于衰微甚至濒危状态，如畲语、仡佬语、赫哲语、鄂伦春语、鄂温克语、裕固语、塔塔尔语、土家语、满语等；汉语的一些方言也明显式微，这将对我国语言多样性生态带来不利影响，需要国家和各地政府结合当地实际，有针对性地采取一定的法律措施保障它们的健康发展。

四、国家意识需强化

我们处在一个以法律为准绳的时代，需要各种各样的语言法规，更需要语言文字工作的国家意识。

1. 国家主导意识

语言文字工作事关社会发展和国家核心利益，应充分体现国家意志。比如选择哪种语言或方言作为国语、官方语言或国家通用语言，国家通用语言各项规范标准的制定，语言文字应用有关政策的颁布等，都应由国家主导。例如我国颁布《国家通用语言文字法》并明确规定普通话和规范汉字为中华人民共和国国家通用语言文字，这就是国家主导的成果，也是国家意志的体现。全国人民都应认同这种国家意志。增强国民的国家主导意识,有利于语言立法的推进及实施。

2. 国家语言主权意识

主要体现在国际语言生活中平等地使用自己国家的语言文字,这也是维护国家主权和尊严的表现。就中国来说,普通话作为国家通用语言,应得到应有的尊重并得以平等地使用。

3. 国家语言安全意识

即要关注语言自身安全及国家安全中的语言问题。例如濒危语言的保护问题、国家通用语言文字的健康发展问题、信息领域的语言问题、军事安全中的语言问题、社会稳定中的语言问题等等。这是新时代赋予语言文字工作的新使命。

4. 国家语言资源意识

即把语言当作国家的重要资源来对待,对其进行保护、开发和利用。相对于以往那种更多关注语言"问题"的观念而言,这是一种重要转向。近年来,语言资源这一概念不仅在理论上得到了发展,在实际工作中也得到了一定的体现,但迫切需要加强。

5. 国家语言能力意识

国家语言能力是一个新概念,用来指国家处理海内外各种事务所需要的语言能力,其中也包括国家发展所需要的语言能力。有学者指出,中国在这个方面的语言规划的近期目标应该是:我国要处理世界上任何地方发生的事件,都能得到所需要的语言支持;远大的目标是,在国家发展中获取政治、经济、外交、军事、文化、教育、科技等方方面面的“语言红利”。就我国外语能力而言，整体上还相当弱，尤其是语种数量不多，需要加大外语教育。但如何正确处理和母语的关系，改变英语独大的局面，需要国家有合理规划和相应政策。

当今，我们正面临着越来越多的语言问题和语言需求，迫切需要加快语言立法进程，健全语言法制体系，为构建和谐语言生活，促进我国语言文字事业发展，服务社会和国家提供法律保障。

第三节　他山之石可以攻玉
——外国语言规划一瞥

当前国际环境呈现出政治多极化、经济全球化和文化多元化的格局，语言对于国家发展的作用日益重要，因而语言规划越来越受到世界各国的高度重视。关注国外语言规划的经验教训，对于我国具有十分重要的现实意义和深远的历史意义。正如李宇明所说：“中国正在由‘本土型’国家开放为‘国际型’国家，国际型的国家要求我们必须研究世界。研究世界有远近两个目标：近目标是借鉴国际上的经验与教训，用更为宽阔的世界眼光来看中国，把中国现在的事情办好，把中国未来的事情计划好。远目标是履行一个大国的国际义务，同国际社会一道把世界的事情办好。”

全球 200 多个国家和地区的语言规划既有共性又有独特

之处，既有经验又有教训。我们仅选取几个不同的视角和较典型案例，来审视语言及语言规划对国家政治、经济，国家安全，民族、文化等方面的重要影响。

一、语言权利与背后利益

语言权利是当今世界普遍关注的敏感问题，越来越深刻地影响着政治生活。实际上，其背后是利益之争。比利时就颇为典型。前面有关部分已有涉及，这里只简略介绍。

1. 语言与政治的不解之缘

比利时的人口主要有三大族裔：北方荷兰语族裔（佛拉芒人）55%、南方法语族裔（瓦隆人）40%、东南部德语族裔1%。语言矛盾一直尖锐。

1963年的《语言边界法》把语言与政区划分相联系，确立了比利时目前的政府体系：全国划为3个行政区域（佛拉芒、瓦隆和布鲁塞尔）、3个语言社区（荷语社区、法语社区和德语社区）。佛拉芒区和荷语社区重合，瓦隆区主要包括法语社区、一小部分德语社区，而布鲁塞尔地区则是兼有荷语和法语的双语区。这些地区和社区都有各自的政府，因而比利时拥有6种政府：中央政府、佛拉芒政府（与荷语社区政府合一）、瓦隆政府、法语社区政府、德语社区政府和布鲁塞尔政府。这就使语言与政治紧紧地关联在一起了。

2. “结缘”带来的大麻烦

语言与政治的“结缘”也带来一些困惑。在比利时的政治生活中单语现象非常普遍。政党的工作语言非荷语即法语，而且大多数比利时人只能在他们所属的语言社区内参加选举。布鲁塞尔是国家首都，是双语区，同时也是荷语社区的首府，但该市不隶属佛拉芒区的管辖而是行政独立。近年，这座城市的荷语单语人只占其总人口的 7%，法荷双语人占 8.6%，大多数人为法语单语人。布鲁塞尔地区的选民可以选择他们自己的政党，但是在过去的几十年中，这一选举方式导致了一系列的政治冲突。

2010 年 4 月引发比利时政局动荡的导火线是首都布鲁塞尔大区内的布鲁塞尔-哈尔-维尔行政区的归属问题，这个行政区原本分别属于荷语居民区、荷法双语居民区。当年荷语党派提出要拆分该行政区，将其中的荷语居民区从布鲁塞尔大区中分离出来并划拨到荷语社区。法语政党坚决反对荷语政党的提案，由此，荷语政党与法语政党之间的利益冲突加剧。4 月 21 日，围绕这一问题的谈判破裂，荷语开放自由党宣布退出比利时执政联盟，导致了以莱特姆为首相的政府的垮台，直至 2011 年 12 月 6 日，500 多天处于无政府状态。

3. 语言背后是利益

比利时的法语政党和荷语政党之间的角逐导致政府更替频繁、政治危机频发，政府运转受到影响，也削弱了比利时经济复苏的能力。

其实这些问题的出现并非孤立事件，而是不同利益集团之间的政治壁垒、利益冲突以及历史矛盾等多重因素共同作用的结果。比利时虽然是官方多语国家，但语言和民族之间的单一对应关系明显，单语意识形态非常浓烈。占人口多数的佛拉芒人把语言斗争视作民族主义斗争，因而其政党不断要求扩大自治权，欲独立于比利时之外，而法语区政党却支持维持一个统一的比利时。

观察：随着苏联和南斯拉夫解体，语言在西方逐渐被看作是一个民族的核心标志。很多人认为正是苏联和南斯拉夫的多语现象导致了其政局不稳和社会动荡：人们说不同语言，意味着他们拥有不同的文化，属于不同的群体。然而，通常情况下，语言从来不是造成政治冲突的唯一因素，甚至不一定是主要因素。语言更多的是象征性，语言权利的实质是政治、经济利益。民族主义党派经常将语言问题作为激起民众情绪的工具，以达到获取政治、经济等某些利益的目的。就比利时而言，语言问题常常是内部政治冲突的导火索，其深层原因，在于该国社会的主流语言意识形态仍是单语意识形态，不同党派为了各自的利益而否定实际存在的双语制和语言、社会、文化的多样性，因而导致无休止的冲突和争端。

二、语言规划与国民经济

语言本来就与经济相联系。不过，这种联系在当代社会日益显露、更加密切。因而语言规划对国民经济的发展具有重要作用。澳大利亚的发展说明了这一点。

澳大利亚是 1931 年正式独立的英联邦国家，该国注重发展自己显性的语言政策，并通过语言规划提升国家语言能力以适应经济发展，不仅在英语世界独树一帜，而且对非英语的多民族国家亦有重要的参考价值。

1. 语言政策的来龙去脉

澳大利亚是典型的移民国家，被社会学家喻为“民族的拼盘”。自英国移民踏上这片美丽的土地之日起，已先后有来自世界120个国家、140个民族的移民到该国谋生和发展。多民族所形成的多元文化是该国的一个显著社会特征。

澳大利亚语言政策与其移民政策相伴而生。该国文化和语言政策大致经历了“单一化-同化-多元化”三个主要阶段。单一化是无视多民族、多语言和多文化的存在，同化是努力使土著和移民文化融入主流文化之中，多元化是承认多元文化及其价值的存在并鼓励其发展。该国对多元化的认识，也相应地经历了一个从问题、权利到资源的过程。

20世纪70年代前，单一语言政策来源于以盎格鲁—撒克逊文化为中心的“白澳政策”。这是联邦先驱者为实现“同一国家，同一语言”的国家理念所采取的一大建国措施，即重视欧洲移民而对土著居民和非欧洲移民采取歧视和排斥政策。因为当局认为，多元化是一大问题，是国家统一和发展的阻力，是国家建设的离心力。

1972年第21届总理惠特拉姆组阁上台，大刀阔斧地追求人权和平等，成为该国政策由单元观过渡到多元观的关键。其中，与语言直接相关的政策包括：最终放弃白澳政策，鼓励发展社区语言及多语电台和电视，实施非英语母语澳大利亚人的语言教育项目，立法保障土著人权，实施对新移民的多元文化政策等。

20世纪80年代经历了少数族裔权利运动的洗礼之后，从90年代开始社会逐渐形成了多元化“资源助力观”。人们开始接受这样的观点：多元化是少数族裔的一种基本权利，是一种社会资源，合理开发和利用该资源，将有利于文化繁荣、民智开启和社会团结，同时，多元化还有利于个体文化传承和情感发展。

1987发布的澳大利亚第一份国家语言生活政策文件《国家语言政策》，对全面调整该国语言政策有着重要的历史意义，具有权威性、综合性、公开性、前瞻性等特点。其中心内容是“四E”社会目标：平等(Equality)、经济(Economics)、丰富(Enrichment)和外向(External)。

2. 语言势力格局

澳大利亚人语言政策规划主要围绕三大语言的地位规划而展开，即强势的英语、弱势的土著语和随时代风云起伏的社区语。英语包括两个方面：第一是母语教育，主要是提高以英语为母语的国民的语言能力；第二是以交际为导向的第二语言或外语教育，教学对象既包括国内的母语非英语的外国移民，也包括国内外的外国公民。与之相应的三大语言社群是：英语社群、土著社群、移民社群。

澳大利亚开国初期在教育领域有过强制使用英语的政策，但直到《国家语言政策》的发布，才确立了此后至今澳大利亚语言政策的一项总原则：英语为澳大利亚的国语和官方语言，但国民有学习和使用其他语言的权利。作为殖民者和全国人口的三分之二的母语，英语在澳大利亚的地位一直非常稳固。英语的价值主要体现在两个方面：一是国家身份的认同，主要通过承认本土英语作为澳大利亚标准英语而得以实现。二是经济利益的增长，对内措施是提高国民语言技能，以便为工业和技术发展提供合格的劳动力；对外措施是加强语言教育，旨在提高出口创汇。

由于欧洲殖民者对澳洲土著曾先后实行过种族灭绝政策、种族歧视政策，土著原先使用过的几百种语言目前仅剩下五六十种了。土著人口占全国总人口的极小部分，且超过 90% 的土著人已改说英语或洋泾浜英语。从语言势力三足鼎立的层面上看，土著语成为最大牺牲者。尽管土著语言在政府的资助项目中处于和社区语同等的地位，但在实际教育体系中却备受冷落，其研究和保护也主要局限于学术和文化领域。但是，这类语言与语言、文化生态多样性的保护相关联，在选举中具有较高的政治价值，因此常被作为政治家手中的一张牌。

澳大利亚移民社群分为两大部分，相对于 20 世纪 70 年代白澳政策放弃之前的欧洲移民，此后的亚洲移民更多地保持着自己鲜明的民族特色。在单一化和同化时期，政府曾经有过不准在公开场合使用移民语言的规定，自 20 世纪 70 年代末开始，社区语言地位才逐渐提高。90 年代初，语言政策受兴起的强调经济价值的新理性主义影响，促使社区语言中的西方语言与东方语言此消彼长，乃至 21 世纪初亚洲主要语言从教育边缘一跃而成为各级教育最广泛的语言科目并取代了欧洲语言传统的主导地位。然而,这一政策引来一部分人的不满,在他们看来,丰富的社区语言生活并没有客观地反映到学校语言教育里。因此2002年后,政府停止对亚洲语言学习项目的拨款,导致选修学生人数骤减。

3. 语言政策对国家经济及安全的考量

20世纪末以来,经济学界的一个新趋向是寻找教育水准与劳动生产者之间的联系。政策制定者对公民整体语言水准下降产生普遍的担忧,特别是在英语国家。新政治经济学对劳动资本观点的阐释,国家竞争力的危机,影响到学校课标的修改和调整。受其影响,澳大利亚语言多元化热潮有所降温,国家语言政策发生了一些转向。一方面,英语的主体地位得到重申,但此时不是强调英语对国家团结和追溯英国文化根源所起的作用,而是重视国民的整体英语能力在国际经济竞争中所扮演的重要角色。另一方面,亚裔人口正在迅速增长,且澳大利亚对国际贸易依赖较大,亚洲是该国近年来的贸易进出口主要市场,对重要的贸易伙伴国语言(以日语、汉语、韩语、印尼语为主)的学习虽然有起有落,但总体而言在政策上是得到了进一步的加强,其推动力就是国家未来的经济繁荣及安全。联邦政府出台的多项语言政策,主要是用于资助国民英语读写能力的提高和对亚洲语言的学习。

20世纪90年代的重要语言政策包括:1991年的《国家语言及识字政策》,提出所有的澳大利亚人都应该培养和保持实用的英语能力以参与到澳大利亚的社会生活当中，同时还提出应将14种语言作为优先语言，建议各州府根据自己的情况从中选出8种语言作为各自的优先语言；1994年的《澳大利亚学校亚洲语言与研究战略》(1994—2002年)，重点强调了四门优先语言——汉语、印尼语、日语和韩语，每年政府拨款额超过2亿澳元；1998年的《读写能力：澳大利亚学校的挑战》，提出要全面支持所有学生读写能力的培养，并提倡全国性的读写能力测试，联邦政府将每年拨款37亿澳元用于该项目，并且联邦政府对地方财政资助基金每年将累计拨款41亿澳元。

随着《澳大利亚学校亚洲语言与研究战略》于2002年停止，政府对语言政策开始漠不关心且无所作为，致使英语以外的其他语言的学习状况令人堪忧，因而学界向政府大力呼吁："澳大利亚要想避免单语所导致的教育、国家安全和经济方面的严重后果，就必须采取紧急性活动。"(王辉2010)由此，提升国家语言能力再次得到政府重视。2005年制定了《2005—2008澳大利亚学校语言教育计划》。据澳联邦教育、就业与劳动关系部2008年发布的报告统计，2005年有79种语言课程(含口语)在政府学校、天主教学校、独立学校和民族学校中开设；尽管政府政策的力度较大，但语言教育政策的具体实施过程中还存在教师、教材、语言教育与整个教育体系的关系等诸多难题。2010年调查数据显示，澳大利亚缺乏基本识字和算术技能的贫困工人近400万，他们大多从事劳动密集型的低层次服务工作，由于不能阅读和理解英语的书面操作标准程序，而常常造成操作错误。

2009 年，陆克文政府启动《国家学校亚洲语言与研究计划》，两年半内斥资 6240 万澳元，主要用于在高中设立更多亚洲语言课程；其目标是：到 2020 年，至少 12%的 12 年级毕业生能够流利使用四门亚洲语言（汉语、日语、印尼语和韩语）中的一种，能够胜任与亚洲的商贸工作或达到大学的语言要求。

观察：澳大利亚语言政策的实施虽然并非一帆风顺，然而近年来的一些积极的语言政策彻底改变了整个澳洲大陆的语言生活，同时也在某种程度上改变了该国长期形成的单元文化结构和意识形态面貌，这种改变促进了经济的发展，有利于社会的稳定和种族的和谐，体现了民主和平等的国民价值观。政府所采取的语言政策与其语言观念存在着密切的关系：当侧重于把语言看作问题时，政府倾向于采取语言同化政策；当语言资源、语言权利的意识较强时，政府倾向于采取多元化政策；当这三个方面都受到重视时，政府倾向于采取“优先化”的语言政策（李宇明 2010）。在语言生活领域，三大语言势力的升降变化不仅常常成为该国当代社会和政治斗争的晴雨表，而且也体现出其近年经贸领域发展的轨迹。平衡三大语言社群的关系，是该国语言规划的一大中心内容。英语读写能力是影响国家经济竞争力的一个不可低估的因素；土著语的价值主要体现在以选票为根本利益的政党政治和社会公正方面；社区语言与贸易外语常常重合在一起，其价值侧重于经济发展、国家安全。尤其值得注意的是，即使语言多元化被认为是一种文化资源，但经济因素往往限制或影响了人们保持母语、学习第二语言或外语的机会。

三、语言立法与民族独立

语言是民族的要素，在民族国家构建中具有重要作用。因而民族主义者常以语言为旗号和政治武器。苏联的解体就是一个典型案例。

回顾历史会发现，各个加盟共和国从主权化运动到宣布退出苏联，最终成为独立的主权国家的进程，是以 1989 年开始的语言立法运动(或称国语化运动)为信号而开始的。

1. 轰轰烈烈的语言立法

苏联时期，尽管俄语实际上发挥着国语的作用，其他加盟共和国主体民族的语言仅仅是当地官方语言之一，但因为强调民族平等和语言平等，苏联对包括俄语在内的所有语言的地位并没有特别明确的规定。

1985 年，戈尔巴乔夫上台，苏联进入经济和政治改革时期。随着改革政策的深入、中央权力的下放，各加盟共和国便寻求在语言政策等方面拥有更大的自主权。此前，即 1978 年，仅有亚美尼亚、格鲁吉亚、阿塞拜疆在各自的新宪法中确定了各自主体民族语言为国语。而 1989 年 1 月爱沙尼亚率先通过《爱沙尼亚苏维埃社会主义共和国语言法》，宣布爱沙尼亚语为国语并且是该共和国的唯一官方语言，这是第一部加盟共和国层面的语言法，从而开启了各加盟共和国及其内部自治共和国轰轰烈烈的语言立法运动。截至 1991 年 10 月，13 个加盟共和国都颁布了各自的语言法，都将本共和国主体民族语言确定为国语。

新语言法的实施，使各加盟共和国主体民族语言的地位得到了提高，俄语的功能则骤然缩减，其他少数民族语言的发展情况则更加复杂。然而，这一系列变化所带来的不仅仅是语言政策的巨大转变，还关涉到各共和国新政权结构的产生和主权国家制度的形成，加剧了各共和国内部族际冲突和跟联盟中央的矛盾，助推了苏联的解体。

2. 语言立法的背后

20 世纪 20 年代苏联成立之后，国内各地区、各民族在政治、经济、文化、教育等各方面高度“一体化”，作为全国的官方语言和各民族之间的族际交际语的俄语，在政府的大力推广下得到了广泛的普及。1989 年 62％的非俄罗斯人熟练掌握了俄语，但仅有大约 4％的俄罗斯人掌握其他民族的语言，由莫斯科指派的在各加盟共和国工作的许多干部也不懂当地民族的语言。可见，原住民族和俄罗斯族掌握彼此语言的情况是非常不平衡的。因此，语言立法运动的支持者认为，苏联 20 世纪 30 年代末以后的语言政策是强制俄罗斯化的语言灭绝政策，使很多少数民族语言遭到同化并危及其生存能力。

从表面来看，各加盟共和国进行语言立法的主要目的是反俄罗斯化、复兴其主体民族语言，优先发展主体民族文化。其实，大都意在迫使自己境内的少数民族，特别是俄罗斯族，放弃“统一的苏联人民”“统一的苏维埃祖国”的概念，融入加盟共和国主体民族之中，为争取独立打基础。

3. 语言立法运动的冲击波

加盟共和国语言立法运动对苏联的中央政权、民族关系、文化认同、社会阶层等诸多方面产生了重大影响。仅就民族融合、国家统一这个角度来看：

第一，语言立法成为一些社会精英进行政治斗争的重要手段。他们首先强调语言是民族的象征，要复兴民族语言的功能就要赋予其国语地位；若要保障民族语言的国语地位，全面发挥国语的功能，就要建立独立的民族国家。正如俄罗斯学者古博格洛(1993)所说，在语言立法的初始阶段，立法者将国语、国家民族、民族的国家编织在一起；在第二阶段将民族地域、国语、民族国家推到前台；最后，语言、地域、民族、国家成功结合，摧毁了“民族友谊”“多民族人民”“新的族际共同体——苏联人民”的根基。

第二，各加盟共和国按照民族语言原则对社会阶层进行了重新分类，重建了社会结构的上层和中层。因为这些语言法均规定，所有服务、医疗、法律、市政机关的领导人和从事与当地居民打交道工作的专家，除掌握俄语外，还必须要掌握国语。这种规定等于将根据掌握何种语言来调配干部，把掌握国语作为进入权力阶层的重要条件。

第三，加剧了大多数加盟共和国内讲国语的居民和讲俄语的居民之间存在的严重分化、对抗乃至冲突。例如，1989 年摩尔达维亚共和国根据其语言法大规模地解雇未掌握国语者，严格限制讲俄语的公民用母语获得教育与信息的权利，引发了工人运动与民族运动。1990 年，该共和国出现政治分裂，成立了“加告兹共和国”和“德涅斯特河沿岸共和国”，开始出现旷日持久的民族对峙。格鲁吉亚共和国规定，格鲁吉亚所有机关、企业、学校只使用国语格鲁吉亚语，但其境内的南奥塞梯在历史上广泛使用俄语，该政策导致南奥塞梯的冲突加剧。

观察：在多民族多语言的环境中，一种语言一旦被确定为国语，其使用者就会随之处于优势地位，而处于劣势地位的语言群体也时常把语言作为其通向民族、政治自决和建立独立国家道路上的可以利用的一个重要因素。这种状况自然会对一个主权国家的领土完整、民族团结产生威胁。1989 年开始的苏联各加盟共和国语言立法行动，与各共和国新政权结构的产生和主权国家制度的形成相联系，与各共和国国内族际关系的尖锐化和族际冲突的产生相联系，与俄罗斯人和俄语居民外迁趋势的出现及扩展相联系，与苏联最终走向解体相联系。可以说，苏联最终崩溃的原因很多，而语言、地域、民族、国家四个因素交互作用所形成的巨大推动力量无疑也是重要因素。

四、外语教育与国家安全

当今社会，语言成为国家安全领域的重要因素，尤其是美国“9・11 事件”，促使很多国家空前重视外语教育，美国更是竭尽全力，推出了一系列重大举措，包括实施“关键语言”计划。其国家语言战略设置了四个目标：一是维护国家安全；二是提升美国在海外市场的竞争力；三是制造“语言武器”，传播美国意识形态;四是为海外战场的军事、情报、外交人员装备“语言武器”。显然,其核心是维护国家的全面安全。从本书有关部分述及的情况即可看出这一点。

观察:如果说苏联凭借军事技术上的优势在20纪50年代对美国的传统安全领域带来了巨大的军事威胁,那么,“9·11事件”给美国带来的则是非传统安全领域的威胁和挑战。这两次重大历史事件对美国外语教育政策的发展及其与国家安全的密切关联起到了关键性作用。美国政府清楚地认识到,以往外语能力和理解其他国家文化能力的不足,削弱了美国跨文化交际的能力和对国内外的了解,不仅威胁着美国的国家安全,而且阻碍了社会的流动能力,减少了美国在海外的经济竞争能力。因此,美国的外语教育政策不仅高度重视国家安全因素,同时也体现出对国家政治、经济目标的考虑;不仅着眼于当前,而且站在全球化的高度为国家的未来发展从长计议。

五、语言政策与文化传播

语言传播的核心在文化。英国的做法明白地告诉我们这一点。

综合有关信息可知,目前,世界上有57个国家将英语作为第一语言,67个国家将其作为第二语言。若将以英语为第一语言和第二语言的人合在一起,这种语言的使用人数在全球排名第二,是当代的“世界通用语”。全球大多数计算机编程语言都与英语有关,随着互联网使用率逐年上升,英文在世界范围内的使用将更为普及,而17世纪以前,英语还只是使用人数不多的语言。在短短的不到4个世纪的时间里，英语何以一跃成为主要的国际交流语言？究其原因，主要有三个方面：一是英国在17—19世纪开拓海外殖民地和发展海外贸易时期大力推广英语；二是二战后美国在经济和科技等领域的强势发展进一步促进了英语在全球的传播；三是1950—1970年间英美两国政府和民间对英语传播的大量投入。英国作为英语的"故乡"，全国6140万人口中将英语作为第一语言使用的人占到98%。其19—20世纪所采取的主动而积极的语言传播政策，是英语及其文化向海外传播的不可忽略的催化剂。

1. 英语在海外的传播历程

对于英语在海外的传播，英国主要经历了两个阶段：

首先，殖民扩张传播阶段。英语在海外的传播始于16世纪，是与英国的殖民地扩张相伴随的，即使20世纪中叶，许多新近独立的国家也仍将英语作为其半官方语言。殖民地虽然取消了，但英语却能在当地扎下根来，一个重要的原因就是英国政府当时在教育领域大力推行英语，许多教育模式也照搬英国的，将英语作为教学语言。教育在殖民化的过程中占据核心地位，英语成为"进入殖民地精英阶层的官方手段和颇具奇效的良方"(Phillipson, R. 1992)。因此，有些学者认为，英国的语言推广政策是语言帝国主义(linguistic empiricism)的表现方式。英国政府在后殖民地时期采用经济援助的方式仍继续推行强势英语教育。

其次，文化教育传播阶段。1934年英国文化协会成立，启动了殖民地时期结束以后英语向海外传播的新模式,英国政府正式将英语传播纳入国家战略体系。

2. 全球最大的语言传播机构

英国文化协会现在是世界上最大的语言传播机构。有关数据显示,每年,协会管理着近200万个英国董事会和机构的考试,学生人数几乎达到1.3亿,另有1200万潜在的学生通过其教育网站获得信息和服务,有250万人通过其课程学习英语。2009年该协会迎来了成立七十五周年的纪念日,仅这一年它已在110个国家和地区设立220多间办公场所,营业额超过6亿多英镑;员工7400名,其中15%在英国,85%在其他国家。

协会成立之初的宗旨是:"使海外国家对我们的人民、哲学和生活方式有很好的了解,同时理解我们的外交政策,无论我们现在的外交政策是什么,也无论是源于何种政治信仰。"1993年改为:"促进海外国家对联合王国和英语的了解,增进联合王国与其他国家在文化、科学、技术和教育领域的合作。本协会通过文化合作及提供资助来达到这些目标。"两个版本的共同点是促进和鼓励其他国家民众对英国的了解,不同之处是,前一版本强调海外国家对英国外交政策的理解,而后一版本还突出了英国与其他国家之间的文化、科技、教育合作,正如现任委员会主席尼尔·金诺克所说:"我们不强迫任何人'思考英国',我们给他们提供学习英国怎么思考的机会。"可见,英国希望通过英语传播活动传达英国的价值观念、英语文化等,建立起英国与其他国家和人民的互信，为英国赢得终身的朋友，实质是为国家的发展创造良好的外部环境。

英国文化协会是以慈善机构注册的社会团体，在名义上虽说是非政府、非营利组织，实际上是半官方机构。协会于1940年获得的《皇家特许令》、1993年获得的《皇家增补特许令》，都对协会的成立目的、工作目标、权力、投资方式、收入和财产的使用途径、财务管理、会员享有的权利、理事会的责权等都做了规定，具备较强的法律约定性。当下协会的庇护人是伊丽莎白女王，副庇护人是查尔斯亲王，理事会主席是前工党改革派领袖尼尔·金诺克爵士。协会每年都会获得政府大笔拨款，与此相应的是，协会的年度工作报告、财务的预决算、资金的使用方式等都须得到政府相关部门的审核。在政府的扶植和鼓励下，协会的运转已进入良性发展，其自创性收入和民间组织的投资等占总收入的比重越来越大，2009—2010年总收入达7.05亿英镑，其中政府拨款和其他所有收入的比例分别占30%、70%。

观察：英国文化协会1987—1988年度报告中称："英国拥有的黑色金属并非北海石油，而是英语。长期以来，英语一直是我们民族文化的基础，目前正迅速变为商业及信息国际语言。我们的任务就是充分发掘这种资源。"英语在海外的传播，19世纪主要靠英国的殖民扩张，20世纪则是通过文化和教育手段。尤其是在后一阶段，英国政府制定了具有导向性的政策和有力的法规作为其向海外传播英语的纲领性文件和可靠保障。综观英国英语海外传播历程可以发现,一方面,语言传播的成功开展离不开政府的支持,另一方面,语言也是国家实施文化传播战略、营造更好的外部发展环境可以借助的一种资源、一种媒介。

六、语言政策“智库”与国家需求

复杂的语言问题,日趋旺盛的语言需求,促使一些国家的语言智库诞生了。其宗旨就是为国家的语言政策出谋划策。美国的马里兰大学高级语言研究中心是典型代表。

“9·11事件”使美国政府增强了对不熟悉以及研究不多的国家或地区的语言进行研究和学习的急迫感。于是,2003年高级语言研究中心在美国马里兰大学应运而生。作为语言政策与语言规划研究机构,该中心已在发挥国家语言政策“智库”的作用。

1. 服务国家政府的使命

马里兰大学高级语言研究中心的根本使命是:研究语言,服务国家。即主要解决下列问题:如何提高国民对语言和文化的学习能力?如何提高和评估政府工作人员的外语能力?如何完善国家在语言能力培训、测试方面的政策和投资措施?如何使语言学相关研究有助于传递国际语言政策和语言规划?

基于上述使命,该中心的研究兼顾基础与应用、战略与战术多个维度。2006年,该中心完成了35个课题,如“阿拉伯语方言的识别与区别”“双语资源与词典编撰环境”“认知神经科学”“国防语言测试顾问委员会”“发现跨文化中的陷阱”“高水平语言能力的获得”“成功之路:美国国家安全局与国务院外语专业人员”“语言表现因素”“语言培训中的技术媒介”等。

该中心的服务对象包括美国中央情报局、美国国务院下属的外交人员服务中心、美国海军陆战队、美国国防情报局、美国国家安全局、美国国家地理与空间情报局、美国国防语言办公室等多个政府部门。正因为该中心直接为联邦政府部门的关键需求提供必要的研究和帮助,所以政府和马里兰大学为该中心的硬件设备、调研对象、学科地位提供支持。

2. 多领域多学科合作的架构

作为一个创新型的世界级研究机构,该中心把政界、学界以及公众联系起来,同时结合语言学、心理学、生物学、教育学、人类学、社会学、公共政策学、传媒学、工程学、商学、信息学等相关学科的研究理论和方法,形成合作型的跨学科研究平台,共同解决具有全国性的乃至全球性的语言问题。与中心有合作关系的其他知名大学包括哥伦比亚大学、加州大学 Santa Cruz 分校、乔治·华盛顿大学等知名大学。

3. “订单式”服务模式

美国政府相关部门组建“管理董事会”,负责征集和整理各个政府部门需要解决的语言问题,并将这些“专业任务订单”交给该中心。然后,中心的研究人员和提出问题的政府部门的“主题事件专家”共同组成研究团队,围绕需要解决的问题展开调查研究并提出解决方案。接下来,将有研究团队通过实地评测来确定研究成果的有效性,最后,在进一步完善的基础上,中心才向相关部门提出最终解决方案。

观察:在制定语言政策的过程中,政府部门通常需要参考与语言文字工作相关的权威学术机构所提供的意见,使政策更具科学性、前瞻性。建在美国马里兰大学的高级语言研究中心是一个独立研究机构,服务目标明确、研究视野开阔、服务模式新颖。该中心在语言使用、语言教育等方面开展了多项实证调查和科学研究,其成果不再局限于学术价值,而是走出象牙塔,服务国家,产生了良好的社会效益,为政府部门等制定语言政策、语言法规提供了重要依据。

第八章 语言与政府风貌

[阅读提示] 言为心声，文如其人。为政者的语言风格，往往反映其政府的作为和风貌，也影响政府的治理能力和成效。

文风是党风政风的体现，也是社会的风向标和晴雨表，也可以说是国运的一种气象。风清则气正，气正则事兴。良好的文风，体现的是执政者的良好理念、品格和作风，也是一种政治导向，它有利于促进社会形成求真务实、勤政敬业的风气，推动社会良性发展。反之，风浊则气邪，气邪则事废。

语言能力是人的核心能力。对领导者而言，是治国理政的利器，是智慧、风范和魅力的外化，也是决定事业成败的关键要素。诚如古人所言："出言陈辞，身之得失，国之安危也。"

政府新闻发言人代表着政府形象。优秀的发言人，会给政府加分添彩，反之就会添乱甚至抹黑。发言人的语言素质及能力是发言成败的关键因素，直接影响其发言水平及效果，进而影响其所代表的政府形象。

博客、微博等各种自媒体已成为民情的风向标。借助互联网这种重要的信息集散地，即时监测分析以"网络热词"为代表的"语情"，是及时了解民情动态、把握社会脉搏的很好方式，它可弥补正式信息渠道的疏漏和滞后，更快捷地上达和资政。

第一节　文以载道　空谈误国
——文风与党风政风世风

文风，简而言之，就是使用语言文字的风格。古人云："文以载道"、"文如其人"。文章是人写的，是用来表达思想的，文风体现的是人的品格和作风。文风清新朴实者，往往作风踏实干练；文风奢华浮夸者，往往华而不实。所以毛泽东同志在《整顿党的作风》一文中指出："学风和文风也都是党的作风，都是党风。"习近平同志在《努力克服不良文风　积极倡导优良文风》一文中也指出："党风决定着文风，文风体现出党风。人们从文风状况中可以判断党的作风，评价党的形象，进而观察党的宗旨的贯彻落实情况。"可见，文风问题不仅仅是语言风格问题，而是党风政风的体现，事关党和政府的形象及国家的兴衰。

一、文风关国运自古而然

文风本身也是社会风气的一部分，是社会的风向标，甚至可以说是国运的一种气象。一般来说，一个时代如果文风清新朴实，社会就政通人和，气正俗良，从中也折射出执政者亲民务实，蓬勃向上，国家兴旺；否则反之。

风清则气正，气正则事兴。良好的文风，体现的是治政者的良好理念、品格和作风，实际上也是一种政治导向，它有利于促进社会形成求真务实、勤政敬业的优良风气，推动社会良性发展。以我国汉初为例，从总体上说，无论是一般政论、史传，还是大臣奏疏、皇帝诏书，展现的都是质朴畅达的文风，大都讲究深厚切实，经世致用。如贾谊的《论积贮疏》《陈政事疏》，晁错的《论贵粟疏》《言守边备塞疏》即为千古传诵，南朝刘勰评价这些文章："理既切至，辞亦通畅，可谓识大体矣。"（《文心雕龙·奏启》）汉代诏书也被奉为楷模：明人李贽说："历代诏令多文饰，惟孝文诏书，字字出肺肠，读之令人深快。"（《藏书》）清人姚鼐对汉文帝、汉景帝的诏令倍加赞赏，认为"意与辞俱美矣，后世无以逮之。"（《古文辞类纂》）近人林纾称赞汉景帝《令二千石修职诏》说："词既质朴，期望之意甚深……不多词费，而简明可味。"（《古文辞类纂》选评）足见汉初文风的淳朴和不朽。这种文风反映出那个时代开明、务实和进取的可贵精神。与此相应的是"文景之治"。又如唐代，总体上也是呈现出质朴务实的文风。韩愈、柳宗元等发起的源于初唐的反对绮靡文风、崇尚质朴古文的革新运动，不仅成就了一代优良文风和思想革新，而且惠及后世。而与此相应的，则是我国古代的大唐盛世。可见，盛世显良风，良风助盛世。

风浊则气邪，气邪则事废。考察历史，概莫能外。例如六朝，文风浮艳，恰与一些统治者生活糜烂、政治没落相契合。陈代后主陈叔宝就是典型例证。他不理朝政，沉溺声色，喜爱艳词，日夜与大臣妃嫔宴饮赋诗，最终丢了江山，成了俘虏。由他创作的艳诗《玉树后庭花》所谱成的曲子成了亡国之音。这也表明，文风与政风世风密切相关，诚如古人所说："文变染乎世情，兴废系乎时序。"（《文心雕龙·时序》）这是古今通则。

二、治政重文风是党的传统

重视文风建设是中国共产党的优良传统。早在延安时期，尽管战火纷飞，中国共产党也不忘文风建设。中国共产党历史上开展的第一次大规模的整风运动，就包括整顿文风。1942年2月1日，毛泽东同志在中央党校开学典礼上做了《整顿学风党风文风》的报告，明确指出："我们的学风还有些不正的地方，我们的党风还有些不正的地方，我们的文风还有些不正的地方。所谓学风有些不正，就是说有主观主义的毛病。所谓党风有些不正，就是说有宗派主义的毛病。所谓文风有些不正，就是说有党八股的毛病"。同年2月8日，在中央宣传部召集的延安干部会议上做了《反对党八股》的演说，细数了党八股的八大罪状：空话连篇，言之无物；装腔作势，借以吓人；无的放矢，不看对象；语言无味，像个瘪三；甲乙丙丁，开中药铺；不负责任，到处害人；流毒全党，妨害革命；传播出去，祸国殃民。并且一针见血地指出："党八股里面藏的是主观主义、宗派主义的毒物，这个毒物传播出去，是要害党害国的。"告诫全党"必须抛弃党八股，采取生动活泼新鲜有力的马克思列宁主义的文风"，"代之以新鲜活泼的、为中国老百姓所喜闻乐见的中国作风和中国气派。"自此，我们党逐步形成了以实事求是、朴实清新为特征的优良文风。

毛泽东同志以身作则，他的文章和讲话都是质朴深刻、生动活泼的典范。读其文如品佳酿，听其言如沐春风。有学者总结出他文风的四大特点：一是有气势，即有革命家的气势——

“理直气壮，舍我其谁”；二是有思想，即有思想家的高度——“理从事出，片言成典”；三是知识渊博，即有学者式的积累——用典丰富，文库史海，随手拈来；四是个性的语言，即政治家加文学家的语言——典雅、通俗、幽默。开创了政论文从未有过的生动局面。工人农民看了不觉为深，专家教授读了不觉为浅。（梁衡 2013）邓小平同志历来注重务实，反对不实风气。他的文章和讲话都深入浅出。1975 年，他主持起草周恩来总理在四届全国人大一次会议上的报告，只用了 5000 字。他说：“毛主席指定我负责起草，要求不得超过五千字，我完成了任务。五千字，不是也很管用吗？”粉碎“四人帮”以后他针对党的优良文风在“文化大革命”中遭到严重破坏的现状，大力倡导并率先垂范开短会，讲短话、讲实话、讲新话。江泽民、胡锦涛等同志也都非常重视文风建设，并且以身示范。

毋庸置疑，中国共产党长期以来倡导和培育的以实事求是、朴实清新为特征的优良文风，对于我们党的建设与壮大，对于取得抗日战争、解放战争的胜利，以及促进我国社会主义建设和国家不断发展，无疑发挥了极其重要的作用。

遗憾的是，党的优良文风在“文化大革命”中遭受了侵害，教训是极其沉痛的。当前，我国已经进入全面建成小康社会的新时期，改革开放的不断深化和国际环境的复杂化，会不断给我们带来新的冲击和考验。在这种现实条件下，更需要防范各种不良因素的侵蚀，警惕假大空文风的蔓延。

习近平同志曾严肃而深刻地指出：“党的历史经验证明，文风不正，危害极大。它严重影响真抓实干、影响执政成效，耗费大量时间和精力，耽误实际矛盾和问题的研究解决。不良文风蔓延开来，不仅损害讲话者、为文者自身形象，也降低党的威信，导致干部脱离群众，群众疏远干部，使党的理论和路线方针政策在群众中失去吸引力、感召力、亲和力。可以说，一切不良文风都是不符合党的性质、宗旨的，都是同党肩负的历史使命相背离的。大力纠正不良文风，积极倡导优良文风，已成为新形势下加强和改进党的作风建设一项重要任务。”（《努力克服不良文风　积极倡导优良文风》）

三、领导人示范力树新风

以习近平同志为总书记的新一届领导集体在上任伊始就把改进文风列入重要议事日程。2012 年 12 月 4 日，中共中央政治局召开会议，审议关于改进工作作风、密切联系群众的八项规定，其中就明确要求“切实改进文风”。随之，中宣部发出《关于贯彻党的十八大精神 切实改进文风的意见》，要求宣传思想文化战线把改进文风作为宣传贯彻党的十八大精神、落实中央政治局八项规定的重要任务，作为改进工作、提高舆论引导能力的重要机遇，下大决心大气力抓紧抓好，给人一种春风拂面之感。

习近平同志早在中央党校 2010 年春季学期第二批开学典礼上就指出：“当前，在一些党政机关文件、一些领导干部讲话、一些理论文章中，文风上存在的问题仍然很突出，主要表现为长、空、假。”为此，他有针对性地向全党提出了“短、实、新”的明确要求。

新一届中央领导同志不仅发出改变文风的号召，而且率先示范。他们履新以来，讲话凝练而平易，朴实而生动，展现出质朴清新的语言风格和亲民务实的风范，不仅得到了广大群众的赞扬，常为国内各大媒体聚焦，而且成为海外媒体热议的话题。例如，2012 年 11 月 15 日，新一届中央政治局常委首度集体公开亮相时，新当选的中共中央总书记习近平同志以“让大家久等了”这句带有歉意的话开头，平实自然，随后的讲话也非常精当，无一句“穿靴戴帽”的空话套话，首先就赢得了广泛肯定。有人对习近平同志的讲话风格进行了较全面的研究总结，概括为八大特点：“善于用讲故事、举事例、摆事实的方式同频共振、凝聚共识；善于用大白话、大实话和群众语言深入浅出、解惑释疑；善于用聊天式、谈心式的语气娓娓道来、触及心灵；善于用极其凝练、高度概括的话语提纲挈领、大开大合；善于用问题开刀，拿现象作靶开诚布公、振聋发聩；善于用古今中外的优秀文化元素广征博引、纵横捭阖；善于用诗一般的语言抒发大情怀、展现真性情；善于用可亲可敬、平易和蔼又从容淡定、沉稳大气的肢体语言和语态眉宇传神、灵动善融。这种语言风格和特点，充满吸引力、感染力、感召力，对纠正领导干部讲话中的假、空、长等不良风气，有很重要的意义。”[①]李克强同志讲话也同样朴实生动。2013 年 3 月 17 日中国新闻网以《李克强妙语答记者：朴实词语中展现幽默和坚定》为题报道说，在他作为总理的

① 文秀：《习近平讲话的语言风格及特点》，《学习时报》2013 年 12 月 9 日。

首次记者会上，朴实幽默的话语不断闪现。“要让人民过上好日子，政府就要过紧日子”“喊破嗓子不如甩开膀子”“现在触动利益往往比触及灵魂还难”“行大道，民为本，利天下”等表述，凸显出这位新任总理的鲜明个性色彩，也表明了他带领新一届政府戮力改革的实干决心。2013 年 3 月 18 日人民网《李克强答问获网友好评 被赞接地气尽显专业功底》一文报道：台湾《联合报》资深记者赖锦宏说：“李克强总理对我的问题回答得很实在，没有空话、套话。我想，台湾同胞会有感的！”

新一届领导人整饬文风的努力及他们清新朴实的语言风格，不仅展现了他们求真务实、勤政为民、奋发向上的风貌和魅力，也进一步拉近了党和政府与普通民众的心理距离，密切了党群关系，这无疑将进一步增强全国上下的凝聚力和向心力，全面开创一个新时代。

总之，诚如古人所言：“盖文章，经国之大业，不朽之盛事。”（曹丕《典论·论文》）文风非小事，决不可轻视。

第二节 一人之辩胜于九鼎之宝
——语言能力与领导智慧

古言道：“一人之辩，重于九鼎之宝；三寸之舌，强于百万之师。”这意在彰显语言的神力。对于领导者来说，语言是治国理政的利器，事关重大。所谓“一言而兴邦，一言而丧邦”就是对执政者需要谨言慎行的忠告。

古今中外杰出的政治家一般都有超然不凡的语言能力。例如，在我国古代，晏子善言，辅政国君服，出使不辱国；烛之武以三寸之舌，退强秦之兵；诸葛亮舌战群儒，促成孙刘联盟。在国外，古罗马的演讲巨擘西塞罗，凭借其能言善辩而跃身政坛，成为古罗马的执政官。而斯大林在称赞列宁的演讲时说："当时使我佩服的是列宁演说中那种不可战胜的逻辑力量，这种逻辑力量虽然有些枯燥，但是紧紧抓住听众，一步一步地感动听众，然后就把听众俘虏得一个不剩。我记得当时有很多代表说：'列宁演说中的逻辑好像许多万能的触手，从各方面把你钳住，使你无法脱身：你不是投降，就是完全失败。'"这都是众所周知的典范。

随着时代的发展，面对复杂的社会环境，领导者在听政决策、沟通协调、处置突发事件以及国际交往时更需要高超的语言艺术。

一、言约旨远显睿智

"删繁就简三秋树，领异标新二月花。"言约旨远、朴实无华的语言表达可充分显示领导者的智慧和风范，增强领导者的亲和力和魅力。

毛泽东同志的语言风格是公认的典范。他不仅力倡朴实无华的文风，而且以身示范。言约旨远就是其风格之一。在井冈山时期，他针对党内一些同志流露出对革命前途悲观的情绪，甚至提出"红旗到底能打多久"的问题，用一封信予以回复，并用了"星星之火，可以燎原"八个字来概括，通俗、形象、深刻,鼓舞了革命斗志。对于中国共产党的思想路线怎么表述?应该说这是一个非常复杂而难以回答的问题,毛泽东同志则只以"实事求是"四个字就做了十分精辟的概括,这四个字成为对中国共产党思想路线核心的最经典的表述。再举一个生动的例子:还是在井冈山时期,鉴于当时十分严峻的斗争形势,党提出了持久战、游击战的思想,但不少同志不太理解其精神,于是毛泽东同志提出"十六字诀"来表述,即"敌进我退,敌驻我扰,敌疲我打,敌退我追"。言简意赅,通俗上口,成为毛泽东军事思想的重要内容。据有人研究,《毛泽东选集》总共使用了不到3000个汉字,但构建了博大精深的毛泽东思想体系。

习近平同志的语言艺术也广受赞誉。例如他履新以来在谈论反腐问题时用"猛药去疴、重典治乱""刮骨疗毒、壮士断腕""见善如不及,见不善如探汤""把权力关进制度的笼子里""老虎、苍蝇一起打"等成语典故和民间俗语来表达,充分展现了新一届中央领导集体"铁腕反腐"的坚强决心,振聋发聩。

二、和言细语化危机

随着改革的不断深入、国际化的发展,以及不可预测的自然原因,难免出现各种突发事件。如何处理好突发事件,是对领导干部行政能力和政府执政能力尤其是驾驭复杂局势能力的严峻考验。睿智的语言能力对于领导者成功应对处置各类突发事件具有十分重要的作用,有时甚至是成败的关键。得体的语言表达,犹如春风化雨,可以化险情为温情,化干戈为玉帛,化危机为契机。反之,后果不堪设想。

2005年11月松花江出现严重水污染事件，引起了哈尔滨市民的恐慌，而且谣言四起，给社会稳定造成了很大影响。时任总理温家宝赶赴哈尔滨，在察看群众生活用水供应等情况时，一位居民说："我们的生活井井有条，社会秩序也很好。谢谢党和政府，把群众放在心里。"而温总理却说："你这话要倒过来说，应该是党和政府谢谢你们，谢谢群众的理解、支持和配合。"温总理的一句"倒过来说"的话，令很多人感动。这对安定民心无疑起到了积极作用。当时许多媒体都争相报道了这一个非常值得注意的细节。

再如针对蒙牛集团几个批次的产品含有"三聚氰胺"的问题，蒙牛集团总裁杨文俊代表全体员工向全国人民和所有的蒙牛消费者道歉说："蒙牛几个批次的奶粉和液态奶产品在国家质检部门的检测中被发现含有'三聚氰胺'，这个事实让我们感觉十分痛心，它将在蒙牛人的心头刻上一块永不磨灭的耻辱碑。"杨文俊作为总裁，没有闪烁其词，而是十分真诚地向公众道歉。通过这番话，人们不难感受到蒙牛集团的真诚。这不仅有助于消除这次突发事件给社会公众造成的不安，而且有助于求得广大消费者对蒙牛集团的宽恕和对其产品的再信任。

美国前总统里根也是应对危机的语言高手。据悉，他在就任总统后第一次访问加拿大时做演说，结果遭到反美示威，示威者打断他的演说，这使陪同他的加拿大总理特鲁多颇感难堪。面对尴尬，里根淡定地而且面带笑容地对特鲁多说道："这种事情在美国时有发生，我想这些人一定是特意从美国来到贵国的。他们想使我有一种宾至如归的感觉。”幽默的话语，顿时使不知所措的特鲁多眉开眼笑，尴尬气氛一扫而光。

三、一语中的将相和

作为一位领导者，沟通协调是日常工作。如何运用语言艺术排解纠纷、消除隔阂、化解误会，也是需要做好的大文章。

1947 年 7 月 23 日到 7 月 30 日，在陕北靖边县，毛泽东召集彭德怀、贺龙、陈赓等，研究下一步的战略方针，这就是著名的“小河村会议”。他对贺龙说：“贺龙同志，我一直想跟你说句话。”贺龙惊讶地问：“什么话？”毛泽东说：“你虽然是陕甘宁晋绥联防司令，但实际上没有带兵打仗，实在是受委屈了。”贺龙直率地说：“主席，不打仗，手是有点痒痒。但是，党的决定，我无条件服从，而且是高高兴兴地服从！”毛泽东笑了：“好呀！彭老总、贺老总，你们两位，一个在前方，一个在后方；一个当韩信，一个当萧何。”这番谈话充分体现了毛泽东卓越的语言才能，亦庄亦谐、寓庄于谐，并用韩信和萧何的典故成功协调了彭德怀和贺龙的分工。

有时候一个小小的得体称呼，也会发挥大作用。例如 20 世纪 50 年代初，南京师范大学校长、中国基督教三自爱国运动委员会副主席吴贻芳，在南京市举行的纪念“七一”座谈会上，用充满感情的语气说：“过去，我还说纪念贵党的生日，今年我要说纪念我们党的生日。”她之所以在称呼上把“贵党”改为“我们党”，按吴贻芳自己的话说，是中国共产党的务实精神和全心全意为人民服务的实践感动了她。（李庆 2002）而这里需要特别关注的是，吴贻芳先生所使用的“我们党”这一称呼对宗教界爱国人士和全国信教群众所产生的广泛影响，她是为了借此来积极协调沟通宗教界爱国人士和全国信教群众与共产党之间的关系。言外之意令人深思。

有时对存有争议各方的沟通协调更需高超的语言能力，这也更显领导智慧。例如1936年“西安事变”之后，张学良和杨虎城手下的军官坚决要杀蒋介石。周恩来对他们说：“杀他还不容易，一句话就行了！可是杀他以后怎么办呢？局势会怎么样呢？日本会怎么样呢？国家和民族的前途会怎么样呢？你们想过没有？”5个问句并列，全方位、多角度、深层次地剖析了当时各方情形，陈述利害，有效沟通协调了各方立场，为促成西安事变的和平解决起到了重要的作用，顾全了抗日大局。

四、幽默巧答破难题

在一些重要场合遇到难以回答的问题也是常事，“无可奉告”肯定不是好的回答。幽默妙语可使我们走出困局，避免尴尬和被动。

2000年10月14日时任总理朱镕基接受东京广播公司采访时，主持人筑紫哲问道：“一位小学五年级学生问‘为什么中国每个家庭只能有一个小孩？会不会寂寞？’”朱镕基答道：“中国鼓励每一个家庭只生一个孩子，但是在农村，这个限制是比较宽的；特别是在少数民族地区，我们尊重他们的民族习惯，他们生养孩子是不受限制的。在城市里面，一个家庭只有一个孩子，我是有体会的。我只有一个外孙女，13岁，我觉得她确实感到很寂寞。可是我们也要想,如果一个 12.5 亿人口的国家再无限制地生下去的话,那全球不都是中国人了吗?"以自己的外孙女为例,如同拉家常,最后这句幽默的话把一个常被国际炒作的十分敏感的重大问题回答得十分贴切自然,幽默中饱含严肃。

李肇星出任中国驻美大使后,在美国俄亥俄州立大学演讲时,一个老太太问他:"你们为什么要'侵略'西藏?"李肇星一改往日之态,没有直接反击,而是亲切地询问道:"夫人,您是哪里人?"老太太回答道:"我是德克萨斯人。"李肇星表现出极大的耐心,细细地给她讲述中国历史:"你们德克萨斯州 1848 年才加入美国,而早在 13 世纪中叶,西藏已纳入中国版图。您瞧,您的胳膊本来就是您身体的一部分,您能说您的身体侵略了您的胳膊吗?"老太太乐了,心悦诚服。最后,她热烈地拥抱李肇星,连声说:"谢谢您,谢谢您让我明白了历史的真相。"

五、现身说法感召人

切合语境的得体的现身说法更有助于感召说服特定的对象。

1972 年,周恩来接见美国乒乓球代表团时,一个长发披肩的美国大学生突然发问:"请问总理先生,您对美国的嬉皮士有什么看法?"这意外的提问,显然时机、场合等语境都比较特殊,可周恩来却和蔼地说:"青年人对现状不满,为了寻求真理,会有各种各样的想法,会用各种不同的形式表现出来,这是可以理解的。我年轻时也试探过各种各样的出路……要经过自己做了之后，觉得不对了，那就会改变的，你说是吗？"这番语重心长的话语以自己为例，娓娓道来，既直面问题，又避免了尴尬，没有官腔，没有说教，令人诚服。

朱镕基 2001 年 10 月 22 日接受德国电视一台等媒体记者联合采访时，有记者问道："过一段时间，德国总理施罗德将要来中国访问。在德国，如果谁对施罗德总理不满意或者对他的政策不满意，可以上街组织游行，举一个大牌子，上面写着'施罗德，你下台吧'，或者也可以组织反对党使他落选。现在中国老百姓是不能这样做的，那么他们如何发泄不满呢？"朱镕基的回答是："中国人民有游行、示威的自由，在许多城市经常有这种情况。现在最令我头痛的是他们阻断交通，在铁路上卧轨。不过打出牌子来要我下台的还很少，群众主要是对政府的某些政策不满。现在有一个现代化的工具叫 Internet（国际互联网）。Internet 上骂我们的言论有的是，天天都可以看到骂我的话。"显然，这一席话语既照顾到了对方提问所涉及的领导人的尊严，又实事求是地陈述了中国的事实，听话者不由得心悦诚服。

六、妙语连珠折服人

语言表达是领导者形象和魅力的体现，一个适度的妙语连珠的领导者，显得和蔼可亲，人气更旺。

李瑞环就是一个语言高手。1984 年 4 月 5 日他与天津市部分人民代表座谈时说："邓小平说，不争论，是他的发明。人们说，不争论，是邓小平的高明。有那么一小部分人，在领导面前是奴才，干起工作来是庸才，一切活动为了升官发财，一旦掌权就搞独裁。我们必须防止这种人投机上来。”这里“高明”与“发明”对言，“才”“财”“裁”谐音，并且与“来”押韵，朗朗上口，生动活泼。又如 1999 年 7 月 6 日他在听取伊春市委、市政府工作汇报时强调：“许多事情我们可以讲一千个理由、一万个理由，但老百姓吃不上饭，就没有理由。‘民以食为天’，‘饭’字半边是‘食’字，半边是‘反’字，没有食就会反。”巧用“析字”等手法，把一个很严肃的问题讲得十分生动，取得了很好的效果。

总之，诚如荀子所云：“口能言之，身能行之，国宝也。”语言能力是领导干部治国理政的利器。“工欲善其事，必先利其器。”一个优秀的领导者必须练就过硬的语言本领。

第三节　观其言可以知其行
——新闻发言人与政府形象

有人说，“新闻发言人不是人，而是一种制度。”这说明，新闻发言人其实不是“一个人”，而是某政府、组织或团体的代表和发言方式。不言而喻，政府新闻发言人自然是政府的代表，他的言行举止代表着政府的形象。一个优秀的政府新闻发言人，会给政府加分添彩，反之就会给政府添乱甚至抹黑。

发言人的主要工作方式就是发言，主要工具就是语言，显然，语言素质及能力是一个发言人最重要的基本功，是其发言成败的关键因素。语言能力的高下往往直接影响其发言水平，进而影响其所代表的政府形象。

一、机警善言为政府加分

2003年春夏之交，“非典”肆虐，京城尤甚。由于相关部门新闻发布不当等原因，给国家信誉造成了一定的不良影响。当年4月22日，时任海南省人大常委会主任的王岐山临危受命，出任北京市代市长。4月30日，在“北京防治非典型肺炎联合工作小组”举行的第二次新闻发布会上，作为市政府新闻发言人的王岐山认真坦诚地回答了中外记者最关心的一个问题——疫情数字。面对中外记者，他说了这样一番话：

> “我可以负责任地讲，我上任以来公布的数字都是非常准确、坦白的。在此之前有些数字不准，应该说主要是由于统计口径不同。”

此后，每次召开新闻发布会，王岐山的第一句话都是：“根据卫生部的最新统计，今天北京‘非典’疑似病例发现×××例，隔离×××例，治愈×××例……”。这种开宗明义的破题法，以冷静、客观的立场和翔实的数据给处于疫情中的群众吃了一颗定心丸。尽管当时“非典”还在蔓延，但公众对王岐山这种直面事实的新闻发言是接受和满意的。政府诚信、负责的形象也随之得以确立。

在王岐山兼任政府新闻发言人之后，连一向爱挑刺的境外媒体都对北京市政府的反应速度表示称赞。学界将王岐山担任“非典”期间北京市政府发言人的表现称为“我国新闻发言人制度朝着规范化、制度化、完善化的方向迈进的转折点。”也是新闻发言人制度从“信息抑制”到“信息疏导”的飞越时期。鉴于新闻发言人在“非典”期间的重要作用，2003年5月11日，国务院第七次常务会议通过《突发公共卫生事件应急条例》，规定国家建立突发事件的信息发布制度，由国务院卫生行政主管部门负责向社会发布突发事件的信息，必要时可以授权省、自治区、直辖市人民政府卫生行政主管部门向社会发布本行政区域内突发事件的信息。

除了王岐山的“用数据说话”之外，有些新闻发言人，善于运用例证，将繁复、专业的问题简单化，深入浅出，收获显著的传播效果。其中，国家统计局新闻发言人姚景源便是一例。

在某次新闻发布会上，姚景源在解释“自然垄断是一种合理事实”时，形象地说，“垄断分为两种，一是人为垄断，一是自然垄断。不正当人为垄断需要打破，但类似鸟在天上飞、兽在地上行、鱼在水中游这种所谓垄断就是一种合理事实。”再如，他在解释GDP对于宏观经济定量的作用时，借用“天气预报”的收视率做了一个精彩的比喻：“怎么判断经济呢？单纯凭感觉，往往是不科学的，很重要在哪里呢？能够定量。比如天气预报，现在抽样调查，中央电视台那么多栏目，收视率最高的排第一的是‘天气预报’，而且天气预报对人的思维方式、对问题的认识，定量的教育和培训是最厉害的，最好的，现在连农村老太太都知道明天零下21度，不像过去说明天很冷，冷是一个定性的东西，是感觉，说到零下二十几度，说到个位，说到度，就是定量。连农民都知道明天上午先是晴转多云，下午阴，午后傍晚有小雨，说到动态微积分的程度。所以我们在GDP的问题上，GDP最重要的作用就是把整个宏观经济定量了。”

姚景源的精彩发言为国家统计局加分不少，不但他本人成为各大机构争相聘请的“名嘴讲师”，而且也改变了此前国家统计局“玩数字、说空话”的争议形象，成为声望颇高的中央机构之一。

徐宁是南京市政府首位专职新闻发言人。除了严守职业底线之外，她还保持着自己的个性特点。她的新闻发布体现出女性独有的细腻与关爱，很多时候是她个人感情与信息的真实交融。在发布南京市城镇居民最低生活保障标准向上调整的消息时，徐宁即兴对媒体说了这样一段话：

> “这场新闻发布会是我所有发布会中筹备时间最短的，它不超过24个小时。这个决定做出的时候是昨天已经夜幕降临、华灯初上时，我们今天发布时还是阳光灿烂的，市政府领导要求我们用最快的速度把这个信息传递出去，使生活困难的南京群众，最早地知道这个消息，给他们在春节前送去好心情，送一个好礼物。我也拜请我们在座的各位媒体的朋友，用最快的速度、最清晰的表达，去向他们传递这个信息。”

在官方信息的发布中融进了发言人的款款深情，使发布现场洋溢着温馨的气氛，而第二天各媒体所发出的相关报道中，也都透露出一种充满深情的、温暖的气息。南京市政府温和、亲民的形象，也因为徐宁的出彩表现而得以彰显。

语言学家莱斯利·米尔罗伊(Lesley Milroy)在《社会语言学》一书中说:“在一般社会中,不同的社会阶层会习惯于不同的表达形式,在跨阶层的沟通中,必须要采取对方能够接受的形式。”在中国传统文化中也有“换位思考”、“己所不欲、勿施于人”的为人处事习惯。政府新闻发言人是沟通政府与公众之间的桥梁,因此,必须要采取公众习惯并可以接受的表达方式来表达观点、阐明事实。而且,由于政府新闻发布会中的某些话题本身涉及不同职能机构,在专业上涉及较广,往往比较抽象、专业甚至晦涩难懂,而政府新闻发言人如果能够善于运用形象化的语言,以比喻、比拟等修辞技巧来软化话题本身的硬度,调节现场严肃的气氛,通过“语言情感贴切”的方式来发布新闻,有助于树立起政府的亲民形象。

二、巧言妙语替政府讳言

新闻发布会不是什么内容都可以随便发布的,比如涉及政府乃至国家机密的问题就不能轻易公开。但如果简单回绝,就容易带来其他麻烦。因此,如何应对不该回答的问题,考验着发言人的智慧。

1965 年 9 月 29 日,时任国务院副总理兼外交部部长的陈毅在北京主持新中国成立以来党和国家领导人首次记者招待会,有三百多中外记者参加。席间,日本记者问到中国发展核武器的情况,并具体询问何时爆炸第三颗原子弹。陈毅同志不说“无可奉告”的套语,而是风趣地说:“中国爆炸了两颗原子弹,我知道,你也知道。第三颗原子弹可能也要爆炸,何时爆炸，请你等着看公报好了。"全场哄堂大笑。

一次在北京的记者招待会上，一位西方记者问周恩来总理："请问，中国人民银行有多少资金？"这本来是一个可以不回答的国家机密，但周恩来却说："中国人民银行的货币资金嘛，有18元8角8分。"巧妙地将"银行资金"中的一个事实——人民币发行的面额总数18元8角8分（10元+5元+2元+1元=18元；5角+2角+1角=8角；5分+2分+1分=8分）拿来回答记者的问题，让提问者不至于太尴尬，营造了招待会和谐轻松的气氛。

外交部原部长李肇星同志在回忆文章中提到了自己亲身经历的一件往事：20世纪80年代末，邓小平同志的健康问题越来越受到西方的关注。1989年8月31日，一位德国记者问时任外交部新闻发言人的李肇星："邓小平是在家里还是在医院？拥有着良好的健康状况吗？"任何人都明白，他的潜台词就是说邓小平同志的健康是否靠医疗维持。"一个具有普通常识的人都会知道，一个身体健康的人应该住在哪里。"李肇星首先用"常识"击破了对方的防线，然后又以一个外交家的轻松、幽默调侃反问对方："我不知道您在身体好的时候是否会住在医院里？"2010年3月4日，在第十一届全国人大第三次会议上，时任大会发言人的李肇星再次以自己特有的幽默和机智，给中外记者留下了深刻印象。当有外国记者提问"西藏问题"时，李肇星笑答："为了帮助你看清楚一些谎言，我推荐你读几首诗，西藏一个著名的爱情诗人叫仓央嘉措，也就是六世达赖喇嘛，他在一首诗中非常深刻地指出，有些谎言往往看起来是非常艳丽的、闻起来是香喷喷的，所以要千万注意。”

李肇星的精彩发言，使其成为国内外公认的“新闻发言人典范”，国外有媒体称赞说，李肇星将一个负责任、敢担当且正在高速平稳发展的中国，用独特的声音告诉了全世界。

国外也同样有很多发言高手。1972年5月，在奥地利维也纳一次记者招待会上，《纽约时报》一名记者为了解即将举行的美苏会谈的程序性问题，向基辛格提问：“到时，您是打算点点滴滴地宣布呢？还是来个倾盆大雨，成批地发表协定呢?”基辛格稍有停顿，然后慢条斯理地答道：“我们打算点点滴滴地发表成批的声明。”会场顿时哄堂大笑。据基辛格后来说：“他要我在倾盆大雨和点点滴滴之间任选一个，所以我们无论怎么办，总是坏透了。”因此，他机智地用幽默化解了困境。

从语言学的角度看，逻辑思维能力直接表现为语言表达的通达流畅、语言结构的清晰缜密，这是作为一个新闻发言人的基础条件。在此基础之上，新闻发言人还应有适当的幽默风趣的谈吐，这不仅能够有效地起到沟通作用，同时还能彰显政府自信、友善的官方形象。

三、闪烁其词给政府添乱

与前两者相反的是，有些政府新闻发言人说话不周、表述不当、闪烁其词，甚至信口开河，引起当事人或公众对政府的不满甚至不信任。

譬如众所周知的原国家某部的一位发言人，由于出现了语焉不详、说话不妥的问题，导致国内外媒体对该部质疑声不断，网友也纷纷在网上将其在新闻发布会上的“名言”进行恶搞，一度疯传。这给该部带来了不良社会影响。

又据报道，2009 年有人反映河南郑州市须水镇西岗村经济适用房用地被开发商用来建别墅的问题，《南方周末》记者前往采访，当地规划局副局长如此质问：“你是准备替党说话，还是准备替老百姓说话?”这个表达，显然是把党和老百姓放到了对立面，不仅影响了该副局长及其部门的形象，而且也会影响党和政府与人民群众之间的关系，带来了恶劣的社会影响。

不仅这类大的问题会影响政府形象，有时发言的细枝末节不当也会给政府带来麻烦。例如，2011 年，南方某市政府因利用春节拆除窝棚事件而处于舆论的风口浪尖上。2 月 11 日召集媒体举行“情况通报会”，他们就相关问题做出解释。整个会议历时大约 20 分钟，担任新闻发言人的市统计局局长，竟然全文宣读事先准备好的稿子，且语调平平、语速较快。至于对记者提问的请求，通报会的主办单位市委宣传部有关负责人当即予以拒绝。此举立刻引发了公众的强烈不满，一时间成为媒体舆论的众矢之的。

简单宣读新闻通稿的发言人比比皆是，发言人在读稿子的过程中，难免会出现语调、语速不合适的问题。据语言心理学家研究，当一个人说话时，他给人整体的印象比例大致如下：肢体动作占 55%，语调占 38%，而内容只占 7%。同样的句子内容，若语调不同，意思显然就会差之千里，甚至有时还会完全相悖。新闻发言人过于平直的语调不但会使听众感觉枯燥，而且会令人觉得发言人缺乏自信和坚定态度。语速过快，吐字不清也会导致这一不良效果。因此，说话的语腔语调之重要，在新闻发言人的发言中表现尤为突出。

政府新闻发言人的发言是一种授权行为。因此，"说什么"，是有职业底线和严格职业操守的；但"怎么说"，则是新闻发言人发挥个人智慧的一种自主行为，这正是体现发言人水平高下的关键所在。

第四节 采诗正欲观民风
——语情分析与网络问政

我国自周代就有"采诗之政"，意在通过广集民间诗谣，以观民风。这项制度，曾在中国传统政治中发挥过积极作用。

时至今日，虽然政府和民间信息沟通方式多种多样，但采取更直接的特殊方式及时了解民情也是十分必要的，它可弥补正式信息渠道的疏漏和滞后，有利于防患于未然。尤其是随着互联网的普及，自媒体的发展，民意表达更加多样化，及时关注、分析互联网中的语情，应当成为当代政府倾听民声、了解民情、审辨民风、体察民意、汇聚民智、凝聚民心的新兴治政方式之一。

一、关注"网络热词"：洞察民情、审辨民风

2010 年初夏，对于广州市而言，显得格外热闹。针对即将

举办的亚运会，广州市政协委员对软环境建设进行了深入的调研。为方便来穗的宾客们更好地了解亚运和本地新闻资讯，当年7月5日几位政协委员联名提交了一份《关于广州电视台综合频道应增加普通话节目播出时段的建议》的提案。该提案提出后，一些媒体随后进行了跟踪报道，部分社会名流与“草根”网民也利用网络这一新媒体各抒己见，成了热门话题。其中，不时有人在网络上使用了如“撑粤语”“保卫粤语”“粤语沦陷”等具有火药味的措辞，有人甚至直接提出了“粤语保卫战”的“战斗口号”，更有人上升到文化冲突层面，认为“粤语、普通话之争实际上是南北文化冲突”。一时间，关于政府要“推普废粤”的传闻迅速蔓延，甚至广州街头多次出现“撑粤”的聚集活动，海外也有人推波助澜。

鉴于这个话题主要是网络热炒，因此，广州市政府办公厅副主任欧阳永晟不失时机地也通过网络表达了自己的看法：广州在建设现代化大都市过程中，必须要有文化自信与胸怀，这既体现在对本土语言和习俗的选择与坚持上，也包括对普通话的推广与接纳上。广州依法依规依情依理都不会搞所谓“推普废粤”，对此广大市民和热心人士完全可以放心。他还举例说明，“全国八大方言区至今都是完好无缺，粤语作为其中的一种，至今也是安然无恙。”他的出场，从一个方面及时有效地引导了舆论，为避免大的群体事件的发生，维护亚运会召开前广州市的社会稳定发挥了积极作用。自此之后，广东省政府更加积极地推行“网络问政”这一“新政”，并向全省推广。

几乎就在广东全省上下利用网络了解民情的同时，国家发改委也开始利用网络审辨民风，尤其重视网络热词，并及时采取应对策略，取得了较好的成效。2010年6月以来，大蒜、绿豆、玉米等农产品价格大幅上涨。这一轮农产品接力般的涨价潮，催生了一系列的网络热词。因大蒜、绿豆价格暴涨，被网友戏称为“蒜你狠”和“豆你玩”。随后，玉米、糖类等接着涨价，“玉米疯”“糖明皇”应运而生……网友调侃的这些字眼，表达了民众对物价上涨的不满。对此，国家发改委就“蒜你狠”等问题立刻表态：2010年部分农产品价格大幅上涨有一些特殊原因，一方面是今年以来气候条件不利，西南地区大旱、中东部地区持续低温，蔬菜、大蒜、绿豆的生产及供应受到较大影响；另一方面，也有社会资金利用大蒜、绿豆等农产品产地集中、季节性强、产量下降、市场信息不对称等情况，恶意囤积、哄抬价格，严重扰乱市场秩序的因素。随后，国家发改委于2011年7月1日开出最高100万元的四笔哄抬农产品罚单后，7月13日，又发布了《关于市场价格异常波动时期价格违法行为处罚的特别规定（征求意见稿）》，针对捏造、散布涨价信息或恶意囤积、哄抬价格进而牟取暴利等严重扰乱市场秩序的违法行为，拟处罚最高200万元的罚款。这些强有力的举措与国家发改委及时“审辨民风”、立足现实、贴近民生的工作作风是密不可分的。

同在2010年，安徽省将“网络问政”写进了“政府工作报告”，这是“网络问政”首次出现在政府工作报告中；同年4月，中国首届网络问政研讨会在广东惠州召开，围绕“网络问政——新时期下的政治文明”这一主题展开交流、探讨和互动，这是首次关于网络问政的全国性学术会议；《人民日报》以“网络问政的‘广东样本’”为题，刊发整版报道，总结广东的做法、亮点和成效；“人民网·中国共产党新闻网”推出“直通中南海——中央领导人和中央机构留言板”，形成中央、省、市、县四级架构，三分之一的省份随即下发文件，要求将处理网民留言纳入党委和政府的常态工作机制。

因此，在2010年之后，中国的“网络问政”进入了一个新的历史时期，而且正是在这一年，“微博”作为一种新的网络交流工具，在中国开始逐渐普及，形成了以个人通讯终端为桥梁载体、以多种层次、多元内容为表征的“微博文化”。从一定意义上说，正是“网络问政”推动了“微博文化”的勃兴，而“微博文化”也在相当程度上丰富了“网络问政”的形式与范围。近些年兴起的“微信”等，又为网络问政增添了新渠道，也应纳入政府问政视野。

二、开启“在线交流”：倾听民声、凝聚民心

2008年6月20日，对于中国的网民们来说，是一个特殊的日子。

这天下午，中共中央总书记、国家主席胡锦涛，做出了一个有着划时代意义的历史性选择——在人民日报社视察的他，第一次在“人民网”与网友“在线聊天”。他说：“我经常通过互联网了解国内外时事和民众对我们工作的意见和建议。”这表明，他也早在进行网络问政的工作。这一天，甚至被中国网民称为

"中国网民节",新闻界则冠之以"中国网络问政元年"。

2009年初,继胡锦涛之后,国务院总理温家宝首次在两家网站的联合直播室与全球网民进行了两个多小时的在线交流。网民的提问和留言,涉及医疗、就业、住房、"三农"等民生问题,以及金融危机与经济形势、国际关系与对外交流等国际问题。温家宝在访谈中表示,他是带着心来的、带着诚意来的,他并不认为每个问题都能回答得好,但是他讲的话是有诚意的,他希望他所许诺的事情能够真正做到。

作为国家领导人的胡锦涛、温家宝亲自"触网"与网民"面对面",为政府倾听民声、了解民意开了一个好头,实现了政府与群众接触的"最短路径"。此后,各省市、部委的负责人等政府官员也纷纷以不同方式在网上与百姓沟通,问政于民。

随着公民权利意识以及参政议政意识的增强,网络事件层出不穷,网络民意干预现实生活、影响公共政策甚至政府决策的案例也不断出现。网络热词就是集中体现。在2007年,还只是"周老虎"和"厦门PX迁址"事件,到了2008年,"抵制家乐福""封口费""毒奶粉""汶川地震""火炬事件"等重大事件的发生助推了网络问政重要角色的确立,直至后来的"躲猫猫""天价烟""邓玉娇""跨省追捕""七十码""我爸是李刚""上海火灾""乌坎事件"及"北京内涝"等重大时政事件的热议,无一不与微博、博客、QQ、论坛、飞信等网络传媒有关。在网络问政的引导下,很多网友组织如"公民调查团"等也活跃于网下,成为当下中国社会的一道新兴景观。

三、回应架起“连心桥”:善待民意、汇聚民智

正如美国历史学家弗朗西斯·福山所说,在网络这个平权的社会里,每一个人,都是有发言资格并能获得响应的“发言人”。事实确实如此。

2010 年,上海市一位 79 岁的普通市民金先生在遭遇虹莘路堵车后,两次“旧地重游”,拍摄了 11 张照片,写了四点“排堵建议”,通过网络建言。其建议得到了上海市公安局负责人的积极采纳,该负责人表示“民力无穷,民心可用可敬,公安要从善如流”,并向全市民警强调了警民合作、问计于民的重要性。

其实,早在互联网刚刚在我国初热时期,就有“网络进谏”的案例。例如在 2003 年山东省青岛市第一届“我为青岛发展献计策”的市民日活动中,自由撰稿人于清教抱着试试看的心理,在当地网络论坛上发布了一条“‘民心工程’:让市民代表参与验收如何?”的帖子,建议尖锐地指出:“‘民心工程’验收环节中的许多方面不能令人满意”,甚至“致使‘民心工程’变为‘民愤工程’。”强烈建议政府应选择部分市民代表参加验收和监督。令于清教大为惊讶的是,帖子发出十天后,中共青岛市委以“听证制度、公示制度、问询制度、巡视制度、跟踪制度、参与制度、交接制度、通报制度”等“八项制度”给于清教专门的回复。此后不久,他又接连被市建委邀请参与海滨步行道、东西快速路两项“民心工程”的检查验收。“没想到市民一条小小的建议,对政府的影响居然如此之大!”事后,于清教感慨万千。

通过以上两个案例可以看出,互联网催生了新的带有公共

性的民主形式。这是令人可喜的进步。但也必须注意，由于网络的“一传十、十传百”的特性，加上改革开放以来民众对于个人利益的重视，社会中出现的一些影响“个人利益”的问题往往会演变为群体关注甚至抵制的行为。在这样的语境下，“集体主义”很容易成为民众的潜意识并形成不自觉的“群体性监督”，这种监督的表达一般并非如政协、人大的提案那样有理性，有时表现为闻风而动的“天下‘博友’是一家，你有意见我转发”的感性表达，从而形成很大的舆论声势。若不能及时地正确处理，很容易酿成大的事件。因此，互联网时代，如何借助网络语情，以“倾听民声”的诚意发现问题，并以“汇聚民智”的态度和策略来解决问题，避免酿成大的问题，是当今摆在各级政府面前的一个十分重要的时代课题。

总而言之，民间话语包括网络热词，反映的是当下社会的真实生活状态，无论是愤怒、理性或戏谑，都是真实民意的表达。政府部门如果能够及时地从不同渠道获得、分析这些“语情”，并及时积极疏导和有效应对，不仅可以温暖民心，防患未然，裨益治政，而且对社会文明、经济发展等都会起到不可估量的重要作用。

附录　中国语言国情简况

多语言、多方言、多文字，是我国最基本的语言国情。

汉语历来是中华民族的通用语。有据可依的汉语历史，最早可追溯至夏商时代，成系统的甲骨文的出现，清楚表明那时汉语已经较为成熟。周代实现了“书同文”。春秋战国时期，虽然“言语异声，文字异形”，但有“雅言”、“通语”为时人所通用。秦汉时期华夏民族的统一，有力地促进了汉语汉字的统一和发展。自汉之后直至晚近，随着西域和北方兄弟民族与中原民族的不断征战、交流、杂居和融合，在中华民族文化的滋养下，汉语不断借鉴、吸收、融汇国内各民族语言乃至外国语言成分，逐步形成了今天的现代汉语标准语。可见，汉语是数千年来中华民族共同创造的文化结晶。2000 年颁布的《国家通用语言文字法》明确规定，现代汉语普通话和汉字是我国国家通用语言文字。

汉语不仅在我国使用很广，而且伴随着华人华侨走向了世界各地，是世界上使用人数最多的语言，约占世界人口的 1/5。汉语汉字在历史上曾对周边国家产生过重要影响，并形成了“汉字文化圈”。例如朝鲜、韩国、日本、越南等国的语言文字中至今还保留着不少的汉语汉字痕迹。汉语是联合国规定的六种工作语言之一。随着我国国际地位的提高和汉语国际推广事业的发展,汉语在世界上的影响力日益增强。

跨境语言较多也是我国语言的一个特点。跨境语言指的是我国和外国共同使用的语言。已经较为明确的有 33 种,它们是蒙古语、藏语、维吾尔语、苗语、彝语、壮语、布依语、朝鲜语、瑶语、哈尼语、哈萨克语、傣语、傈僳语、佤语、拉祜语、景颇语、柯尔克孜语、布朗语、仡佬语、阿昌语、塔吉克语、怒语、乌孜别克语、俄罗斯语、鄂温克语、德昂语、京语、塔塔尔语、独龙语、鄂伦春语、赫哲语、门巴语、珞巴语。(周庆生 2013)

与世界的整体状况相似,由于各种原因,我国有些语言也日渐衰微。有学者研究,我国使用人口在千人以下的语言约 21 种。其中,赫哲语、满语、苏龙语、义都语、仙岛语、普标语等,使用人数已不足百人。这些就是一般所说的濒危语言。

外语资源较贫乏也是我们的现状。目前世界仍在使用的语言约有 6000 多种,而我国有所了解的顶多 100 种,能够较好使用的有 20 种左右,能够开设的外语课程不到 50 种。(李宇明 2013)外语语种数量少,语种结构严重失调。

我国的语言和文字的具体情况如下。

一、中国的语言

我国境内有 56 个民族,使用的语言,一般来说,已经学者们初步认定的有 130 种。很多语言内部又有不同的方言。在这 130 种语言中,根据亲缘关系归属如下类别:

1. 汉藏语系 76 种:汉、藏、门巴、白马、仓洛、彝、傈僳、拉祜、哈尼、基诺、纳西、堂郎、末昂、桑孔、毕苏、卡卓、柔若、怒苏、土家、白、景颇、独龙、格曼、达让、阿侬、义都、崩尼-博嘎尔、苏龙、崩如、阿昌、载瓦、浪速、仙岛、波拉、勒期、羌、普米、嘉戎、木雅、尔龚、尔苏、纳木依、史兴、扎坝、贵琼、拉坞、却域、壮、布依、傣、临高、标话、侗、水、仫佬、毛南、莫、佯僙、拉珈、茶洞、黎、村、仡佬、布央、普标、拉基、布干、木佬、蔡家、苗、布努、巴哼、炯奈、勉、畲、巴那等语言。

2. 阿尔泰语系21种：维吾尔、哈萨克、柯尔克孜、乌兹别克、塔塔尔、撒拉、西部裕固、图瓦、土尔克、蒙古、土族、达斡尔、东乡、保安、东部裕固、康家、满、锡伯、鄂温克、鄂伦春、赫哲等语言。

3. 南岛语系16种：阿美、排湾、布农、泰耶尔、赛夏、巴则海、邵、鲁凯、邹、噶玛兰、赛德克、卑南、雅美、沙阿鲁阿、卡拉卡拉富、回辉等语言。

4. 南亚语系9种：佤、德昂、布朗、克木、克蔑、京、莽、布兴、俫等语言。

5. 印欧语系2种：塔吉克语、俄罗斯语。

6. 混合语5种：五屯、唐汪、诶、扎、倒等语言。

7. 不明系属语言1种：朝鲜语。

二、中国的文字

我国的文字情况较复杂。有的民族自古就创造了自己的文字，并且沿用至今；有的民族使用过自己的文字，后来又换用其他文字；有的民族使用几种文字；有的民族还没有创造和使用文字。新中国建立以前就拥有和使用本民族文字的有汉、藏、蒙古、维吾尔、哈萨克、柯尔克孜、朝鲜、傣、彝、苗、纳西、水、拉祜、景颇、锡伯等民族。

我国的少数民族文字有不少是拼音文字,但在书写形式上各有不同。标点符号也不尽相同。新中国成立后,国家为了促进少数民族文化教育事业的发展,帮助一些少数民族改进和创制了文字。先后对傣、彝、景颇、拉祜文字进行了改革,采用拉丁字母帮助壮、布依、苗、黎、纳西、傈僳、哈尼、佤、侗等十几个民族设计了14种文字方案。目前,我国已正式使用和经国家批准推行的少数民族文字有19种,它们是蒙古文、藏文、维吾尔文、朝鲜文、壮文、哈萨克文、锡伯文、傣文、乌孜别克文、柯尔克孜文、塔塔尔文、俄罗斯文、彝文、纳西文、苗文、景颇文、傈僳文、拉祜文和佤文。

三、汉语的变体

汉语分布全国各地及海外,有许多地域变体。变体有几种情况:一是国内大陆地区的不同变体,二是台港澳地区的变体,三是国外不同地区的变体。

关于国内大陆地区的变体划分有不同意见,其中一种划分为7大方言区。各方言区内又有次方言,有些方言之间差别较大。这里介绍的是一般看法。

1. **北方方言**:以北京话为代表,是汉民族共同语的基础方言。其地域分布最广,内部也存在一定程度的差异,可以分为四个次方言区:华北、东北官话,西北官话,西南官话,江淮官话。

2. 吴方言：以上海话为代表。主要通行于江苏省长江以南、镇江以东，南通小部分、上海及浙江大部分地区。

3. 湘方言：以长沙话为代表，分布在湖南省大部分地区。

4. 赣方言：以南昌话为代表，通行于江西省大部分地区。

5. 粤方言：以广州话为代表，通行于珠江三角洲广东中部、西南部和广西东部、南部及香港特别行政区、澳门特别行政区。

6. 闽方言：以福州话为代表，分布于福建省大部分地区，以及广东、海南部分地区及台湾省汉族人居住区。是内部分歧最大、最复杂的一大方言。闽南方言和闽北方言差异很大，也有人主张分为两种方言。

7. 客家方言：以广东梅州话为代表，主要分布于广东、福建、广西、台湾、江西、湖南、四川等客家人居住区。

主要参考文献

1. Ali Fisher. Foreword by Neil Kinnock. *A Story of Engagement: the British Council 1934 - 2009*. London: The British Council, 2009.

2. 宾建成、徐清军:《主要英语国家经济与非英语国家经济的比较分析》,《当代财经》2007 年第 7 期。

3. 布托·布托-加利(埃及):《多语化与文化的多样性——在接受南京大学名誉博士学位仪式上的演讲》,《南京大学学报》(哲学·人文科学·社会科学版)2002 年第 3 期。

4. 陈章太:《语言规划研究》,商务印书馆 2005 年。

《论语言资源》,《语言文字应用》2008 年第 1 期。

《〈国家中长期语言文字事业改革和发展规划纲要〉与国家语言生活》,《语言文字应用》2013 年第 1 期。

5. 戴曼纯、贺战茹:《法国的语言政策与语言规划实践——由紧到松的政策变迁》,《西安外国语大学学报》2010 年第 1 期。

6. 戴庆厦:《构建多语和谐的社会语言生活》,民族出版社 2009 年。

《语言关系与国家安全》,《云南师范大学学报》(哲学社会科学版)2010 第 2 期。

7. 费孝通:《中华民族多元一体格局》(修订本),中央民族大学出版社 2003 年。

8. 冯溪、刘纬：《符号互动视野下的网络亚文化现象分析》，《陕西行政学院学报》2010 年第 2 期。

9. 宫贺：《政府新闻发言人教程》，中国传媒大学出版社 2012 年。

10. 郭 熙：《华语研究录》，商务印书馆 2012 年。

《中国社会语言学》(修订本)，商务印书馆 2013 年。

11. 郭晓勇：《中国语言服务行业发展状况、问题及对策》，《中国翻译》2010 年第 6 期。

12. 国家语言文字工作委员会：《关于进一步做好语言文字信息化工作的若干意见》(国语[2014]1 号)。

13. 郝平：《大力促进应用语言学发展　为国家的繁荣昌盛做贡献——在第三届语言与国家高层论坛暨第二届全国应用语言学系主任(所长)论坛上的讲话》(2009 年 5 月 9 日)。

14. 何俊芳、周庆生：《语言冲突研究》，中央民族大学出版社 2010 年。

15. 贺川生：《美国语言新产业调查报告：品牌命名》，《当代语言学》2003 年第 1 期。

16. 贺宏志、陈鹏：《语言产业引论》，语文出版社 2013 年。

17. 黄涛：《语言文化遗产的特性、价值与保护策略》，《中国人民大学学报》2008 年第 4 期。

18. 黄行：《论国家语言认同与民族语言认同》，《云南师范大学学报》(哲学社会科学版)2012 年第 3 期。

19. 贾爱武：《以国家安全为取向的美国外语教育政策》，《比较教育研究》2007 年第 4 期。

20. 姜亚军：《疯狂的英语》，《书屋》2002 年第 8 期。

21. 教育部、国家语委：《国家中长期语言文字事业改革和发展规划纲要(2012—2020 年)》，2012 年发布。

22. 教育部语言文字信息管理司组编:《中国语言生活状况报告》(2006—2013),商务印书馆。

23. 金星华主编:《中国民族语文工作》,民族出版社 2005 年。

24. 靳光瑾:《语言文字信息化与国家安全》,《云南师范大学学报》(哲学社会科学版)2012 年第 3 期。

25. 郎劲松:《新闻发言人实务》,四川大学出版社 2005 年。

26. 李洪乾:《中国军事维和人员外语技能培养现状及其途径研究》,《高等教育研究学报》2009 年第 2 期。

27. 李卫红:《加快语言文字事业科学发展　为实现“中国梦”贡献力量》,《中国教育报》2013 年 4 月 15 日。

《努力推进语言文字事业改革创新》,《中国教育报》2013 年 12 月 12 日。

《依法推行〈汉语拼音方案〉　为全面建成小康社会发挥更大作用》,《语言文字应用》2013 年第 4 期 。

《以改革创新精神推进语言文字信息化建设——在全国语言文字信息化工作视频会议上的讲话》(2014 年 1 月 22 日)。

《以改革创新精神大力推进〈语言文字规划纲要〉的全面落实——在 2014 年全国语言文字工作会议上的讲话》(2014 年 2 月 28 日)。

28. 李希光:《发言人教程》,清华大学出版社 2007 年。

29. 李宇明:《强国的语言与语言强国》,《光明日报》2004 年 7 月 28 日。

《当今人类三大语言话题》,《云南师范大学学报》(哲学社会科学版)2008 年第 4 期。

《中国语言规划论》,商务印书馆 2010 年。

《中国语言规划续论》,商务印书馆 2010 年。

《语言也是“硬实力”2》,《华中师范大学学报》(人文社会科学版)2011 年第 5 期。

《中国语言生活的时代特征》,《中国语文》2012 年第 4 期。
《国家的语言能力问题》,《中国科学报》2013 年 2 月 25 日
30. 梁衡:《理直气壮　借典助理　理从事出——关于毛泽东文风的鲜明特点》,《北京日报》2013 年 11 月 19 日。
31. 廖美珍:《法律、语言与权利》,法律出版社 2005 年。
32. 廖志林:《浅论网络语言对传统文化的影响》,《浙江社会科学》2007 年第 3 期。
33. 刘国辉、张卫国:《从"产业倡议"到"语言红利":加拿大的语言产业及其对中国的启示》,《云南师范大学学报》(哲学社会科学版)2013 年第 5 期。
34. 刘海藩:《外圆内方的领导者语言艺术》,红旗出版社 2012 年。
35. 刘华宗:《比利时族群冲突与政治危机》,《欧洲国际评论》2009 年第 5 期。
36. 刘延东:《深入贯彻落实〈国家通用语言文字法〉　全面推进语言文字事业科学发展——在纪念〈国家通用语言文字法〉颁布 10 周年座谈会上的讲话》(2011 年 1 月 20 日)。
37. 刘玉瑛:《领导干部语言表达艺术》,中国大地出版社 1997 年。
38. 卢小平:《如何提高讲话水准》,北京大学出版社 2005 年。
39. 陆俭明:《谈谈语言和语文教育》,《北京大学教学促进通讯》2013 年 3 月 29 日(http://llt.pku.edu.cn/? p=1485)。
40. 罗常培:《语言与文化》,语文出版社 1998 年。
41. 马丽雅等:《中国民族语文政策与法律述评》,民族出版社 2007 年。
42. 钱乃荣:《论语言的多样性和"规范化"》,《语言教学与研究》2005 年第 2 期。
43. 屈哨兵:《语言服务研究论纲》,《江汉大学学报》(人文科学版)2007

年第6期。

《产业、职业、行业、基业:语言服务“四业”并论》,《中国社会科学报》2011年4月12日。

44. 瑞士资讯:http://www.swissinfo.ch.htm。

45. 商务印书馆中国语言资源开发应用中心:《中国语言资源动态》(2009—2013)。

46. 上海外国语大学中国外语战略研究中心:《外语战略动态》(2009—2013)。

47. 苏·赖特(英国):《语言政策与语言规划——从民族主义到全球化》,陈新仁译,商务印书馆2012年。

48. 苏金智:《语言接触与语言借用——汉语借词消长研究》,《中国语言学报》第14辑,商务印书馆2010年。

《两岸四地共创汉语和中华文化的新辉煌》,载郑锦全等编《二十一世纪初叶两岸四地汉语变异》,(台北)新学林出版股份有限公司2011年。

《文化和谐论与国家语言发展战略》,《云南师范大学学报》(哲学社会科学版)2012年第3期。

49. 孙宏开等:《中国的语言》,商务印书馆2007年。

50. 孙茂松:《语言计算:信息科学技术中长期发展的战略制高点》,《语言文字应用》2005年第3期。

51. 孙亚等:《美国情报机构的隐喻研究评述》,《情报杂志》2013年第8期。

52. 汪兴明:《政府发言人十五讲》,清华大学出版社2006年。

53. 王淳:《安全诉求与认同危机:论美国国家语言战略的重塑》,《国外理论动态》2010年第9期。

54. 王登峰:《热爱祖国语言文字　构建和谐语言生活》,《中国教育报》

2009 年 9 月 13 日。

55. 王辉:《澳大利亚语言政策研究》,中国社会科学出版社 2010 年。

56. 王建勤:《美国国家语言战略与我国语言文化安全对策》,《国际汉语教学动态与研究》2007 年第 2 辑。

《美国"关键语言"战略与我国国家安全语言战略》,《云南师范大学学报》(哲学社会科学版)2010 年第 2 期。

《语言问题安全化与国家安全对策研究》,《语言教学与研究》2011 年第 6 期。

57. 王旭明:《王旭明说新闻发言人》,新华出版社 2012 年。

58. 王远新:《论语言文化的多样性及其价值》,《世界民族》2002 年第 6 期。

59. Witte, Els and Van Velthoven, Harry, 1999. *Language and Politics: The Situation in Belgium in an Historical Perspective*. Brussels: Balans VUB University Press.

60. 吴伟平:《语言与法律—司法领域的语言学研究》,上海外语教育出版社 2002 年。

61. 武汉大学中国语情监测与研究中心:《中国语情》、《中国语情特稿》(2009—2013)。

62. 习近平:《努力克服不良文风　积极倡导优良文风》,《求是》2010 年第 10 期。

63. 夏瑾:《法国将推广法语当国策》,《环球时报》2005 年 7 月 27 日。

64. 徐波:《当代英国海外英语推广的政策研究》,西南大学博士学位论文,2009 年。

65. 徐清军:《英语也是生产力　英语国家在经济全球化中显优势》,《国际先驱导报》2006 年 2 月 21 日。

66. 闫宏秀等:《诺贝尔经济学奖与学科交叉问题探讨》,《科学学与科学技术管理》2001 年第 10 期。

67. 姚喜双:《做好推广规范工作　提高中文国际地位》,《中国教育报》2013 年 1 月 4 日。

《大力推广和规范使用国家通用语言文字》,《中国教育报》2013 年 1 月 9 日。

《改革创新做好语言文字工作》,《中国教育报》2014 年 1 月 27 日。

68. 袁义达等:《中国姓氏:群体遗传和人口分布》,华东师范大学出版社 2002 年。

69. 张春美等:《学科交叉研究的神韵——百年诺贝尔自然科学奖探析》,《科学技术与辩证法》2001 年第 6 期。

70. 张公瑾:《语言的生态环境》,《民族语文》2001 年第 2 期。

《民族语言与民族文化》,《汉语学习》1991 年 4 期。

71. 张浩明:《科学保护语言资源　提升国家语言实力》,《中国教育报》2013 年 1 月 4 日。

《推动语言文字信息管理工作科学发展》,《中国教育报》2013 年 1 月 8 日。

72. 张卫国:《作为人力资本、公共产品和制度的语言》,《经济研究》2008 年第 2 期。

73. 张西平、柳若梅:《世界主要国家语言推广政策概览》,外语教学与研究出版社 2008 年。

74. 张治国:《语言政策主体研究:以美国马里兰大学高级语言研究中心为例》,《世界教育信息》2009 年第 7 期。

75. 张宗良:《政府新闻发言人实用读本》,安徽大学出版社 2007 年。

76. 赵强:《言语魔方》,《中华读书报》2007 年 1 月 3 日。

77. 赵蓉晖:《国家战略视角下的外语与外语政策》,北京大学出版社

2012 年。

78. 赵世举:《语言观的演进与国家语言战略的调适》,《长江学术》2010 年第 3 期。

《从服务内容看语言服务的界定与类型》,《北华大学学报》2012 年第 3 期。

《从语言的功能看公民个人语言能力的地位和作用》,《云南师范大学学报》(哲学社会科学版)2013 年第 3 期。

《打造"语言武器"》,《中国教育报·理论周刊》2013 年 11 月 15 日。

《语言是纽带也是利器》,《中国教育报·理论周刊》2013 年 11 月 22 日。

《语言是保障国家经济安全的要素》,《中国教育报·理论周刊》2013 年 12 月 13 日。

《语言是民族的精神家园》,《中国教育报·理论周刊》2013 年 12 月 13 日。

《语言是信息的门户和锁钥》,《中国教育报·理论周刊》2014 年 1 月 17 日。

《关于国家语言智库体系建设的构想》,《语言科学》2014 年第 1 期。

79. 赵守辉(澳大利亚):《语言规划国际研究新进展——以非主流语言教学为例》,《当代语言学》2008 年第 2 期。

80. 赵越:《向世界政要学领导力:领导干部不可忽视的讲话能力》,广西人民出版社 2010 年。

81. 郑梦娟:《国外语言传播的政策法律及其措施刍议》,《语言文字应用》2009 年第 2 期。

82. 郑远汉:《修辞风格研究》,商务印书馆 2004 年。

83. 中国人民大学汉语国际推广研究所:《汉语国际推广战略研究报告》(http://www.hantui.org)。

84. 周庆生:《国外语言政策与语言规划进程》,语文出版社 2001 年。

《国家、民族与语言——语言政策国别研究》,语文出版社 2003 年。

《少数民族语言在社会转型中的挑战与机遇》,《云南师范大学学报》(哲学社会科学版)2013 年第 2 期。

《中国“主体多样”语言政策的发展》,《新疆师范大学学报》(哲学社会科学版)2013 年第 2 期。

85. 周卫红:《论网络语言的后现代文化内涵》,《晋阳学刊》2006 年第 5 期。

86. 周玉忠、王辉:《语言规划与语言政策:理论与国别研究》,中国社会科学出版社 2004 年。

87. 邹建华:《外交部发言人揭秘》,世界知识出版社 2005 年。

后记

经过数年的努力，这本千呼万唤的书终于要出版了，多少有几分轻松和高兴。

这是一项融汇了很多人智慧和辛劳的集体成果。

编写此书的想法萌生较早。多年以来，我们在开展语言学科建设中深切感到，语言的功能和价值正发生着前所未有的变化，已经成为社会发展更为重要的因素，涉及国家的诸多核心领域，与国家建设、发展和安全的关系日益密切，迫切需要更多人的关心和重视。2010 年，我和几位同仁有幸承担了教育部哲学社会科学研究重大课题攻关项目"新形势下国家语言文字发展战略研究"，随着研究的深入，更加强化了对语言发展动态的认识。于是，设想编写一本小册子，以供关心社会变化和国家发展的人士分享我们的所见所闻所感。当年底，我把编写《语言与国家》读本的想法向时任国家语委副主任、教育部语言文字信息管理司司长李宇明教授做了汇报，恰逢国家语委当时也正在考虑编写一套语言国情丛书，所以对我们的意见十分重视，他当即表示肯定和支持，并责成我组织编写。旋即也得到了商务印书馆时任副总编周洪波编审的出版承诺。这给了我们很大的信心。

随之，我起草了《编写方案》，设计了编写大纲，并以“新形势下国家语言文字发展战略研究”课题组的部分子项目负责人为骨干，组建了编写班子，确定了各板块主持人。2011 年 1 月 8 日课题组与商务印书馆联合召开了第一次编写工作会议(会名“语言与国家学术研讨会”)，正式启动了编写工作。当年 3 月和 7 月又先后在武汉和北京召开了两次会议，对全书设计、各板块拟定的纲要和编写中的具体问题进行了反复研讨。随后进入了撰稿阶段。2012 年初大部分稿子初成，我简单统稿并逐篇提出修改意见后，全部返给作者修改。2013 年初大多数修改稿完成，接着本人重新统稿和修改……此后教育部语信司和商务印书馆又多次召开审稿会议或个别征求意见，对书稿反复审改，直至六易其稿。

国家语委和教育部语信司对本书的编写始终高度重视和大力支持。教育部副部长兼国家语委主任李卫红同志一直关心和支持编写工作；国家语委原副主任兼教育部语信司原司长、北京语言大学党委书记李宇明教授担任本书编审委员会主任，自开始就亲自领导编写工作，多次主持或光临有关会议，既指导编务，也把关学术，倾注了很多心血；继任国家语委副主任兼教育部语信司司长张浩明同志上任不久便深入武汉大学中国语情监测与研究中心调研，对本书的编写提出了明确的指导意见，后来又主持审稿会议，对具体编写工作给予了很大支持；教育部语信司副司长田立新同志上任伊始就参与了本书编写的领导工作，多次莅临编审会议，精心指导，给予了很多支持；

语信司规划协调处原处长陈敏、现任处长易军以及李强同志也一直关心和支持本书的编写。

国家语委咨询委员、国家语委原副主任陈章太先生和国家语委咨询委员、北京大学教授陆俭明先生欣然承担了本书的审订工作，参加了审稿会，给予了重要指导；国家语委咨询委员、国家语委原副主任傅永和先生，国家语委咨询委员、原国家广电总局副总编黄勇先生，国家审计署国际合作司周维培司长，党建读物出版社王英利总编，国家行政学院教务部王刚副主任，文化部对外联络处蒋好书处长，国家教育行政学院教务部于京天主任，新闻出版广电总局办公厅杨月如副处长，北京市教工委干部处朱德福副处长等，也应邀拨冗参加了审稿会，提出了很多宝贵意见。

商务印书馆对编写工作给予了很大的支持，并多次承办有关会议。于殿利总经理多次莅临会议，并提出与党建读物出版社合作出版本书的动议；周洪波总编全程参与，在方案拟定、组织协调、审订和出版等方面，花费了很多时间精力；汉语出版中心主任余桂林、副主任叶军以及丁海燕、李节等也参与了审订、编辑或其他工作。

党建读物出版社欣然同意与商务印书馆共同出版本书。

北京语言大学副校长曹志耘教授，国家语言资源监测与研究教育教材中心主任、厦门大学苏新春教授，中国人民大学原副院长贺阳教授，教育部人文社科重点研究基地华中师范大学语言与语言教育研究中心主任汪国胜教授，新加坡南洋理工大学国立教育学院亚语系赵守辉助理教授等应邀参与了本书的最初策划研讨。国家语言资源监测与研究有声媒体中心主任、中国传媒大学侯敏教授，广州大学汪磊教授，以及李宇明教授、郭熙教授、苏新春教授、冯学锋教授等参加了商务印书馆组织的最后审定工作。

上述单位和领导、专家都为本书的编写出版奉献了智慧和力量，谨此深表敬意和谢忱！

本书编写的大致分工是(按篇章顺序叙述，个别篇章有交叉)：武汉大学中国语情监测与研究中心主任赵世举教授负责“语言与国家地位”和“语言与政府风貌”部分，教育部人文社科重点研究基地北京语言大学对外汉语研究中心副主任王建勤教授负责“语言与国家安全”部分，广州大学教授、广州市教育局屈哨兵局长负责“语言与经济发展”部分，清华大学计算机科学与技术系党委书记孙茂松教授负责“语言与科技创新”部分，上海外国语大学语言研究院院长、中国外语战略研究中心常务副主任赵蓉晖教授负责“语言与社会文明”部分，教育部语言文字应用研究所苏金智研究员和中国社会科学院民族学与人类学研究所周庆生研究员负责“语言与文化建设”部分，暨南大学华文学院院长兼北京华文学院副院长、海外华语研究中心主任郭熙教授负责“语言规划与国家发展”部分。另有编者页所示诸多同仁参与了撰稿。郭熙教授另外撰写了华语教育有关部分，并多次参加审稿；武汉大学文学院/中国语情监测与研究中心冯学锋教授等为两次编务会议尽心尽力。在此一并表示诚挚的感谢！

本书在撰写过程中参考了不少文献，由于本书性质、体例和篇幅所限，对于已经成为公共知识和新闻媒体广为传播的信息，一般未加注脚；参考教育部语言文字信息管理司组编的《中国语言生活状况报告》(2006—2013)、武汉大学中国语情监测与研究中心主办的《中国语情》和《中国语情特稿》、上海外国语大学中国外语战略研究中心主办的《外语战略动态》相对较多，大多也未加注脚。特此说明，并向原作者和版权所有者表示衷心感谢！

本书所涉及的内容，多为新事物、新情况，我们只是尝试就几个重要方面进行初步梳理、研究和示例性的陈述，旨在提供一些新的信息和思考，以期引起有关方面对语言问题更多的关注和重视。由于话题较新、现有研究薄弱、资料欠缺，加上我们视野和认识的局限，编写多少有些不易。其中有两点对我们而言就是较大的难题：其一，如何把这些新东西梳理清楚，表述准确？其二，作为普及读本，如何写得恰如其分又深入浅出、生动活泼？这对我们每个作者都是考验。尽管我们尽心尽力了，但难免还存在一些缺憾甚至错误，真诚期待读者指正。另外需要说明的是，本书二稿之后的数稿，主要由赵世举具体修改，可能有不尽合作者原意之处，若有不当，概由本人负责。

赵世举

2014 年 7 月 6 日于武汉大学珞珈山南麓

图书在版编目(CIP)数据

语言与国家/赵世举主编.—北京:商务印书馆,2015(2015.5重印)
ISBN 978-7-100-10822-5

Ⅰ.①语… Ⅱ.①赵… Ⅲ.①语言—关系—国家—研究 Ⅳ.①H0②D03

中国版本图书馆CIP数据核字(2014)第250045号

语言与国家
赵世举 主编

商务印书馆出版
(北京王府井大街36号 邮政编码 100710)
商务印书馆发行
北京冠中印刷厂印刷
ISBN 978-7-100-10822-5

2015年1月第1版 开本787×1092 1/16
2015年5月北京第3次印刷 印张19¼
定价:45.00元